# 인사이트
# 마케팅

판을 바꾸는 오픈 AI와 슈퍼에이지의 시대가 온다

# 인사이트 마케팅

**초판 1쇄 인쇄** 2024년 2월 20일
**초판 1쇄 발행** 2024년 3월 5일

**지은이** 강정아

**발행인** 백유미 조영석
**발행처** (주)라온아시아
**주소** 서울특별시 서초구 방배로 180 스파크플러스 3F

**등록** 2016년 7월 5일 제 2016-000141호
**전화** 070-7600-8230 **팩스** 070-4754-2473

**값** 20,500원
ISBN 979-11-6958-097-7 (13320)

※ 라온북은 (주)라온아시아의 퍼스널 브랜드입니다.


라온북은 독자 여러분의 소중한 원고를 기다리고 있습니다. (raonbook@raonasia.co.kr)

판을 바꾸는 오픈 AI와 슈퍼에이지의 시대가 온다
인사이트 마케팅
INSIGHT MARKETING
강정아 지음
전 롯데그룹사 대홍기획 최초 여성 PD 롯데GRS 마케팅 수석
기업 브랜드 컨설팅 전문가의 마켓 통찰 분석 노하우!
기업의 운명은 시대의 운명을 거스르지 못한다!
오픈AI와 슈퍼에이지 시대에 우리 기업은 어디로 가야 할까?
베이비부머 세대, XYZ세대, 알파 세대가 뒤섞인 복잡한 시장에서
슈퍼에이지, 슈퍼 플레이어를 잡아라!
오픈AI가 산업의 판을 바꿀 때에도 변하지 않는 고객의 욕망을 파악하는
인사이트를 제공하는 마케팅 멘토의 원포인트 레슨!
RAON BOOK

RAON BOOK

## 프롤로그

# 슈퍼플레이어가 온다

### 슈퍼플레이어들의 시대에서 성공하는 인사이트 마케팅

우리는 현재 인류 역사상 전례 없는 시대, 슈퍼에이지에 진입하고 있다. 기술과 의학의 급속한 발전으로, 100세를 넘는 장수가 일상화된 새로운 세계에 발을 들여놓았다. 이러한 변화의 바람은 코로나 이후, 더욱 거세게 불고 있으며, 경제 리세션에 대한 불안감 속에서도 인간의 삶은 계속해서 진화하고 있다. 로봇과 AI의 일상화는 이러한 변화의 한 예에 불과하다.

이 책은 이런 변혁적 시대의 중심에서 마케팅의 새로운 인사이트를 탐색하는 여정을 담고 있다. 슈퍼에이지는 단순히 장수하는 세대를 의미하는 것이 아니라, 삶의 방식, 소비 패턴, 인간 상호작용의 근본적인 변화를 가져오는 시대이다. 우리나라와 미국 아시아를 다니면서 목도한 변화상과 그에 따른 기업과 경제 생태계의 변화에 대하여 마케터로서 느낀 감정과 인사이트에 대하여 정리해 보았다. 일상의 소소한 변화와 추이, 세대 간의 생각 차이와 대응 방식에 대해서 앞으로 함께 살아갈 우리 환경에 대한 이야기이다.

경제 변화의 핵심에는 '황금 오션'이라고 불리는 풍요로운 시장 기회를 창출하는 장수 세대가 있다. 이 책은 슈퍼에이지 시대에 마케팅 전략을 어떻게 형성하고 실행해야 하는지에 대한 통찰을 제공한다. 과거의 전통적인 마케팅 방식은 더 이상 효과적이지 않다. 디지털 혁명은 소비자들의 기대를 높이고, 그들의 요구를 더 세밀하게 파악할 수 있는 능력을 부여했다. 시장 변화를 이해하고, 이에 대처하는 마케팅 전략을 고찰해야 한다. 마케팅에 정답은 없다. 관건은 시장의 흐름에 얼마나 신속하게 정확히 적응해 나가냐 하는 것이다.

### 슈퍼에이지 시대의 슈퍼플레이어들

1장 "황금 시장이 열렸다"에서는 한국형 슈퍼에이지의 등장과 그 특성, 인구 절벽 시장에서 슈퍼에이지의 역할과 사회적 변화에 대해 탐구한다. 메인 플레이어들과 그들을 대상으로 한 마케팅 전략에 대해 논의이다.

2장 "리세션 시대의 인사이트 통찰 7"에서는 현시대의 변화와 마케팅의 필수 요소들을 다룬다. 세계 변화를 살피며 마케팅에서 인사이트의 중요성을 강조하고, 변화하는 세계에서 마케터가 가져야 할 감각과 엣지에 대해 탐구한다.

3장 "'맑눈광', '3요'와 '난 다르거든요'들의 랠리"에서는 슈퍼플레이어들이 주도하는 시대의 주인공으로서 그들의 특성과 마케팅 전략을 다룬다. 은퇴 개념의 변화와 개인 및 집단 선택의 중요성이 부각되는 시대적 특성을 분석한다.

4장 "슈퍼에이지 시대의 도래와 사장님의 고민"에서는 사업주들이 직면한 고민과 혼란을 다루며, 디지털 시대의 변화에 어떻게 적응하고 사업을 유지하며 발전시킬 수 있는지에 대한 구체적인 조언을 제공한다.

이 책은 기업과 경영인이 시대의 변화를 이해하고, 그에 맞추어 사업을 운영하는 데 필요한 통찰력을 제공한다. 디지털 시대의 변화에 적응하는 것은 더 이상 선택이 아닌 필수이다. 슈퍼에이지라는 새로운 플레이어들을 이해하고 이들과 함께 성장하는 것이 현대 기업의 필수 과제이다. 이 책이 그 여정을 안내하는 나침반이 되기를 바란다.

**기업의 운명은 시대의 운명을 거스르지 못한다.**

기업의 운명은 시대의 흐름과 밀접하게 연결되어 있다. 이 책은 소비자가 아닌 기업과 경영인의 입장에서 시장의 흐름을 바라보았다. 사장의 의무는 회사와 조직을 풍요롭게 만드는 것이다. 회사의 안정된 이익 추구를 통하여 회사와 직원, 본인과 가족의 인생을 안정되고 여유롭게 하는 것이 최고의 덕목이다. 그래서 사장님들은 1인 회사이든 자영업이든, 중소기업이든 대기업이든 세상의 모든 사장님들은 매일 매일 사업체의 존속을 위해 끊임없이 각고의 노력을 한다.

요즘 사장님들은 새로 뜨는 온라인 유통 이름도 줄줄이 꿰고 있고 신기술 출시와 정치 경제 언론 등 각종 세상 돌아가는 일을 챙겨

보고 공부하고 있다. 새로운 지식과 사업 인맥을 쌓고 뉴스도 보고 세미나도 참석하고 학교도 가고 여러 모임에 적극적으로 참여한다. 시대의 흐름이라는 열차에서 결코 떨어지지 않기 위해서 정말이지 부단한 노력을 하고 있다.

그런데 실상 나지막이 속사정을 들어 보면 모두들 도통 요즘 세상이 어떻게 돌아가는지 모르겠단다. 이전에 없던 비대면 사회를 만들어낸 세기의 코로나 사태 이후 별안간 갑자기 세상 움직임이 변한 건 알겠는데, 그래서 나와 우리 회사는 앞으로 무엇을 어떻게 해야 할지를 모르겠다는 것이다.

틱톡이라는 데에서 요상하게 춤추는 사람들, 인스타의 팔자 좋은 경치 사진이 왜 돈이 되는지, 왜 그런 걸 보고 있는지 오묘하고, 페이스북 친구의 맛집 투어와 유튜브 공중 부양 걷기가 도대체 나의 사업과 무슨 관계가 있다는 건지 알 수가 없다. 왜 거기에 광고를 붙이라는 건지, 그런 내용을 왜 홍보해야 하는 건지, 세상에 나온 각종 소셜 미디어를 안 하는 거 없이 늘 보고는 있지만 그게 왜, 어떻게, 무슨 방법으로 내 제품과 사업에 연관이 있다는 건지, 그리고 직접 판매에 도움이 되는 건지, 이게 왜 사업과 생활에 중요한지 솔직히 모르겠다는 거다. 본인이 모르는 건 괜찮은데, 더욱 답답한 건 어디 묻거나 모른다는 티를 내기도 힘들다는 사실이다. 그러면 완전히 시대에 뒤떨어진 사람으로 낙인찍힐까 봐 몰라도 그냥 조용히, 은근히 넘어가려고 한다. 그래서 온라인을 강화하려고 전문가들도 채용하고 영업 방식도 바꾸고는 있는데, 담당자로부터 보고 받을 때마다 별세계에 온 기분이다. 결국 "그래서 매출이 올랐어?"밖에는 물어볼 말이 없다.

조금 억울한 기분. 사실 대기업이나 어느 정도 조직이 구축되어 있는 사업체라면 내가 그 분야를 조금 몰라도 다른 부서의 자원과 역량으로 업무 처리와 대처가 가능하다. 각종 연구소과 마케팅 부서에서 정기적으로 최신 기술과 트렌드에 대해 교육 자료와 정보를 꾸준히 제공받으며 연마하고 있다. 본인이 이미 그런 곳에 계신 분들이라면 이 책을 읽지 않으셔도 된다. 이런 분들은 경기가 얼어붙은 다음에 찾아올 기회를 위해 그동안 이미 부지런히 닦고 조이며 열심히 기다리며 준비해 왔을 것이다.

그러나 1인 기업, 소상공인, 중소기업, 그리고 40~50대 낀 세대 사장님, 1당 100인의 몫을 해야 하는 사장님들의 상황은 다르다. 정말 그 힘든 기간을 최선을 다해 열심히 버티었는데 무언가 몹시 억울한 기분이다. 갑자기 3년이란 시간이 별안간 사라진 채로 SF 영화처럼 새로운 첨단기술과 문화로 무장한 신사회 시스템이 눈앞에 덜컥 놓여졌다. 사장님들은 정말 잘못해 온 게 없다. 그저 코로나 기간 3년이라는 시간이 이전이었다면 차근차근 발전했을 10년이라는 시간을 갑자기 훅 당겨 왔을 뿐이니까.

요즘 흔해지고 있는 챗봇, 인공지능, 무인 매장, 로봇 등에 대해서 아직도 나와 나의 사업과는 상관없는 거라 생각하는 사장님들이 많다. 말을 안 해서 그렇지 직원이 하는 이야기나 보고의 내용이 잘 이해 가지 않는 경우도 있다. 온라인 사업을 하긴 해야 하는데 각종 웹과 몰의 시스템을 이해하기 힘들어하는 사장님들을 보아왔다. 인스타가 대세라고 알고는 있지만 정작 본인은 가입조차 안 된 경우도 있다. 구글 애드센스와 네이버 블로그를 구별하실 수 있는가? 그래서 대부분은 "요즘 트렌드는 아직 나와 나의 사업과는 관계없는 거 같고 그냥 이대로 현상 유지만이라도 했으면 좋겠어"라고 말하는 것을 자주 듣는다.

안타깝게도 이대로는 지금의 현상 유지도 어려울 것이다. 이 책은 이제 새롭게 마주한 생태계에서 우리가 어떻게 해야 지금의 현상이라고 유지하고, 더 발전할 수 있는지 이야기하려고 한다. 지금 당장 최첨단 스마트폰 앱을 생활화해야 한다든가 유투버, 인플루언서가 되라는 게 아니다. 지금 있는 이 새로운 세상을 조금 더 잘 이해해보고 본인을 둘러싼 네트워크 환경의 변화에 관심을 기울여 보시기 바란다. 이제 PC보다 모바일 검색량이 많은 시대이기 때문이다.

여기저기 경제와 생활에 관한 두려운 이야기들이 많이 들린다. 그러나 언제나 모든 위기와 환난, 고난 속에서도 늘 기회는 있었다. 코로나 시기에 입지가 달라진 기업과 사람들을 보지 않았는가. 슈퍼에이지라는 새로운 플레이어들을 이해하면 다른 기회를 가질 수 있다. 달라진 세상이 조금씩 불편하게 느끼게 되는 순간, 그리고 그것을 불평하게 되는 순간, 진짜 고난이 찾아온다.

부디 변화를 차근차근 준비할 수 있기를 당부드린다.

강 정 아

# Contents

# Chapter. 2

## 맑눈광, 3요



# Chapter. 3

## 120살이라구요?

## Chapter. 4

### 리세션 시대에 사장님이 알아야 할 마케팅 기술

# Chapter. 5

## 대항해

# Chapter.1

# 황금바다

# 인구가 줄어들면 소비 시장도 줄어들까?

우리나라 통계청(KOSIS)의 2023년 6월 현재 인구 상황판을 살펴보면, 2021년부터는 '-0.18'로 마이너스 성장을 보이고 있다. 우리가 이미 잘 알고 있다시피 인구수가 급격히  줄고 있다. 생산을 담당하는 연령층의 인구를 보아도 2013년 73.3%에서 63.9%로 감소되는 추세이다. 문제는 전체 인구도 줄어드는데다가 특히 생산을 담당하는 인구도 줄고 있고 당연히 소비를 할 인구도 감소한다는 것이다.

반면, 10년 전에 비해 고령 인구의 성장은 주목할 만하다. 2024년 1월 행정안전부가 발표한 2023년 말 기준 주민등록 인구통계에 따르면 70대 이상 인구는 631만9천402명으로, 이미 20대(619만7천486명) 인구를 넘어섰다. 이제 길에서 20대를 마주칠 확률이 70대를 만날 확률보다 적어진다는 것이다.

이렇든 장수가 가져온 사회의 변화는 일상에 나타난다. 전통의 관혼상제에도 이미 많은  변화가 왔다. 동네방네 멀리 사는 일가 친인척들도 모두 모여 거하게 잔치를 벌이며 자식들 손자들 절 받고 단체 사진 찍던 환갑 잔치의 추억이 있는가? 환갑이라 잔치 한다고 초대하는 일이 드물게 된 지 오래다. 70세 고희도, 심지어 80세 팔순 잔치도 이전에 비하면 조촐한 지내는 추세이다.

글로벌 장수화로 이전에 비해 증가한 노령 인구는 이제 어떤 모습으로 살아가게 될까? 노령화 지수는 유소년 인구 100명당 2013년 81.5에서 2033년에는 349.4로 드라마틱한 상승이 예상된다. 이런 사회에서는 나이 들었다고 자식과 손주에게 용돈 받으며 뒷방에 계시는 분들이 줄어들게 된다. 노인도 일하는 사회가 되는 것이다. 65세 이상 고령자라도 일하는 생산 인구로 편입될 것이며 동시에 꾸준히 소비하는 소비 인구가 된다.

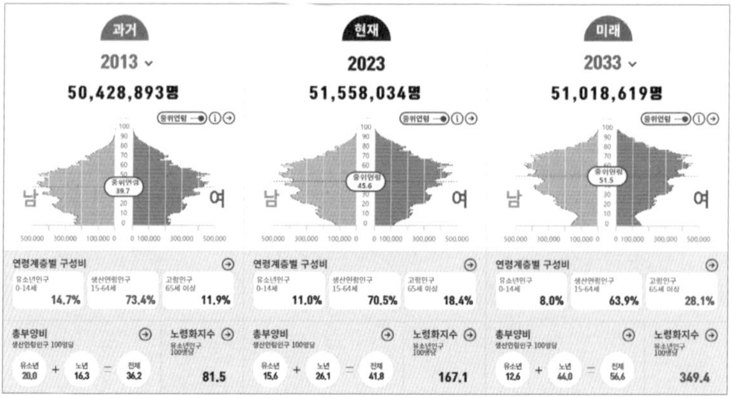


통계청 자료에서는 생산 연령이 2013년 73.4%에서 2023년 70.5%로 3.4% 감소하고, 2033년에는 63.9%로 감소폭이 9.5% 증가하고 있다. 그러나 이 노령 인구가 생산 활동을 한다고 생각해 보자. 65세 이상의 고령 인구가 28.1% 증가할 것으로 예측되고 있다.

단순한 덧셈만으로도 장수로 인해 2013년에는 인구의 85.3%가, 2033년에는 인구의 92%가 생산을 하는 인구 계층이 된다.

지금의 통계청의 생산 연령 범위는 15세에서 65세이다. 우리는 주변에 15세, 중3의 청소년이 아르바이트가 아닌 정규직 풀타임으로, 생계형으로 일하는 직장인 청소년들을 아주 흔하게 만날 수 있는가? 오히려 자녀가 고등학교를 졸업하고 성인 20세가 되어도, 대학을 졸업한 후에도, 직장에 들어가서도 부모와 한 집에서, 부모의 지원을 받으며 사는 캥거루족을 더 많이 만나지 않는가? 통계청에서 기준으로 잡은 15세에서 19세까지 생산 연령 인구 통계는 영향력이 크지 못하다고 생각된다.

우리의 실제 생활에서 소득을 가지고 오는 일반적 생산 연령은 19세 이상 75세 이하로 범위를 확대해야 한다. 그리고 이 연령층은 꾸준히 생산과 함께 왕성한 소비를 일으키는 주요 인구층이다. 인구는 줄었지만 소비 인구는 늘었다. 19세부터 75세는 3~4세대가 생산과 소비를 함께하는 시대인 것이다.

## BXMZ

대박이다. 인류가 생긴 이후 최초로 가장 다양한 세대가 함께 살아가는 세상이 왔다. 그들은 함께 생산하며 함께 소비하는 현 인류의 가장 장수하는 세대이다. 이들 세대의 특징은 BXMZ로 구분할 수 있다. 베이비 붐 B(Baby Boom), 엑스 제너레이션X(X Generation), 밀레니얼 M(Millennials), 그리고 20세기 마지막 세대 Z(Gen Z).

이들은 현재 어마어마한 경제 활동의 주체이다. 그들은 인류 발생 이후 지구 역사상 가장 많은 부를 이룩한 사회에 살아 왔으며, 지구의 물리적 거리를 좁혔고, 문화와 관습의 차이를 최소화하고 서로의 다름을 인정하는 데 역사상 가장 열정적인 세대들이다.

**● B 베이비 붐**

나라마다 다르겠지만 1940년대에서 1960년대에 태어난 이 세대의 특징은 2차 세계대전 후, 우리나라는 6.25와 베트남 전쟁, 새마을 운동의 세대이다. 대혼란의 시기 이후 기차길 옆 오막살이에서 태어난 아기들은 우리나라 경제 발전의 초석이 되었다.

베이비붐 세대라고 불리는 그들은 동네 골목길에서 오징어 게임을 했고, 달고나를 만들며 국자를 태웠고, 최초로 인류가 지구 밖을 나가 계수나무집 토끼가 살고 있다던 달나라에 가는 것을 TV로 보았다. 깡촌에서 보자기 책보를 걸치고 10리를 걸어 학교에 다니고 방과후에는 소를 키웠지만, 이제는 최신 스마트폰으로 손주들과 영상 통화할 수 있는 세대인 것이다.

새로운 문화와 기술, 급속한 경제 성장과 집단주의를 경험하며 불철주야 열심히 살아온 세대이다. 그들은 신제품과 신기술의 출시를 열광적으로 받아들인 세대이며, 전화기, 삐삐, 컬러TV를 소비해준 세대이다. 모두가 가난했기에 그들에게 생존과 경쟁은 살아남기 위한 가장 중요한 덕목이었고, 집단과 단체의 이익과 가치는 중요했다. 이제 그들은 그들의 부모와는 다른 가치관을 가지고 최초로 100세 이상의 수명이 기대되는 세대가 되었다.

**● X세대**

70년대가 주축인 이 세대는 지금 보면 그야말로 콩나물시루 같은 교실에서 바글바글 수업을 들으며 고도화된 경쟁사회에 들어온 세대이다. 컴퓨터를 도스(DOS)로 시작한 세대로, 인터넷망의 확산으로 최초로 디지털 안에서 각자의 관심과 이익에 서로 연결이 되기 시작했다. 천리안과 아이러브스쿨의 추억이 아직도 남아있는 X세대는 베이비 붐 세대의 집단주의, 단체 문화 속에서 열정적으로 "나는 달라요"를 외치며 저마다의 개성을 뽐내는 일에 가치를 두었다. 자유로운 해외여행 개방화와 오렌지족, 분단 독일의 통일, 현란한 뮤직비디오와 스포츠, 삐삐와 시티폰을 사용한 세대이다. 이 세대는 기술의 변화를 가장 드라마틱하게 겪은 세대이기도 하다.

기존 사회 규범과 안정된 직장, 직업윤리와 사회성, 경쟁 속에서 더 많은 부를 축적하면서 삶의 질이라는 항목에 관심을 갖게 된 세대이다. 그럼에도 불구하고 이제는 베이비 붐 세대를 부양해야 하는 의무와, 아무리 봐도 앞으로 갈수록 부양받을 가망이 희박해진 MZ 자녀 세대에 끼어서 상위 세대의 이익도, 하위 세대의 이익도 받지 못하는 묘하게 낀, 손해 보는 세대가 되었다. 의무는 존재하고 수명은 연장된 세대. 바로 이들이다.

### ● M 밀레니얼 세대

천년의 종말과 인류의 새천년이 시작되면서 2000년 전후로 태어난 밀레니얼 세대는 출생부터 각종 전자 기술의 발전과 함께 자라났다. 아기 때부터 사용한 휴대폰과 인터넷 덕분에 이들은 다양한 문화적 소양과 기술을 숨쉬는 산소처럼 사용하고 자라났다. 그들은 B와 X세대가 만들어 놓은 규범적 정보보다는 개인적 연결을 통해 집단 지성에 의해 축적된 정보와, 개인화된 기술에 의해 공유된 정보를 더 신뢰하고 영향을 받는다.

소셜 미디어와 각종 플랫폼의 사용은 필수이다. 그들은 소유보다 경험을 더 중요시하고, 드라마틱한 성공보다 주변의 진솔하고 소소한 일상에 더 열광한다. 가족과 결혼보다는 자신의 성취에 더 집중하고 스마트폰 검색, 다른 사람의 경험 검색은 기본이다. 영화 같은 911테러와 여자 대통령, 흑인 대통령의 출현이 자연스럽고, 장래 희망이 대통령보다 요리사라고 당당히 말하며, 미디어와 통화보다 문자로 친밀감이 연결되는 세대이다.

● **Z세대**

최초의 완벽한 디지털 세대인 Z세대는 감성도 이성도 모두 기술에 기반하고 있다. 이전 세대보다 더 개인화, 맞춤화된 제품과 서비스를 사용해 왔으며, 경제 공유에서 더 나아가 사회 공헌에 대한 관심도 높다. 지속 가능 경영, 친환경 경영이 기본적으로 교육되어 있으며, 실제 참여율도 높다. 그들은 브랜드와의 관계에서도 기업의 사회적 윤리에 대해 비중을 많이 둔다. 20세기의 끝자락에서 태어났지만, 사실 20세기를 제대로 산 적이 없다. 베이비 붐 세대와 비교하면 그들은 우주라는 공간의 지구별에 살고 있는 새로운 세대로, 일상에서 활동 공간과 시간의 제약을 기술을 통해 가장 적게 받고 있는 세대이다.

### 굿 뉴스

평균 수명의 연장과 노인 인구의 빠른 증가는 무엇을 의미하는가? 분명히 인구는 줄어 들고 있지만, 소비력 있는 인구는 오히려 증가하고 있다는 점이 중요하다. 이는 새로운 시장 기회의 탄생을 의미한다.

기업은 이러한 변화에 주목하고 새로운 타깃 소비자층에 적합한 제품과 서비스를 개발해야 한다. 예건대 신생아 기저귀 시장의 축소와 성인용 기저귀 시장의 성장을 예상하고 새로운 수요에 대비할 준비를 해야 한다. 이를 위해 지금 해야 할 일은 성별과 연령에 따른 필요 상황, 신체 증상과 생활 스타일에 맞춘 제품의 소재, 사이즈, 크기, 콘셉트, 브랜드를 개발 해야 하는 것이다.

소비 인구는 늘었다. 새롭게 열린 시장은 이미 그 이전에 우리가 알던 사이즈보다 월등히 크다. 이제 우리는 기업의 제품과 서비스의 중요 타깃이 누구인지 파악하고, 그들에게 적합한 재화와 서비스를 제공하거나, 기업에게 적합한 고객층으로 접근해야 한다.

관건은 정확히 나의 회사와 상품과 서비스가 이들의 시장에서 원활하게 판매 활동을 할 수 있는 역량을 가지고 있는 가이다. 우리는 새로운 욕구와 소비가 생겨날 세상에서 준비가 되어 있는가?

우리는 저출산과 고령화의 시대에 살고 있으며, 이는 인구 절벽이라는 현상을 가져왔다. 하지만 이것이 반드시 소비시장의 축소를 의미하지는 않는다. 평균 수명의 연장과 노인 인구의 증가는 새로운 시장 기회이다. 이전 세대보다 훨씬 경제적으로 강하고 활동적인 노년층과 다양한 형태의 가구, 여러 가지 세대가 등장하면서 새로운 소비 패턴과 상품 시장이 형성되고 있다. 이에 따라 우리 기업은 새로운 소비자의 욕구와 기대에 부응하는 제품과 서비스를 개발하고, 이들에게 적극적으로 접근해야 한다. 단순히 기존 상품을 판매하는 것을 넘어서, 시장 변화에 맞춘 새로운 전략과 혁신이 필요한 시점이다.

# 슈퍼에이지가 온다

반 60세의 환갑은 특별한 의미가 있었다. 여유로운 집에서는 몇 날 며칠 큰 잔치를 하고, 연예인을 부르고, 동네에서 제일 큰 회당이나 식당에서 행사를 했다. 전문 사회자와 댄서, 가수들이 초대되었으며 지역 유지들과 정치인들도 지역 어르신의 잔치에 얼굴을 내밀어야 했다.

사돈의 팔촌이 다 모이고 건장한 자식들은 환갑의 부모님을 업고 하객들 사이를 한 바퀴 돌던 세리머니도 있었다. 일가 친척, 자식의 친구들, 옆 동네, 아랫동네, 윗동네 사람들까지 모두가 멀리서들 장수를 이루어 낸 노인을 축하하기 위해 모였다.

그래서 환갑 잔치는 인생 마지막 길에 본인이 이루어 놓은 업적과 자식 농사를 축하하는 기념비적인 자리인 것 같았다. 더불어 자녀들에게는 노부모를 잘 모시고 우애롭게 살아온 자식들의 성과도 치하하는 자리이기도 했다.

그러나 지금은 어디서도 60세 환갑 잔치를 하려고 하니 모두 오란 소리는 들어 볼 수가 없다. 이제 60은 그냥 생의 예순 번째 생일이 되었다. 70세도 80세도 점점 가족들만의 생일 파티와 가족 여행 정도가 되어 가는 것 같다.

**위대한 세대**(Grand Generation)

이제 세계 역사상 최초로 가장 부유하고, 활동적이고, 건강하게 장수하는 세대가 왔다. 사망률은 줄어드는 데 비하여 해마다 자동으로 가입되는 인구가 있다 보니 이 시장의 성장세는 기대할 만하다. 시장의 크기만이 아니라 구성원들의 재력, 즉 구매 파워를 생각한다면 여기야말로 블루오션 시장이다.

사실 대한민국의 노인 빈곤과 인구 감소율은 역대급이라지만, 길게 보면 지금 우리에게는 단군 이래 가장 부유하고 돈 많이 쓰는 소비자들이 매일 매일 생겨나고 있는 것이다. 그들은 여전히 풍요롭게 잘 먹고 잘살기를 원하고, 그러기 위해 소비를 지속할 예정이다.

일본의 경우 우리보다 빠르게 2006년 인구 3명 중 1명이 노인인 초고령사회에 진입하였다. 그리고 이 고령 인구의 생활 방식은 이전 세대보다 건강한 신체와 경제 상태 덕분에 우리가 생각하던 노인 인구의 생활과는 확연히 달랐다. 이 고령 인구들은 낮 시간에 가장 많이 돈을 사용하는 계층이 되었고, 데이 타임 소비의 핵심 주체로 떠올랐다. 일본 기업들은 그들을 유치하기 위해 적극적인 활동에 나서게 되었다.

2012년 일본의 유통 대기업 이온(AEON)그룹은 '그랜드 제너레이션'이라고 일본에서 명명된 이 계층을 기업 성장을 위한 핵심 타깃 시장으로 선정했고, 일본 9월에 있는 경로의 날을 'GG Day(Grand Generation Day, 그랜드 제너레이션 데이)'로 지정하며 마치 빼빼로 데이처럼 일반인들에게 확산시켰다.

2013년에는 도쿄 가사이점에 "인생은 후반전이 재미 있다"라는 슬로건으로 55세 이상 소비자를 주 대상으로 하는 그랜드 제너레이션 'GG몰'을 본격적으로 오픈하면서 이온(AEON)은 고객 편의를 위해 가격표를 쉽게 잘 볼 수 있도록 일반 매장보다 확대했고, 고령자를 위한 다양한 상품과 서비스를 갖추었다. 문화센터, 카페, 피트니스 센터 등 GG세대를 위한 다양한 편의시설을 구비했고, 공예, 악기, 사진, 요리 등 창의적인 여가생활을 지원하는 문화센터도 운영했다. 여기에 2014년에는 데이팅 서비스와 반려인을 위하 애완견 전문 요양시설까지 런칭하며 싱글 시니어들의 관심을 집중시켰다.

우리나라의 경우는 2018년 백화점 업계 최초로 AK플라자 분당점이 시니어 고객을 위한 전용 스터디 클럽을 개업했는데, 50~70대 매출이 백화점 전체 매출의 40%에 이르자 '아름다운 인생학교'를 오픈했다. 여기에 다양한 강좌를 개설하여 시니어 수강생들을 모았는데, 놀랍게도 이 아름다운 인생학교 수강생들의 백화점 평균 구매액(3~5월 기준)이 일반 백화점 회원보다 6배나 높았다고 한다. 스터디 모임을 만들었을 뿐인데 엄청난 충성 고객이 생겨 난 것이다. (※ 'AK 플라자 스터디 클럽 열어 시니어 단골 만든다', 《서울 파이낸스》 2018. 02. 19 )

우리나라의 고령화 연령은 나이와 가치관, 성향에 따라 크게 3가지 축으로 분류된다. 현재 65세 이상의 베이비부머 전반기와 80학번을 가진 1960년대의 386세대 베이비부머 후반기, 그리고 1970년대 출생들인 제너레이션X가 바로 그 세 축이다. 우리나라는 현재 일본보다 더 빠른 속도로 고령 인구가 증가하고 있다. 일본처럼 인구의 3분의 1이 고령 사회로 갈 날이 머지않았다. 이미 20대보다 70대가 더 많은 사회이다. 평균 수명이 120세 이상이 될 거라는 예측에서 기업은 어떠한 결정을 해야 하는가.

### 슈퍼에이지(Super-age)

슈퍼에이지(Super-age)라는 용어는 특정 국가 또는 지역에 매우 높은 비율의 노인 인구를 가지고 있을 때 사용된다. 보통, 전체 인구 중에서 65세 이상의 노인 인구가 차지하는 비율이 20% 이상일 때 이 용어를 적용한다고 하는데, 주로 의학과 기술이 발전한 경제 선진국에서 더 많이 나타나며, 낮은 출산율과 높은 기대수명으로 발현된다. 국가 구성원의 슈퍼에이징 현상은 사회, 경제, 보건 시스템에 여러 도전과 기회를 제공하며, 복지, 의료, 연금 시스템 등 다양한 분야에서의 적극적인 정책의 변화를 요구하게 된다.

슈퍼에이지의 등장이 마케팅에서 중요한 이유는 하나이다. 이들은 기업에게 경제적 이윤을 가져다 주는 중요한 역할을 하기 때문이다. 우리 나라의 자본은 40대부터 60대에게 집중되어 있는데, 이들이 더 오래 살아가면서 자기 자본 경제권에 지속적인 주도권과 영향력을 갖게 되기 때문이다.

나이는 들어가지만 돈을 가지고 오래 생존하는 사람들에 대한 관심은 이제 본격화되고 있다. 미국의 브래들리 셔먼(Bradley Schurmans)은 《슈퍼에이지 이펙트(Super Age Effect)》라는 그의 저서에서 출생률 감소와 급속한 수명의 증가라는 두 가지 메가 트렌드가 충돌하면서 인구통계학적 충격은 필연적이라고 했다. 이렇게 앞으로 닥쳐올 변화를 인류가 제대로 대비하지 못한다면 경제가 침체되고 고위험 노령 인구의 고립이 증가하며 농촌의 경우 농촌 공동체가 소멸하는 등의 심각한 위협이 닥칠 거라고 경고한다. 우리나라의 경우도 예외는 아니라고 생각한다.

따라서 일터와 가정에서 세대 간의 협력을 강화해야 하며 특히 슈퍼에이지 세대를 새로운 세대로 인지하고 시장과 제품을 발굴해야 한다고 한다. 초고령화, 초저출생, 초장기 저성장의 리세션이 예상되는 미래에는 이 슈퍼에이지 세대의 속성을 이해하고 시장과 제품을 발굴하는 기업에게 거대한 기회의 시대가 될 것이라고 전망한다.

# 슈퍼 플레이어

과거엔 인구 고령화를 국가 생산성 감소라는 사회적 문제로만 인식하는 경향이 강했다. 그러나 이제 이들은 지속적인 생산 경제 생활을 영위하면서 소비의 주도권을 갖기를 원한다.

현재 고령화로 접어 들고 있는 우리나라의 슈퍼에이지들은 급속한 경제 성장과 풍요로운 물자, 무한 경쟁 사회에서 치열하게 살아온 사람들이다. 이러한 이들이 갑자기 모든 것을 내려 놓고 자식들의 부양으로만 살기는 쉽지 않은 세상이다.

이제 경쟁력을 갖춘 슈퍼에이지가 노동시장에서 액티브하게 활동할 것이다. 즉 돈이 있으면서 나이 들어가는 사람들이 많아진다는 이야기이다. 자식에게 기대지 않으면서 늘어난 수명을 대비할 퇴직 계획, 투자, 재무 자문, 연금 등과 관련된 주제에 관심이 높다. 당연히 지속적인 경제 생활을 하려고 한다. 그 형식과 방식에 있어서 큰 변동이 올 것이다. 자식에게 생활비를 받아 살기보다 스스로 사회 활동을 통해 경제 활동을 지속하려는 성향이 강하다. 따라서 이들을 위한 교육, 투자, 생산과 연계한 직간접 서비스 시장은 계속 성장할 것이다. 슈퍼에이지들은 재무 안정성과 금융 계획에 관심이 많다.

**슈퍼플레이어들** (Super Players)

슈퍼에이지 중에서도 현재 40대부터 60대는 해당 시장에서 가장 크게 역할을 할 메인 플레이어(Main Player)들이다. 그러나 그들도 다 같은 성향을 가지고 있지는 않다. 이 연령은 시대에 따라 진보하는 기술과 사회 변화 시스템의 경험이 달라 전혀 다른 가치관과 다양한 문화를 가지고 있다. 우리는 그들을 나누는 명칭으로 386세대, X세대, N세대라고 불렀다.

이 슈퍼플레이어들은 새로운 소비시장에서 소비 권력의 핵심 주체이며 대상이 될 강력한 집단이다. 자산의 보유 금액이 가장 많으면서 인구도 많으며, 급격한 사회 변화를 거치며 가치관도 다양하다. 기존 세대인 50·60대가 은퇴와 자식에게 재산 상속을 당연시하던 것과 다르다. 이들은 여전히 경제 활동 생활에서 머무르려는 성향이 강하고, 요즘의 20·30대와는 다르게 조기 은퇴를 꿈꾸지도 않았다.

1990년대에 만들어진 386세대는 당시 30대, 80년대 학번, 60년대생을 지칭하는 표현이다. 이들이 당시에 최첨단으로 불린 인텔 CPU 80386을 탑재한 컴퓨터를 사용하는 것에 빗대어 나온 용어였다.

386세대는 대한민국 민주화 운동의 주역으로 사회 정의와 기성

세대의 조직 문화에 항거한 세대이다. 당시 40대 이상인 베이비부머 세대들이나 20대였던 X세대들과는 다른 민족관과 역사관을 가지고 실행력을 보였다. 세월이 흘러, 2023년 기준으로 이들은 50대 중반~60대 초반이 되어 있어 지금은 '586세대', '686세대', 혹은 'n86세대'라고도 한다.

캐나다의 더글러스 커플랜드(Douglas Coupland, 1961~ )의 1991년 작 소설《X세대》에서 등장한 X세대는 단어의 출원지부터 외국물이 물씬 들어간 세대이다. 해외에서는 주로 1965년 이후 출생자부터 1979년생까지를 말하고, 2000년대 이후 밀레니얼 세대와 구분을 위해 1979년생까지로 정리되어 있지만, 우리나라에서는 주로 정서상 1990년대에 20대를 보낸 연령층을 말하기도 한다.

X세대는 기성세대, 386세대 이상과는 다름을 내세우고, 집단보다는 개인의 개성을 중요시했다. 1990년대에 연예, 음악계를 주도한 가수들, 서태지, 김건모, 신해철 등의 연예인들은 X세대의 문화를 상징하는 인물로 표현된다.

이 사이에 1970년 후반생들이지만 애매하게 X세대의 끝자락에 N이라고 불리는 세대가 있다. 70년대 후반인 77~78년생부터 1997년생까지를 지칭하는 N세대는 Net Generation의 약자이다. 당시 초고속 인터넷망의 경쟁적 보급으로 더욱 강력해진 인터넷 네트워크로 연결된 그들은 그 어떤 세대보다 인터넷을 모든 분야에 적극적으로 활용하면서 지금의 인터넷기업들의 초석을 세워 준 세대이다.

이들은 X세대와는 또 다른 성향을 띠고 있어 X세대와 구별을 두고자 N세대, 네트워크 세대라고 불렸으나, 현재는 개성이 확실한 X

와 M세대 사이에서 어중간하게 낀 정체성을 보여주고 있다. MZ세대처럼 XN의 세대라고 해야 할 것 같다.

## 건강, 돈, 시간

슈퍼플레이어들이 관심을 가지는 주요 주제와 요소는 그들의 세대 특성만큼 다양하게 나타나겠지만, 공통적인 관심사는 건강, 돈, 시간이라는 3가지 내용으로 요약된다. 이 3가지 영역에서의 특징이 기업에게 돈이 되는 기회이다.

건강은 말해서 무엇 할까 싶은 당연한 사항이다. 건강과 관련한 모든 사항은 끊임없이 발전하리라 생각한다. 노인과 환자를 위한 간편식, 당뇨를 위한 디저트, 채혈 없이 혈당을 체크할 스마트한 방법, 건강 상태를 매일 알려주는 가사로봇, 매일의 건강 식단 구독 서비스, 이동을 도와주는 웨어러블 로봇 등 다양한 형태의 의료 바이오 서비스가 등장한다. 미용에 관련한 젊음의 시장은 정말 유망하다.

돈은 많거나 적거나 계속 필요하게 된다. 우리는 암울한 노후가 예견되는 세대이기도 하다. 가난한 노인의 나라라는 생각은 하고 싶지 않지만, 마냥 장밋빛으로 바라볼 수는 없다. 대부분은 생존을 위해서 일해야 한다. 또한 자기 인정감과 존재감을 사회 공동체 안에서 실현하기 위해서도 금전적 경제 활동이 반드시 필요하게 된다. 그리고 시간을 가치 있게 하는 관계 시장도 성장한다.

## 슈퍼플레이어의 돈 쓰는 방법

슈퍼플레이어의 다양한 가치와 행태 속에서 기업이 알아야 할 공통적 현상은 다음과 같다.

**품질 중시**

가격보다 품질을 중시한다. 가성비와 수량이 많은 것보다는 질이 높고 신뢰할 수 있는 제품에 대한 선호도가 높다. 유년기, 청년기, 시절 사용하던 저가의 해외 제품에 대한 실망이 높고 신뢰가 낮다. 그리고 '이제는 나이도 들었으니 웬만하면 좋은 것을 것 쓰고 싶다!' 라는 성향이 강하다.

**건강과 웰빙**

나이가 들다 보니 이곳 저곳 아픈 데도 많아진다. 이제 자식보다 내 몸이 더 소중하다. 건강기능 식품, 건강 관련 제품, 웰니스 관련 서비스에 대한 관심과 수요는 더욱 높아진다. 관건은 오래 사는 것보다 아프지 않고 가족에게 짐이 되지 않도록 건강 유지와 질병 예방이다.

**간편함과 접근성**

아무리 좋은 것이라 해도 사용이 간편하고 접근성이 높지 않으면 소구하기 어렵다. 편리성이 높은 제품과 서비스에 대한 선호도가 가격에 우선한다. 특히 쉽게 읽을 수 있는 큰 글씨, 간단한 주문 방식, 명확하고 쉬운 조작 방법이 탑재된 제품이 인기를 끈다.

**디지털 기술**

슈퍼플레이어들은 기술과 디지털 제품 및 문화에 대한 관심이 높은 사람들이다. 386세대부터 N세대까지, 그들의 삶은 기술 발전과 함께했다. 나이가 들었다고 해서 다시 돌아가지는 않는다. 그들에게 스마트폰, 태블릿, 스마트 홈, AI, 온라인커뮤니티, 온라인 쇼핑몰은 생활의 일부이다. 노령자라고 해서 아날로그 시장으로 회귀하지 않는다.

**모임과 관계**

자녀의 성장 등 인생에 여유가 생기면서 명상, 철학, 여행, 문화행사, 취미 활동 등의 경험을 중시하는 경향이 생기며, 인문학적 소양을 위한 모임들이 등장한다. 비슷한 관심사를 가진 새로 만나는 사람들끼리의 온, 오프라인 모임이 이전의 동창회나 동네 배드민턴 모임처럼 활성화된다.

**지속가능성과 윤리적 소비**

변화한 사회가치에 따라 환경 보호, 지속 가능한 소비, 윤리적 구매에 대한 인식이 높아지면서 친환경 제품, 유기농 식품, 공정 무역 제품 등에 대한 소비가 증가한다. 특히 사회적 책임을 지닌 기업에 대한 지지와 함께, 지역사회 보호, 자선 활동, 기부에도 관심이 많아진다.

**전통과 현대의 조화**

슈퍼플레이어들은 현재의 가치와 새로운 생활 방식을 조화롭게 유지하려는 경향이 있다. 레트로는 계속 유행할 것이며 첨단 기술에 대한 니즈로 배움에 대한 열망도 꾸준하다.

**개인의 맞춤형 서비스**

필요와 취향에 맞춘 개인 맞춤형 서비스에 대한 수요가 높다. 이는 건강 관리, 여가 활동, 학습 프로그램 등 다양한 분야에서 나타난다.

이러한 슈퍼플레이어들의 소비 습관과 생활 가치관은 고령화 사회가 될수록 마케팅에 중요한 영향을 미치며, 기업과 서비스 제공자들에게는 경제적 기회와 도전을 제공한다.

# 기부니가 조크든요

과감한 패션과 해괴한 모습으로(그 당시엔 그렇게 불렀다) 길거리를 누비며 한여름에 고가의 거지 벙거지 모자에 찢어진 청바지를 입고 다니는 그들에게 도대체 왜 이러고 다니냐고 물었더니 답은 이랬다.

**"기부니가 조~크든요"**

그렇다. 이미 우리나라에는 세상 무엇보다 나의 감성 만족이 중요한 세대가 존재하고 있었다. 새천년의 세대라고 부르는 MZ의 형제이며 부모들이다.

## 핵심 플레이어 X세대

장수하는 우리 사회 소비의 축은 X세대가 될 것이다. 주로 1970년대생들이 주축인 이 연령대는 다른 세대와 비교해 볼 때 경제적인 부분에서 안정적이며, 절대적인 인원이 많다. 베이비부머와 N세대에 묘하게 겹치면서 다양한 가치관과 행동 양식을 보이는데, 대체로 이들은 개방적이며, 적극적이고, 활기차고 긍정적이다. 자본주의 물질적 욕구과 경쟁심이 강하며 전통적 가치관과 관습을 격렬하게 거부하기도 한 소비 세대이다.

"아끼고 모아서 우리 잘 살자"가 베이비붐 세대의 중심 가치였다면 X세대의 슬로건은 "난 달라요"이다. 교복 자율화, 두발 자율화, 통금 해제, IMF, 민주화 운동, 독일의 통일과 해외 여행 자유화를 거친 이 세대는 오렌지인지 낑깡인지 모를, 그냥 종자가 다르다는 소리를 듣던 신인류들이었다. X세대들은 베이비부머 세대보다 전반적으로 학력이 높고, 글로벌 문화적 개방도도 상대적으로 높은 세대적 특수성을 가지고 있다. 자기 부양 능력과 소비 여력이 높고 소비 성향도 다르다. 개인주의적인 성향도 강해 자신을 위한 소비에 적극적이다. 전쟁 직후 태어난 베이비부머 세대와는 살아온 경로 자체가 다르다 보니 욕구의 차이가 다르다.

1950 1960 1970 1980 1990 2000

| 세대 구분 | 베이비붐 세대 | X세대 | 밀레니얼 세대(Y세대) | Z세대 |
|---|---|---|---|---|
| 출생 연도 | 1950~1964년 | 1965~1979년 | 1980~1994년 | 1995년 이후 |
| 인구 비중 | 28.9% | 24.5% | 21% | 15.9% |
| 미디어 이용 | 아날로그 중심 | 디지털 이주민 | 디지털 유목민 | 디지털 네이티브 |
| 성향 | 전후 세대, 이념적 | 물질주의, 경쟁사회 | 세계화, 경험주의 | 현실주의, 윤리 중시 |

386세대로부터 시작된 대한민국의 디지털 사회의 기반을 연 이들에게 PC는 중요한 사회 공동체 문화였다. 이들에게 '천리안 채팅'이나 '아이 러브 스쿨', 'MMORPG(Massively Multiplayer Online Role-playing Game)'는 시대의 감성을 나누는 공간이다. 그러나 X세대들은 지금의 디지털 기술과 온라인 환경, 즉 스마트폰, 태블릿, 컴퓨터 등을 사용하여 정보를 얻고 소통하는 데 온전히 자유롭지만은 않다. 나이가 들어 감에 따라 변화하는 사회속도에 20·30대처럼 맞추어 가지는 못한다.

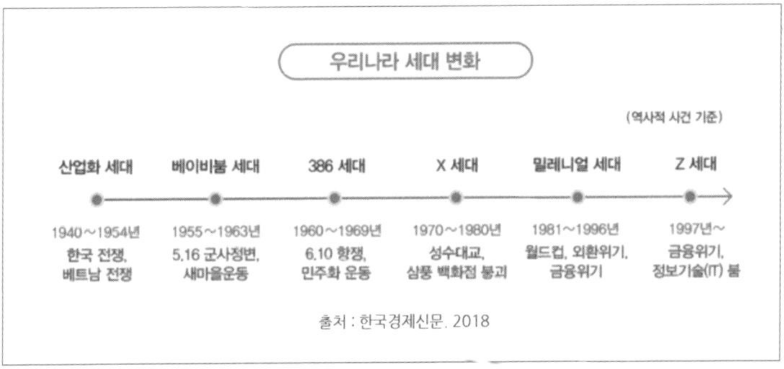


우리나라 세대 변화

오히려 모바일 집중 성향이 있는데, 그래서 모바일에서의 검색 활동은 이들에게 있어서 더 중요하다. 따라서 이들을 위한 모바일 맞춤형 디지털 마케팅은 온라인 마케팅 전략의 핵심이다. 특히 이들이 어느 플랫폼을 많이 사용하는지가 중요한 요소가 된다. 디지털 노마드들은 아니라서 한번 정착한 플랫폼에 오래 머무는 성향을 보인다. 그들은 소셜 미디어 영역에서 현재의 너무 다양한 생태 환경에 사실 혼란을 느끼고 있어, 한번 들어가서 안주한 디지털 생태계를 바꾸지 않으려고 한다. 당연히 플랫폼의 집중화도 다른 세대와는 다르다. 따라서 이들이 사용하는 플랫폼의 적절한 이용이 이 타깃층을 잡는 데 중요한 선택의 요소가 된다.

● 소셜 네트워크 서비스 이용 요약 2023

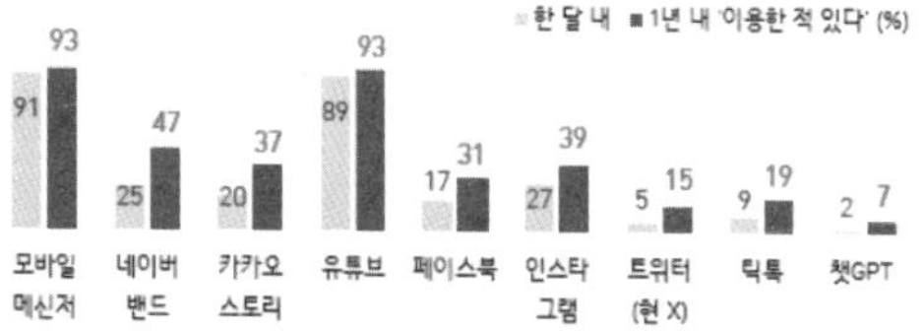


| 2023년 2~7월 | 1년 내 '이용한 적 있다' - 성·연령별 | | | | | | | | |
|---|---|---|---|---|---|---|---|---|---|
| | 모바일 메신저 | 네이버 밴드 | 카카오 스토리 | 유튜브 | 페이스북 | 인스타 그램 | 트위터 (현 X) | 틱톡 | 챗GPT |
| 전체 | 93% | 47% | 37% | 93% | 31% | 39% | 15% | 19% | 7% |
| 남성 13~18세 | 98% | 34% | 35% | 97% | 50% | 59% | 23% | 39% | 12% |
| 19~29세 | 98% | 51% | 42% | 99% | 56% | 78% | 35% | 41% | 17% |
| 30대 | 99% | 57% | 45% | 99% | 51% | 65% | 28% | 30% | 14% |
| 40대 | 97% | 58% | 40% | 97% | 35% | 38% | 17% | 14% | 6% |
| 50대 | 96% | 57% | 36% | 95% | 20% | 17% | 6% | 9% | 4% |
| 60대 이상 | 84% | 32% | 20% | 84% | 9% | 6% | 2% | 5% | 1% |
| 여성 13~18세 | 98% | 40% | 40% | 96% | 53% | 67% | 28% | 44% | 13% |
| 19~29세 | 99% | 50% | 47% | 99% | 58% | 86% | 37% | 40% | 15% |
| 30대 | 97% | 57% | 50% | 97% | 49% | 68% | 28% | 29% | 10% |
| 40대 | 98% | 56% | 52% | 96% | 32% | 42% | 12% | 15% | 4% |
| 50대 | 95% | 58% | 43% | 96% | 18% | 20% | 5% | 9% | 3% |
| 60대 이상 | 80% | 29% | 25% | 79% | 5% | 5% | 1% | 3% | 0% |

- 모바일 메신저: 카카오톡 등
- 전국(제주 제외) 만 13세 이상 5,202명 면접조사. 한국갤럽 마켓70 2023 www.gallup.co.kr

연령별 소셜 서비스 이용현황 (한국 갤럽)

네이버 밴드와 카카오스토리 이용자는 20대부터 50대까지 비교적 고르게 분포한다. 연령별 연간 이용률 기준으로 볼 때 네이버 밴드는 20~50대에서 50%대, 10대와 60대 이상에서 30%대다. 카카오스토리는 20~40대에서 40%대 중반, 10대와 50대에서 30%대, 60대 이상에서 23%다. 다른 SNS보다 40대 이상 중장년층, 기혼자 비중이 큰 편이다.

한편 페이스북과 인스타그램처럼 같은 모회사(메타)를 둔 외산 서비스의 경우 연간 이용률 기준으로 볼 때 2021년까지는 페이스북이 인스타그램을 소폭 앞섰으나, 2022년 우열이 뒤바뀌었고, 올해는 격차가 더 커졌다. 최근 한 달 내 이용률(이하 '월간 이용률') 변화도 뚜렷하다. 페이스북 월간 이용률은 2021년 27%에서 2023년 올해 17%로 줄었고, 같은 기간 인스타그램은 소폭 늘었다(24%→27%). 특히 재작년까지는 10~30대에서 양자의 이용률이 비슷했지만, 작년부터 인스타그램이 앞선다. ('마켓70 2023 (2) 미디어·콘텐츠·소셜 네트워크 서비스 18종 이용률 #SNS', 한국 갤럽, 2023/08/03)

### X세대 공략법

따라서 X세대를 대상으로 한 마케팅에서는 검색 엔진 최적화(SEO), 이메일 마케팅, 모바일 광고, 사용자 친화적인 UX/UI 설계 등 효과적인 모바일 마케팅 전략 수립이 중요하다. 이들에게 효율적으로 도달하기 위해서는 접근의 편리성이 필수이다.

아무리 좋은 앱이 있어도 알지 못할 수 있고, 가입과 사용이 복잡하면 이탈하기 쉽다. 간편한 설계와 가입, 연령을 고려한 보기 편한 디자인이 필수이다. 또한 생성형 AI를 활용한 개인화 비서 서비스의 자연스런 장착이나, 관심사가 유사한 동년배가 모이는 온라인 커뮤니티의 활용은 유망하다.

콘셉트 전달과 카피라이팅에 있어서 이들에게 사용하지 말하야 할 마케팅 전략은 '단어'이다. 이들은 기업이 그들에게 시니어나 실버 혹은 뉴시니어, 액티브시니어, 중장년, 노인, 어르신, 노인네(늙은이), 아버님, 어머님, 할아버지, 할머니라는 단어를 사용하는 것을 좋아하지 않는다. 사실 여부를 떠나 이들 단어를 자신의 삶으로 받아들이는 데 거부감이 있다.

지금은 요즘 추세에 따라 아직 자녀들이 미혼이거나 손주가 없거나 한 사람들도 많이 있고, 굳이 그러한 단어들에 맞추어 기분 좋게 지갑을 열려고 하지 않는다. 우리나라와 일본의 기업들은 이미 시니어, 실버 시장에서 많은 실패를 본 사례가 있다.

시장에는 암묵적이라고 해야 할까? 브랜드 콘셉트를 잡는 룰이 있다. 대부분의 사람들은 여자나 남자나 본심은 현재의 자신이 사회적으로 주어지는 나이보다 어리다고 생각한다. 예부터 전해오는 '마음은 낭랑 18세', '28청춘'은 만고의 진리다. 그래서 고객은 그들의 나이에 비해 연령대가 높다고 생각되는 상품을 제시하면 당연히 싫어한다.

특히 패션과 뷰티와 같은 트렌드에 민감한 시장에서는 더 확연하게 나타난다. 이 산업의 특징은 외모와 자기 표현에 관심이 있는 사람들이 돈을 더 잘 쓰는 시장이라는 점인데, 소비자들이 돈을 쓰는 이유는 현재보다 더 어리고 나은 모습으로 보이기 싫기 때문이다. 투자한 금액 이상으로 지금보다 더 생동감 있고 자신감 있으며 활기차게 나를 내어보일 수 있는 옷과 화장품 라이프 스타일 제품이라면 기꺼이 비용을 지불한다.

브랜드는 옷이나 화장품이라는 재화를 파는 게 아니라 그 옷이 고객에게 가져다 주는 환상을 판다. 이 옷을 입으면 ○○○이 될 듯한, 이 화장을 하면 ○○○처럼 보일 듯한 환상에 대한 비용을 지불하는 것이다. 여기서 환상은 허황된 상상이 아니라 고객이 이루고자 하는 꿈을 실현시켜 주는 가성비 높은 소비의 대상이다. 가성비 소비란 단순히 저가의 품질 좋은 제품을 사는 것이 아니라 내가 지불한 금액보다 내가 기대한 결과가 더 좋은 소비이다. 제품의 가격은 내가 기대한 결과가 무엇이냐에 따라 높고 낮음이 나뉘게 되는 것이다.

서비스와 브랜드는 그런 고객의 환상을 논리적으로 깨는 입장이 되어서는 안 된다. 고객이 원하는 니즈를 맞추는 게 마케팅 아닌가!

X세대의 공략은 그들이 즐겁게 소비할 수 있도록 원하는 이미지를 계속 생성해 주는 것이다. 이제 중장년이라고 40대 쇼핑몰을 하면서 40대 모델을 써서는 안 된다. 40대 쇼핑몰에 40대 옷과 40대 모델을 사용하면 50대, 60대가 몰린다. 40대를 타깃으로 하면 30대, 20대를 생각하고 브랜드와 서비스 세팅을 해야 한다.

모든 제품의 소비를 이끄는 트렌드 리더들은 본인보다 나이가 있어 보이는 브랜드와 상품은 절대 구매하지 않는다. 중장년의 X세대가 다음 시장의 주역이라고 생각한다면 브랜드와 서비스의 이미지 설정에 세심해야 한다.

"기부니가 조크든요"의 X세대를 향한 공략의 핵심은 그들의 기분을 좋게 해주어야 한다는 것이다. 그래서 마케팅 실무자는 콘셉트와 카피라이팅에 주의를 기울여야 한다.

# 디지털 불평등과 새로운 계급도

별안간 영화 〈설국열차〉처럼 인생이라는 기차의 각 객실에 새로운 등급이 등장하기 시작했다. 그것도 아주 명확하게. 열차의 등급은 기존의 사회 체제에 한 가지 자격을 더 부여한다. 디지털 커뮤니케이션을 이해하고 활용할 줄 아는가? 코로나를 거치면서 변화된 새로운 사회 현상 중 하나는 디지털 문맹의 등장이다. 이제 디지털 기술의 이해와 활용 능력 정도에 따라 각 객실의 생활 수준이 명확히 나뉘게 되었다.

## 돈 있어도 밥 먹기 불편한 세상

돈 있어도 밥 먹기 힘든 불편한 세상은 코로나라는 특수 환경에서 갑자기 훅 들어왔다. 우동 한 그릇을 먹으려 해도 POS에서 주문할 줄 모르면 뒷사람에게 미안하고 괜히 난감해진다. 동네 중국집에 짜장면 좀 시키려고 하면 친절하게 다시 온라인 앱을 이용해서 주문해 달라고 한다. 앱이라는걸 내려 받기도 번거롭거니와 앱에

이런 저런 신상 정보 등록하는 것도 어렵다.

커피 한 잔 마시거나 햄버거 하나 먹으려고 해도 디지털 POS라는 데에서 주문해달라고 한다. 메뉴는 분명 큼지막한 한글로 되어 있지만 왠지 모르게 복잡하다. 쭈뼛쭈뼛 시간이 걸리고 슬슬 주변의 눈치가 보인다. 내가 괜히 뒤쳐지는 사람 같고 기분이 언짢아진다. 돈 쓰려고 왔는데 기분만 상한다. 이젠 '그냥 동네 사람이 응대하는 가게만 찾아다녀야 하나'라는 생각이 든다.

놀라운 기술력을 탑재한 스마트폰이 출시되어도 단순하게 전화만 걸고 받고 할 수 있는 기본 통신 서비스만 사용하는 분들이 있다. 효도폰이라고도 불리는 이 폰은 첨단 기능을 충분히 사용할 수 가 없는 부모님을 위해 만들어졌다. 최첨단의 신상을 해드리고 싶어도 의미가 없다. 유행하는 유튜브라도 보려면 자녀나 주변에서 앱 설치와 가입도 도와드려야 한다. 일상의 은행 업무나 동사무소, 장보기 등도 이젠 핸드폰 이용을 잘할 수 없으면 계속 몸이 수고로워야 한다.

코로나가 끝났는데도 비대면 행동양식은 오히려 일반화되었다. 코로나 사태는 병으로 오는 고통 외에 어떤 사람들에게는 가정의 생계를 책임지고 자아를 실현하는 일자리도 잃게 했다. 비대면 시스템으로 사라진 일자리의 수준과 내용은 명확했다. 비행기 조종사와 스튜어디스, 대형 은행원, PC방 사업자, 명동 빌딩 옷 가게, 우리 동네 골목 식당, 그 누구도 사회 전반에 걸친 폭풍을 피해 갈 수 없었다. 반면 어떤 사람들은 코로나가 가져온 새로운 생활 방식의 변화로 모두가 경제 침체를 외칠 때 비약적인 기회를 보았고 발전과 부를 쌓았다. 원격 근무와 온라인 생태계를 유지, 발전시키는 직군들은 오히려 입지가 넓어졌다.

## 신흥 지식인에게 쏠리는 부

디지털 문맹이란 기술과 온라인 환경에 대한 이해와 능력이 부족한 상태를 말한다. 단순히 일상에 필요한 기본적인 정보와 기술 사용이 어려운 것만 아니라 데이터, 저작권, 개인정보 보호, 온라인 안전 등과 같은 디지털 시대의 중요한 사회 가치들을 이해하고 대응하는 것에 대한 부족함을 의미한다.

디지털 문맹은 주로 일상에서 인터넷과 디지털 장비 사용이 불편한 계층이다. 디지털 문맹자들은 인터넷 환경에 대한 지식이 웹 브라우저를 이용한 검색, 이메일 송수신, 온라인 쇼핑을 하는 것에 어려움을 겪는다. 인터넷 서비스와 디지털 도구들의 다양한 기능과 사용법을 익히는 것이 어렵다 보니 온라인 보안 및 개인정보 관리가 힘들고, 관련된 위험 요소들에 대해 충분히 인식하지 못할 수 있으며, 이에 따라 안전한 비밀번호 생성 및 관리, 보이스피싱 같은 범죄에 대해 취약하고 잠재적 경계 및 대처에 대한 이해도가 낮을 수 있다.

매일같이 출시되고 개선되는 다양한 모바일 애플리케이션, 온라인 금융 서비스, 전자 정부 서비스 결제 시스템, 예약 시스템 등 복잡한 프로세스를 처리하는 데 어려움을 겪게 되어 일상의 불편함을 감수해야 한다. 특히 소셜 미디어 및 커뮤니케이션 도구 활용의 부족과 부재는 사회적 정보 교류나 사회 관계망 구축에서 손해를 보거나 사회적 소외로 연결될 가능성이 더 커진다. 수명이 연장되는 시대만큼 사회의 변화를 따라가지 못하는 상황에 놓이게 된다.

신지식인이라고 함은 기술과 디지털 환경에 대한 깊은 이해와 숙련된 능력을 갖춘 사람들을 말한다. 이들은 최신 기술 동향에 대한 업데이트를 수시로 진행하며, 데이터 분석, 인공 지능, 빅데이터 등의 분야에서 전문적인 지식과 활용 스킬을 보유하고 있다. 특히 빠른 정보의 도입과 활용으로 경제와 사회 시스템에 발맞추어 상대적으로 경제 면에서 월등히 유리한 위치에 서기 쉽게 되고, 부를 축적할 수 있는 유리한 고지에 놓인다.

## 동세대도 갈라놓을 지식의 힘

디지털 기술 사용의 증가는 고령 인구의 삶의 질을 향상시키고, 사회적 참여를 증진하며, 독립적인 생활을 지원하는 중요한 역할을 한다. 그러나 동시에 슈퍼에이지의 디지털 격차(digital divide) 문제를 야기한다.

디지털 기술을 활용할 수 있는지 없는지에 따라 향후 사회적 계층 구조와 부의 쏠림이 생길 것이다. 특히 평균 수명이 증가하고 있는 우리 세대에 이러한 현상은 같은 세대라 할지라도 기술의 대응방식과 학습에 따라 사회적 격차와 소외를 극대화한다. 나뉘어진 사회 계층은 기술 문화를 활용할 수 있는 층과 그러하지 못한 층으로 여러 분야에서 빈익빈 부익부의 현상을 심화한다.

시장의 양분화는 동시에 시장의 질을 마이크로 단위로 세분화한다. 이 현상은 단순히 가격이나 품질의 차이만을 이야기하는 게 아니다. 직업의 물리적 한계와 공간·시간적 제약에서 자유로워지는 직업들일수록 고소득화 되고, 동시에 고소비의 가치 고객이 된다.

이들에게는 명품과 브랜드에 충성도를 보이는 럭셔리 시장, 개인의 취향과 가치관에 극도로 맞춤화 된 서비스를 제공하는 가치(Value) 시장이 형성된다. 특히 사회적 이슈와 관련된 가치소비가 강화된다. 친환경, 평등, 정의, 지속 가능한 사업을 하는 기업과 브랜드에 대한 선호가 올라간다.

이들의 연령과 라이프 스타일은 다양해서, 명품에 열광하는 20대, 새로운 청춘의 꿈을 찾아 회귀하고자 하는 건강과 웰빙을 추구하는 평생 학습의 60대 등 여러 분야에서 새로운 고객층이 형성된다. 이제 목표 타깃의 나이로 시장을 구분 짓는 것이 아니라 타깃 시장의 취향과 특징으로 상품과 브랜드의 전략을 살펴야 한다.

이러한 차이는 고령자들이 디지털 기술에 접근하고 사용하는 능력에서 나타나는 불평등으로부터 생겨나며, 다음과 같은 여러 측면에서 구체적으로 드러낸다. 기술에 익숙한 부류와 그렇지 않은 부류 간의 경제적 차이를 확대시키는 요인은 다음과 같다.

### 기술과 정보에 대한 접근성

디지털 기술을 이용하는 고령자들은 인터넷을 통해 다양한 정보에 접근할 수 있다. 이는 투자 정보, 할인 및 프로모션 정보, 경제적 조언 등을 포함한다. 이에 비해 디지털 기술을 사용하지 않는 고령자들은 이러한 정보에 접근하는 데 제한을 받으며, 경제적 기회를 놓칠 수 있다. 모든 세대가 최신 기술에 쉽게 접근할 수 있지는 않다. 그리고 이는 경제적 제약, 지역적 제한, 혹은 사용 가능한 기술에 대한 정보 부족 등이 원인일 수 있다.

### 고용 기회의 불균형

일부 고령자들은 디지털 기술을 활용하여 고용, 부업이나 자영업 등의 기회를 찾는다. 반면, 디지털 정보 격차로 인해 이러한 기회를 활용하지 못하는 고령자들은 수입의 기회를 잃게 된다.

### 금융 서비스 접근

디지털 격차는 금융 서비스 이용에도 영향을 미친다. 온라인 뱅킹, 모바일 결제, 전자 거래 등을 이용하는 고령자들은 금융 거래의 편의성과 효율성을 경험할 수 있다. 그러나 디지털 기술에 익숙하지 않은 고령자들은 이러한 서비스에 접근하기 어렵고, 결국 금융 서비스의 혜택에서 배제되거나 덜 활용하게 된다. 온라인 보안과 개인정보 유출에 대한 우려도 고령자들 사이에서 디지털 기술 사용의 장벽이 될 수 있다. 온라인 시스템을 신뢰하지 못하여 금융 시스템 이용과 경제 활동에 제약이 생긴다.

### 디지털 소비

기술에 익숙한 고령자들은 온라인 쇼핑을 통해 다양한 상품과 서비스에 접근할 수 있다. 온라인 쇼핑은 종종 더 저렴한 가격과 편리한 배송 옵션을 제공한다. 반면, 디지털 기술을 사용하지 못하는 고령자들은 이러한 혜택을 누리지 못하고, 전통적인 쇼핑 방식에 의존하게 된다. 여가 생활에 있어서도 교통편 예약이라든가 숙소예약 식당 방문 등에서 불편함을 겪게 된다.

### 건강 관리

온라인 건강 관리 서비스, 텔레메디슨, 건강 모니터링 이용이 자유롭지 못할 수 있다. 따라서 디지털 기술을 사용하지 않는 사람들은 전통적인 건강 관리 방식에 의존하게 되며 관련한 정보와 서비스에서 소외될 수 있다.

### 학습

디지털 기술에 익숙하지 않아 사용 방법을 배우는 데 어려움을 겪는다. 이는 기술 변화의 속도가 빠르고, 사용자 인터페이스가 복잡해지는 경우 더욱 문제가 된다. 일부는 디지털 기술에 대해 두려움이나 부담감을 느낄 수 있다. 이는 기술에 대한 자신감 부족이나 과거의 경험에 기반한 것일 수 있다. 사실 많은 디지털 제품과 서비스가 고령자의 특정 필요와 능력을 고려하지 않고 설계된다. 예를 들어, 작은 글씨나 복잡한 메뉴와 의사결정 프로세스는 사용에 어려움을 줄 수 있다. 사용자 친화적 개발 부족은 정보 취득에 장애가 된다.

## 슈퍼플레이어의 디지털 활용

슈퍼에이지(Super-aged) 사회에서 디지털 기술의 사용은 생존을 위한 필수 도구이다. 변화하는 세상에서 구성원으로 살아남기 위해 이러한 생존 욕구의 증가가 여러 측면에서 나타나고 있다. 슈퍼플레이어란 POS 주문, 모발의 배달 앱 사용, 온라인 쇼핑몰 이용과 은행, 관공서 업무처리, 혹은 핸드폰으로 사진 찍기, 교통정보 알아보기 등 일상의 기술을 학습하려는 데 적극적 사람들이다. 그들은 자식이나 주변의 도움을 기대하지 않고 스스로 독립적으로 해결하려는 성향을 보이며 동세대라도 다른 행동 양식을 보인다.

### 통신과 소셜미디어 적극적 활동

슈퍼플레이어들은 스마트폰, 태블릿, 컴퓨터의 사용을 일상화하며, 이를 통해 소셜 미디어, 이메일, 인스턴트 메시징 등으로 가족, 친구들과 소통한다.

### 비대면의 온라인 쇼핑과 인터넷 서비스

쇼핑, 은행 업무, 공공 서비스 디지털 이용의 생활화로 각종 새로운 사회서비스에 부담을 갖지 않는다.

### 디지털 기술이 접목된 건강관리

웨어러블 의료기기의 활용, 각종 건강 모니터링 앱 활용, 텔레메디슨 서비스의 가입 등에 관심이 많고, 이를 통해 자신의 건강을 관리하고 의료 서비스를 받고 싶어 한다.

### 보편화된 온라인 학습

인터넷을 통한 정보 검색, 온라인 강좌 참여, 디지털 도서관 이용 등의 활용으로 지식을 얻고, 온·오프라인 워크숍이나 모임 등을 통해 새로운 기술을 배우는 데 무리가 없다.

### 온라인 엔터테인먼트

온라인 스트리밍 서비스, 전자책, 오디오북, 비디오 게임 등 디지털 엔터테인먼트의 이용이 늘어 OTT 드라마 영화와 게임 등을 일상으로 즐긴다.

### 스마트 홈에 대한 관심

집안의 안전과 편의성을 높이기 위해 스마트 홈 기술 도입에 적극적이 된다. 자동 조명, 스마트 온도 조절, 보안 카메라, 긴급시스템 연락망 등이 포함된다.

결국, 디지털 격차에 의해서 삶의 방식과 부의 편중이 야기된다. 따라서 디지털 격차를 해소하는 것은 장수 인구가 현대 사회의 중요한 일원으로서 활동적이고 독립적인 삶을 영위하는 데 필수적이다.

# Chapter. 2

# 맑눈광, 3요

# 미치고 지랄 맞대네

'MZ'는 밀레니얼(Millennial과 알파벳의 끝 Z)의 천년 역사가 끝나고 새로운 천년을 맞는 세대에 태어난 세대를 일컫는다. M세대는 주로 1980년부터 2010년까지 출생한 사람으로, 1980년대 출생과 1990년대생으로 구분되기도 한다. Z세대는 특히 구 천년의 말과 새 천년에 태어난 1995년 이후 출생을 말한다. 이들은 풍요로운 경제 환경 속에서 아기 때부터 핸드폰, 인터넷 동영상과 함께 자라났으며, 그 어느 세대보다 가장 높은 대학 진학률을 보이고, '단군 이래 가장 축복 받은 세대'라고 불리기도 한다.

이들은 베이비붐 세대와 초기 X세대의 자녀들로, 전 세계적으로 출산율이 감소하는 시기에 태어났다. 즉, 우리나라만 이 세대의 출산율이 감소한 것은 아니다. 이들의 부모 세대들보다 핵가족화된 가족의 구성원으로서 태어나 사회와 기업으로부터 극진한 대접을 받아왔다. 그래서 2013년 5월 미국의 시사 주간지 《타임》은 밀레니얼 세대를 지칭해 '미 미 미 제너레이션(Me Me Me Generation)'이라고 했다. 언제나 미

퍼스트(Me first)로, 무엇보다 자신을 가장 우선시한다는 뜻이다.

밀레니얼 세대를 '미 제너레이션'이라고 칭한
타임지의 표지(©출처 : 타임지 홈페이지)

## 우리나라의 MZ

우리나라의 MZ세대는 자기 생각과 주장이 명확하고 자기 중심적인 성향을 가지고 있다. 그들의 사회나 조직의 가치관은 베이비 붐이나 X 세대들과는 다른 사고의 구조를 갖고 있어 이들은 성인이 되어 사회에 진출하면서부터 다른 행동 양식으로 문화 충격을 가지고 왔다. 특히 단체와 조직의 문화를 중요시하는 한국 기업문화에서는 새롭게 등장한 이 두 세대를 'MZ[Michigo(미치고) Ziral(지랄 맞은)]'라고 부르기도 한다고 한다.

MZ세대는 분명히 이전 세대들보다 훨씬 사회 경제적 풍요함이 있는 세대이다. 태어나면서 접한 눈부신 IT기술의 발전과 글로벌 세계화는 생활의 일부였다. 특히 Z세대는 태어나면서 인터넷과 스마트폰 환경에서 성장한 최초의 디지털 네이티브로서, 사고 방식부터 이전 세대와 상당히 다른 행보를 보여준다.

그러나 다른 선배의 세대와 비교해서 훨씬 풍요로운 황금빛 어린 시절을 보낸 이들에게도 어두움이 드리우는 시기가 온다. 이 세대 첫 출생아들이 본격적으로 사회에 진출하기 시작한 2007년 무렵부터는 글로벌 금융 위기 등의 영향으로 이례적인 취업난, 일자리 질 저하 등을 겪게 되었다.

이 세대의 상당수가 2008년 글로벌 금융위기의 여파로 노동 시장에서 높은 수준의 청년 실업과 경쟁에 직면했고, 대략 10년 후 2020년에는 COVID-19의 대유행으로 인해 사상 유례 없는 비대면 생활이라는 또 다른 형태의 불황을 겪었다.

이런 생활을 지나오면서 이 세대의 슬픈 유행어도 생겨나기 시작했다. 3포(연애, 결혼, 출산 포기), 5포(집, 경력 포기)가 7포(희망, 사회관계)로 확장되더니 9포(건강, 외모)까지 나오면서 오만 것을 포기하는 환장 대잔치의 세대가 된다. '이번 생에서는 여기까지인가보다'라는 자조적인 말이 유행어가 되어버린 MZ는 분명히 풍족한 삶을 살고 있지만, 개인의 인생에서 많은 것을 사회적으로 포기한다고 선언하는 세대이기도 하다.

MZ는 우리 사회의 변하지 않는 치열한 경쟁적인 분위기에서 자라났고, 이로 인한 학업 스트레스와 학자금 대출에 대한 경제적 부담, 결혼과 육아에 쏟아야 할 금전적 한계 등으로 '연애, 결혼, 출산, 집, 경력 등 N가지를 포기한 사람들이라 'N포'라고 정의되기도 한다.

이 세대는 부의 양극화가 심화되는 세대이기도 하다. 부모 세대가 겪었던 IMF나 리먼 사태와 같은 경제적 어려움을 보면서 자라나 안정적 직장에 대한 선호는 있지만, 평생 직장에 대한 신뢰는 없으며, 사회에서의 정규직 취업과 월급만으로는 결코 자신의 힘으로 집을 마련할 수 없다는 현실의 장벽에 부딪히고 있다.

이들은 어쩌면 부모 세대보다 더 가난할 수도 있는 최초의 세대가 될 수도 있다. 특히 코로나-19사태 이후 자산시장이 과열된 상황에서 부모의 도움이 있는지 없는지에 따라 자신의 기회와 자산의 상태가 결정되는 세대이기도 하다.

금수저와 흙수저라는 용어가 당연시되고 있다. 투정이 아니다. 부모에게 여러 형태의 자산을 물려받는 '부의 대물림'이 이루어지는 부류와 그렇지 못한 대다수의 부류 사이의 자산 격차를 보아왔고 겪고 있다. 그러다 보니 미래에 대한 희망에 대한 노력보다는 '소확행' 같은 현재의 작은 만족감에 더 많은 가치를 두거나, 동시에 '영끌', '빚투', '코인', '창업', '부업'으로 스스로 부자 되기를 선택한다. 각종 재테크, 주식, 암호화폐 등에 소액으로 투자하는 것도 이들 사이에서 인기이며 'N잡러'는 일상이 되어 버린 단어이다.

### MZ의 돈 쓰는 방식

이들은 앞 세대와 명백히 다른 소비 성향을 보여 주는데, 기존의 대형 브랜드에 대한 맹목적 추종보다는 특정 분야에 전문화된 브랜드와 서비스를 선호한다. MZ세대는 미래에 대비하면서도 동시에 현재의 자신에게 즐거움과 행복을 줄 수 있는 소비에 열중한다. 구매력이 부족함에도 명품과 한정판 구매에 적극적이고, 중고물품거래 플랫폼을 통해 쓰던 물건의 거래를 꺼리지 않는다.

또 이들은 에이블리나 무신사처럼 기호와 취향이 확실한 브랜드에 가산점과 호감을 주는 성향이 더 강하여 작은 기업이라도 규모보다는 브랜드에 대한 팬심을 불러오는 단단하고 좋은 콘텐츠의 보유 여유를 더 중요하게 여긴다. 사회 공정성과 개인 경험의 희소성에 더 가치를 가지고 있는 이들에게는 브랜드의 크기가 아닌 브랜드를 경험하는 여정에서의 가치에 더 호의적이다. 그렇다고 이들이 기존의 전통 대형 브랜드에 관심이 없는 것은 아니다. 오히려 이들 세대는 명품 소비에 있어서도 가성비라는 명목으로 열정적 소비 성향을 거리낌 없이 보인다. 명품에 대한 가성비는 가치 소비에 대한 또다른 표현이기도 하다.

고가의 백화점이나 브랜드는 MZ들의 놀이터가 되어야 한다. 백화점에서 구매 여부와 상관없이 신상 사진을 찍어서 인스타그램에 올리고 주위의 관심을 유도하는 걸 즐기다 보니 오히려 브랜드에서는 이들의 사진에 제품이 더 잘 나오도록 자기 로고도 키우고 색감도 기호에 맞추어 바꾸는 등 직관적 디자인을 적극 도입하고 있다. 여의도 '더 현대' 백화점의 고객층을 보면 사장님 사모님의 세대 위주가 아니다.

망해가던 이탈리아 명품 브랜드 구찌를 살린 고객도 MZ다. 전통의 구찌를 사랑하는 안정된 부모의 세대가 아니라 뜻밖에도 아르바이트로 모은 돈으로 제품을 구입을 하는 그들이었던 것이다. 더군다나 이러한 명품 소비에 있어 이전에는 미미했던 20~30대의 남성 고객이 늘어났다는 점이 놀랍다. MZ세대의 Flex 브랜드가 된 구찌는 MZ를 대표하는 브랜드로 자리잡았다. 구찌는 메타버스에 브랜드 샵을 오픈하고, MZ들이 좋아하는 스포츠 브랜드와 콜라보 매장을 내기도 한다.

MZ들의 용어 'Flex'는 '자신의 부나 귀중품을 과시한다'라는 뜻을 지닌 속어인데, 언론이나 유행어 화자들 사이에서 통용되면서 '본인에게 명품이나 비싼 물건을 투자하여 자신의 가치를 높이다'라는 뜻으로 확장되었다. MZ의 플렉스는 자신의 취향과 그런 취향을 가진 자신의 가치를 높이는 일종의 취향 소비이다.

## MZ의 가치관

일에 대한 가치관에 있어서 이들의 자기계발에 대한 열망은 조직보다는 나의 발전에 더욱 포커스를 맞춘다. 이들은 부모세대를 통한 경험으로 평생직장이나 안정된 직업에 대한 믿음이 상대적으로 약하다. 따라서 이직과 퇴직에 대한 두려움이나 경계가 사라지고 언제든 더 나은 조건의 직장이 나오면 이직하는 성향이 강하다.

직장이나 동료에 대한 충성도도 낮은 편이라 종종 사회생활에서 새로운 '직장 신인류 등장'의 소재로 나타나기도 한다. 조직이 자신의 기준에 맞지 않으면 즉각적으로 행동에 옮기는 '조용한 퇴사'는 이 현상을 표현하는 특징이다. "안녕히 계세요. 여러분~"과 "도비는 자유예요" 짤 등은 이전 세대에서 보기 힘든, 퇴사를 탈출과 자유 복귀로 생각하는 사고이다.

평생직업에 대한 신뢰가 없기에 조기 은퇴를 꿈꾸는 Yolo와 Fire족 등으로 자아를 표현하고 '덕질'이라고 불리는 덕후의 취미 생활이 자신의 분신이 되기도 하며, N잡의 형태로 발전하기도 한다. N잡러의 등장은 직장 외 부가 수입을 올릴 수 있음과 동시에 본업을 대신할 자기만족과 자아실현을 위해 이루어진다. 즉, 취미를 즐기다 보니까 돈벌이가 되거나, 돈벌이가 되다 보니 취미가 본업과 대등해진다는 것이다.

코로나19 이후 나타난 이들 세대의 특징은 선배 세대와 마찬가지로 열심히 사는 세대이다. '갓생', '일잘러', '루틴', '중꺾마'라는 단어를 보면 이들이 치열하게 열심히 살고 있다는 것을 알 수 있다. 단, 그 방법과 표현은 다르다.

'갓생'은 신(God)과 같은 삶(생)이다. 신과 같은 삶이라고 해서 전지

전능하고 최대의 권력을 가졌다는 게 아니다. 신과 같이 고결하게 시간을 소중히 여기며 부지런히 사는, 나태한 인간이 아닌(?) 삶을 뜻하는 것이다. 즉 과정보다 결과를 더 우선시하던 기성세대와 달리 과정적으로 알차고 부진런한 삶을 산다는 이야기이다.

'일잘러'는 업무를 현명하게 잘 해내는 사람을 말한다. 업무의 필요 여부에 관계 없이 의례히 이전에 야근, 특근, 주말근무가 상식이고 미덕이며 리더십이었던 기존 세대와는 다르게, 일잘러는 업무 시간 외 일을 더 하는 것에 대해 업무 능력이 부족하다고 생각하기도 한다. 특히 일잘러가 되기 위해서는 요즘 업무 효율을 높여주는 기술의 활용이 중요하다고 생각하며, 이들의 활용과 숙련 정도가 일잘러의 필수 사항이다. 생성형 AI 기술을 활용하여 노코드 툴로 작성한 서류와 결과물, 공동 작업을 위한 공유 작업의 익숙함을 장착하는 것이 효율적 일잘러가 되는 기본기이다.

'루틴'은 자신이 생각한 목표에 도달하기 위한 설계에 일상의 소소한 일들까지 습관화하여 생활과 신체에 각인시키는 행위이다. 그들은 스스로가 정한 목표 주제와 규칙을 성취하기 위해 습관을 루틴화한다. 이때 서로의 루틴을 응원하고 격려하기 위해 각종 챌린지 앱이나 모임 등의 도구로 익명의 사람들과 공유하며 인증하고 뿌듯해 한다.

이전에는 개인이 스스로의 루틴을 만들기 어려웠다. 사회 생활은 개인생활보다 더 길었고, 조직과 사회가 정해 놓은 시간과 장소에서 개인이 무언가를 별도로 한다는 것은 어려운 일이었다. 그러나 코로나로 인하여 주당 사실적 업무 시간이 줄어들었고 스스로가 자신의 시간 소비를 결정할 수 있는 여건이 많아지면서 나태해지기 쉬울 수도 있는 환경에서 스스로의 시간을 잘 운용하기 좋은 습관을 만들어 가는 '루틴'을 선언하기 시작했다. 갓생, 일잘러, 루틴은 모두 결과의 성공 여부를 말하는 것이 아니라 성취에 도달하기 위한 구체적인 방법론인 것이다.

매일 홈트로 다이어트 3개월, 10kg 감량을 하기 위한 목표가 있다면 정말 3개월 후 10kg을 감량했는지 안 했는지가 아니라 갓생의 정신으로 매일매일 성실하게, 일잘러답게 다이어트에 필요한 모든 정보를 찾고 공유하며, 3개월 동안 숨쉬는 것처럼 나의 일상이 되도록 습관화하는 것이다.

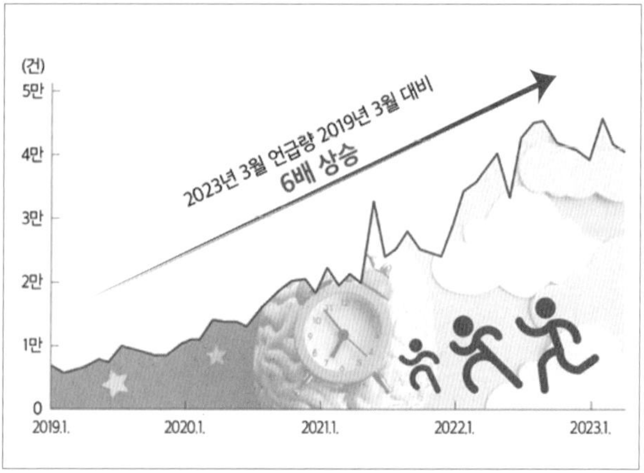


루틴 언급량 추이
(자료 : 바이브 컴퍼니 생활변화관측소, 트위터, 블로그, 커뮤니티(2019.1.1~2023.3.31))

'중꺾마'는 '중요한 것은 꺾이지 않는 마음'이라는 의미로, 김혁규(Deft) 선수의 2022년 '리그오브레전드' 월드 챔피언십 대회 인터뷰에서 나온 말이다. '리그오브레전드' 2022년 월드 챔피언십에 참가한 프로게임단 DRX 소속 김혁규 선수의 경기 후 패배 소감을 기사화하는 과정에서 기자가 작성한 '중요한 것은 꺾이지 않는 마음'이라는 문장이 유행하면서 각종 시상식이나 경연 참가자들에게 퍼져 나갔다. 이처럼 이들은 부단히, 꾸준히 시간 관리를 하며 목표를 향해 기존의 방식과는 다른 현명한 방법으로 습관을 만들어 나가는 가치관을 가지고 열심히 살아 가는 세대이다.

동시에 이들은 사회적 정의와 가치관을 지키는 데 진심이다. MZ세대는 베이비부머나 부모의 세대보다 공공의 이익과 사회적 가치, 그리고 환경을 지키는 활동에 참여와 공감도가 높다. 이들의 이런 가치 소비를 뜻하는 '미닝 아웃(Meaning Out)'은 '신념, 의미'를 뜻하는 미닝(Meaning)과 '벽장 속에서 나온다'는 뜻의 커밍아웃을 합친 신조어이다.

의미 있는 가치 소비, 미닝 아웃은 상품을 구매할 때 단순히 가격이나 품질만을 비교하는 것이 아니라 해당 기업의 경제적 활동이 윤리적, 사회적 책임 등의 가치를 구현하고 있는지에 관심을 갖는다는 것이다.

기업의 도덕적 윤리성이 낮거나 사회적 책임 등의 의무를 다하지 않는다고 판단되면 비협조적이며 상품을 구매하지 않는다. 반대로 자신의 명분과 가치관에 부합한다면 공동의 업무, 분업과 협업에 능숙하며, 제품 구매는 물론 캠페인 참여 등을 적극적으로 지지하고, SNS 해시태그로 이를 공유해 선한 영향력을 행사하는 데 앞장선다.

'챌린지'와 같은 자발적 사회 공익 캠페인 참여에도 열심이며, 가격이 비싸도 착한 소상공인이나 착한 기업의 제품을 애용하고 환경보호를 위해 리필용품을 소비하는 데에도 앞 세대에 비하여 관심이 높다. 버킷챌린지, 절약 챌린지, 전기 소등 챌린지, 에코백 사용 챌린지 등 각종 챌린지를 기꺼이 받아들이며 오히려 이벤트화 하는 세대가 바로 이들이다. 아웃 도어 브랜드 파타고니아(Patagonia)나 재활용 소재의 업사이클링 가방 프라이탁의 인기 뒤에는 제품의 기능과 디자인뿐만 아니라 브랜드에 담긴 무형의 의미 있는 의도에 대한 열렬한 지원이 있다.

밀레니얼 세대는 이렇듯 천년의 시대적 다리를 지나오며 고성장과 저성장, 아날로그와 디지털이라는 사회의 급변기와 과도기를 거치면서 다른 세대에서 찾아볼 수 없는 '양면성'이라는 독특한 특징을 갖게 됐다. 어릴 때 풍요로운 세상 속에서 가정의 보물인 '나' 라는 주인공으로 성장했지만, 성인이 된 그들의 세상은 미래에 대한 불안과 자조를 느끼는 중년이 되어 가고 있고 있다.

# MZ의 본캐와 부캐

'부캐'라는 개념이 유행하고 있다. 부캐는 '부캐릭터(副 Character), 즉 '서브 캐릭터(Sub Character)'라는 뜻으로, 원래의 '본캐(本 Character)' 또는 '메인 캐릭터(Main Character)'와 별도로 만든 자신의 두 번째 캐릭터를 의미한다. 인생에서 나의 '본정체성' 혹은 '주된 인격'과 별도로 나의 '부정체성' 혹은 '두 번째 정체성'을 말한다.

TV 예능 프로그램 〈놀면 뭐하니〉에서 유재석은 '유산슬'이라는 자신의 부캐를 만들어 큰 화제가 된 적이 있다. 무언가를 연기하거나 다른 개성을 보여주는 연예인도 기존 이미지에서 탈피해 또 다른 새로운 이미지의 캐릭터를 자신의 두 번째 정체성을 만드는 것이었다.

가령, 원래 어떤 연예인이 바르고 얌전한 이미지였다면 새로운 '닉'을 만들어서 마치 다른 사람에게 빙의된 것처럼 기존의 모습과는 전혀 다른 발랄하고 파격적인 성격의 새로운 캐릭터로 대중 앞에 서는 것이다. 시청자들은 기존과 다른 유재석의 다른 모습에 새로움과 흥미를 느끼고, 유재석 스스로도 다양한 모습을 연출할 수 있다 보니 좋은 효과를 가져왔다. 부캐의 사용은 일상을 넘어 이미 예능 등에서도 폭넓은 현상이 되었다.

## 지금 보이는 게 나의 전부는 아니야

원래 '본캐(Main Character)'와 '부캐(Sub Character)' 두 개 모두 주로 온라인 커뮤니티와 소셜 미디어에서 사용되는 용어였다. 본캐라고 하는 메인 캐릭터는 온라인 게임, 가상 현실, 소셜 미디어 및 가상 세계에 가입할 때 사용자가 자신을 대표하는 주요 디지털 캐릭터를 의미했다. 이 캐릭터는 사용자가 자신을 나타내거나 대리할 수 있는 가상의 표현체로, 사용자의 실제 성격, 외모, 기술 및 선호도 등을 반영할 수 있다.

'본캐'는 게임 커뮤니티뿐만 아니라 소셜 미디어 및 온라인 대화에서도 사용되며, 나의 존재와 같은 동급의 의미를 가진다. 온라인 게임에서 플레이어는 자신의 본 캐릭터를 조작하여 게임 안에서 활동을 하며 기록을 쌓는다.

부캐는 여전히 온라인상의 가상의 공간에서 본캐와는 다른 나의 개성과 상상을 표현하는 아바타의 역할이었다. 부캐는 원래 같은 게임에서 플레이어가 가지는 여분의 캐릭터를 가리킨다. 여분의 캐릭터인 부캐는 메인 캐릭터인 본캐와는 엄연히 구분된다. 부캐는 주로 본캐와 다른 특성이나 역할을 가지고 또 다른 본캐의 자아나 관심사를 온라인 게임이나 커뮤니티에 나타내는 데 사용된다. 그러다 보니 부캐의 아바타는 본캐와 달리 사용자의 실제 성격과는 상반된 특징을 지닌 디지털 캐릭터로 나타난다. 부캐 사용자는 부캐 아바타를 사용하여 본캐와는 다른 진지하거나 웃기거나, 반전된 감성이나 상반된 다른 면, 유머감각이나 농담, 혹은 성별과 인종 연령을 다르게 전달하는 역할을 할 수 있다.

본캐가 나를 중심으로 돌아가는 가상 공간에서 자신의 중요한 정체성이나 신원 또는 인격이 반영되어 나타난다면, 부캐는 플레이어의 가상 세계에서 상상의 나래를 마음껏 펼치는 또 다른 주인공의 역할을 한다.

본캐와 부캐는 디지털 게임이 생활의 한 부분이었던 MZ세대들로부터 현실의 세계로 나타나기 시작해 사회 전반에 퍼지고 있다. 현실 세계에서 본캐는 사회 구성원으로서의 '나'이다. 부캐는 본캐로서 표현하기에 제한이 있었던 나의 관심과 정체성을 표현하는 자아이다.

게임 속처럼 현실의 나(본캐)와는 다른 자아(부캐)는 새로운 관계 속에서 자신이 가진 여러 자아를 마음껏 상황에 따라 새로운 캐릭터로 만들기도 한다. 더욱이 이 부(副)가적인 캐릭터(Character)는 현실의 본(本)질적인 자아 캐릭터(Character)의 손상 없이 여러 가지 모습으로 발현할 수 있어서 그나마 안전하고 자극적이다.

한 가족의 구성원으로서, 자식이나 학교의 학생 혹은 조직의 직장인으로서, 하나의 사회적 구성원으로서의 역할을 하는 나의 본캐와는 별도로 익명의 닉네임을 사용하는 부캐는 내가 사회생활 속에서 타인들에게 보이지 못했던 개성과 속마음, 취향 등을 온전히 발현할 수 있는 온라인 공간에서 자아를 마음껏 드러내는 것이다.

낮에는 직장인이나 부캐의 삶에서 취미나 여가를 프로페셔널 수준으로 활동하는 사람들도 많아 아트, 헬스, 부업 등에서 두각을 나타내기도 한다. 그렇게 본캐와는 다른 성향의 자아를 드러내는 부캐를 적극적으로 키우면서 갇혀있는 본캐의 탈출구가 되기도 하고, N잡러가 되어 경제적 풍요를 이루거나, 명성을 쌓기도 한다.

### 본캐와 부캐의 활약

요즘 인스타그램의 복수 계정은 기본이다. 인스타그램의 2023년 12월 발표에 의하면 Z세대들의 73.4%가 2개 이상의 인스타그램 계정을 사용하고 있다고 한다. 첫 번째 계정은 본캐를 위한 Social용, 두 번째 계정은 가까운 지인들에게만 허락된 미공개 부캐용 계정이다. 그 이유로는 '완전한 개인적인 공간이 필요해서(59.9%)'가 1위를 차지했다.

본계정이 사회적 관계와 목적에 의해 의도성 있는 콘셉트로 운영된다면, 부계정은 친한 친구끼리 자신의 일상에서 본모습을 보여 줄 수 있는 공간이다. 본계정과 부계정을 함께 운영하며 전혀 다른 현실 상황에 대하여 서로 공유하며 공감한다.

두 계정이 함께 팔로우되어 있어 더욱 돈독하고 친밀한 감정을 느낄 수 있다. 따라서 혹시 부캐의 계정을 알게 되더라도 먼저 팔로우 신청을 해서는 안 된다. 아주 사적인 공간이라 초대를 받아야 하는 계정이므로 부담을 주어서는 안 된다. (<자료 출처 : Instagram 발행 날짜 : 2023년 12월 05일> https://www.itworld.co.kr/news/316565#csidx8bcec7200450435a8832d85bc3b0b9b )

이제는 한 개인의 본캐 계정과 부캐 계정에 전혀 다른 내용이 동시에 올라오기도 한다. 본캐에는 사회적으로 보여 주어야 하는 문제가 없을 만한 내용이 부케 계정에는 그와는 반대인 나의 진정한 현실이나 힘든 마음이 로딩되기도 한다. 본캐와 부캐의 내용은 다를 때가 많다.

본캐와 부캐의 활동 범위도 다르다. 기존의 온라인 가상 공간에서 이루어지던 본캐, 부캐의 활약은 이제 온라인 문화와 소셜 미디어 공간에서 벗어나서 현실 속에서도 사람의 다양한 관심사나 정체성을 나타내는 데 사용되고 있다.

본캐가 현실의 나의 정체성을 표현하는 용어라면 부캐는 현실 안에서 다양한, 또 다른 나의 캐릭터를 나타내는 정의로 사용된다. 그리고 이 부캐와 본캐가 활동하는 공간은 현실의 온라인, 현실의 오프라인으로 확장된다. 의사가 시를 쓰고 사업가가 요리책을 내고 회사원이 히말라야 등정에 열정을 바친다. 그들의 부캐는 취미 생활 전문가로 전문가급의 기술과 경험을 가진 사람들이다.

물론 이전에도 취미나 여가 생활에 열정적인 사람들은 진정한 동호인들이 있어 왔지만, 지금의 부캐인들은 부캐 활동을 아마추어에서 전문가 수준으로 올려 자신의 경험과 지식을 나누는 데 진지하다. 그들의 활동상은 기존의 오프라인 모임에만 있지 않고 각종 온라인 플랫폼에서 주기적으로 만나고 소통하며 실행하고 홍보한다.

이렇게 본캐와 부캐를 함께하는 사람이 많아지는 이유가 뭘까? 우리 모두는 하루하루 생을 영위하느라 전력을 다하고 있다. 그러다 보니 하고 싶은 일을 하는 것보다는 잘 먹고 잘살 수 있는 일에 집중하도록 교육, 훈련되었다. 세상살이는 원래 그런 거라며, 하고 싶은 일은 나중에 나이들어 좀 여유 되고 편해졌을 때 소일거리 삼아 취미로 하는 거라고들 했다.

그러나 이젠 본캐로만 살기에는 무언가 허전하다. 생계를 위한 일이 아닌, 어려서부터 하고 싶었던 일을 찾아 내가 즐겁고 하고 싶은 것을 통해 행복감을 얻고자 하는 사람들이 많아지고 있다. 수명의 증가도 영향을 미친 요인이다.

이에 따라 직업의 형태도 다양해지고 있다. 한 사람이 2개 이상의 직업을 가진, N개의 직업 'N잡러'는 본캐 외 부캐를 찾기 위해 하는 경우가 많다. 프로그램 개발도 하고 주식 유튜브도 하고 여행 유튜브 사진 작가라는 직업에 파워 블로거까지 겸하는 IT 프로그래머 이야기를 이제 쉽게 만날 수 있다. 요즘 N잡을 하는 사람들의 사례나 이유는 다양하지만, 대부분 배경에는 '언젠가 해보고 싶었던 일을 결국 하고자 하는 마음'이 있다.

이러한 모든 현상은 기술 발전에 친숙한 MZ들을 중심으로 변화된 사회 문화에 기반한다. 인터넷 기술과 함께 SNS나 창작플랫폼의 혁신적 변화와 대응으로 이전에는 '아마추어'라고 칭해졌을 소소한 개인의 창작 역량도 전문가급으로 발전했다. 각종 생성형 AI 도구와 노코드와 같은 프로그램은 출판사 없이 책도 내고 개발자 없이 홈페이지도 만든다. 이전에 비하여 오픈된 사회 분위기는 숨겨 놓았던 개인의 욕망을 공개하게 하고, 자신의 취향 기호와 비슷한 사람들로부터 적극적인 사회적 지지도 받게 되었다.

현재의 본업 생활을 하면서도 또 다른 방식과 가치관으로 또 다른 삶을 살아본다는 본캐와 부캐의 논리는 자칫 여러가지를 같이 하면서 본업에 대한 성실성과 충실함을 떨어트린다는 의견들도 많다. 그러나 그동안 가장이나 가족의 일원으로서 책임과 의무감에 선뜻하지 못했던 수많은 부캐의 꿈들이 활동하는 하는 것에 지금 사회는 적극적 지지와 응원을 보내고 있다. 본캐의 나보다 부캐의 나를 더 나답게 여기고, 부캐의 삶을 진심으로 살고자 하는 욕구가 가득한 이 시장의 발전을 눈여겨보아야 한다.

# 갬성과 뉴레트로

MZ의 문화에는 소셜 네트워크가 있다. 소셜 네트워크는 MZ들의 정보 교류의 장이며 개성을 드러내는 공간이다. MZ들이 대거 모여 있는 소셜 네트워크에서의 인증샷은 기업과 브랜드의 흥망성쇠를 좌지우지하면서 인플루언서들의 전성기를 가져 왔다. 걸어다니는 수백 억 기업형 인플루언서의 등장과 이런 파워풀한 인플루언서를 모셔오기 위한 기업의 노력은 눈물겹다.

특히 인스타그램은 페이스북이나 틱톡, 유튜브와는 다른 행보를 보여 주었다. MZ들은 한 장의 스틸 사진만으로 감정을 표현할 수 있는 인스타그램 특유의 감성과 색감, 스타일에 열광했고, 이 한 장의 인생샷을 위해 인스타그램에 모여 들었다.

인스타그램의 시작은 감성적인 스틸 사진을 공유하는 데에서 시작되었다. 설명이 있어야 하는 페이스북이나 문자만 있는 트위터에서 그냥 느낌 있는 순간 사진 1장만으로 나를 표현하고 싶어했다. 빛바랜 오래된 질감이나 한 장의 포스터와 같은 흑백 사진들은 그들을 매료시켰다.

지금은 시대의 흐름에 따라 동영상 콘텐츠의 선호와 소비가 증가하면서 각 플랫폼들은 동영상 콘텐츠 노출에 총력을 기울이고 있다. 서로 같은 듯 다른 전략을 쓰고 있는 여러 플랫폼들 중에서도 인스타그램은 아직도 다른 플랫폼들에 비하여 여전히 영상미를 중요시한다.

지금의 인스타는 한장의 사진보다는 정보를 교류하는 장이기도 하다. 멋진 사진이 될 수도 있고 친절한 설명이 되기도 한다. 중요한 것은 가장 빠르고 쉽게 요즘 그들이 관심갖는 일들을 공유할 수 있다는 것이다. 물론 우리의 알고리즘에 따라 어떤 내용이 보이는가는 별도의 이야기이다. 그들의 관심사항에 우리의 제품과 브랜드, 서비스가 반드시 노출되어야 한다는 거다. 그들의 공통 관심사 '갬성'이라는 레이더망에 들어가야 한다.

## 평생 보지도 못한 걸 그리워하는 신기한 MZ

을지로3가는 SNS 인증샷의 성지이다. 힙스터들이 간다는 힙플레이스이다. 코로나를 거치면서 열기가 사그라들었지만, 지금도 데이트 장소로는 물론이고 친구들과 나들이하기에 더없이 좋은 장소이다. 이 을지로3가에는 카페, 별별 맛집, 술집 등 많은 노포들이 늘어서 있다.

그래서 '힙지로'라고 불린다. 진정한 힙스터들이 가는 힙플레이스 힙지로의 특이점은 사실 찾아오는 힙스터들이 실제로 제대로 이 을지로 문화를 경험해 본 적 없는 세대라는 것이다. 마치 6.25 경험이 없는 X세대가 휴전선을 찾아 가는 형상이랄까. 자기가 경험해 보지 못하고 잘 모르는 걸 매우 좋아하고 심지어 그리워하는 현상. '뉴레트로(New Retro)'이다.

뉴레트로(New Retro)는 원본의 가치를 인정하여 오래, 그대로 보존

하는 '빈티지(Vintage)'와 옛것에 대한 추억이나 그리움을 뜻하는 '레트로(Retro)'와는 다른 의미이다. 뉴레트로는 애당초 그 시대 일을 그리워하기에는 너무 어렸거나 아예 태어나지도 못해서 경험을 제대로 할 수 없는 경우가 많음에도 불구하고 과거라는 소재를 활용하여 현재의 감성을 표현하고 증폭시키는 행위이다.

### 갬성시대

이러한 뉴레트로의 유행은 전 세계적인 추세이다. 디지털 문화의 진정한 첫 주역인 이들이 소중히 하는 건 감성이다. 실제 80~90년대 감성의 새로운 해석은 부모 세대인 X세대의 10대~20대 시절 문화와도 연관이 있다. X는 지금의 MZ가 좋아하는 레트로의 문화를 직접 경험한 세대이다. 주말의 을지로 거리에서 주고객은 X세대는 아니지만, 그들의 문화는 자식들에게도 전파되었다.

TV드라마 〈응답하라 1988〉 시리즈의 인기는 X와 MZ들에게 많은 영향을 주었다. 당시 제작물에 PPL을 진행했던 롯데제과는 간접광고를 실시한 제품들의 편의점 매출이 평균 12% 이상 증가했다. 1980년대 이미연이 모델이었던 '가나 초콜릿'뿐만 아니라 제품 라이프 사이클에서 하락기에 들어갔던 '치토스(24%)', '스카치 캔디(18%)', '빠다 코코낫(11%)' 등도 덩달아 매출 상승의 성과를 보였다.

국민 소주 진로의 '진로 이즈 백(JINRO is BACK)'은 다시 젊은이의 소주로 환생했다. 6070년대 아버지와 할아버지가 드시던 빨간 두꺼비는 젊은이의 '진로 이즈 백'으로 돌아왔다. 술집 입구에 커다란 눈에 핑크 피부를 가진 매우 서구적인 진로 두꺼비 미녀를 많이 보아오셨을 것이다.

진로의 공략 타깃은 진로 두꺼비를 잘 알고 있는 중장년 세대가 아니었다. 브랜드의 생명 주기를 연장하기 위해 2030의 MZ세대를 메인 타깃으로 하였다. 색다른 것에 열광하고, 적극적으로 경험을 소비하는 그들에게 파랗고 투명한 예쁜 소주병은 신선하게 다가갔고, 그 열광은 자연스럽게 매출 상승으로 이어졌다. 그리고 예쁜 진로 두꺼비를 소재로 한 다양한 굿즈 상품들을 자연스럽게 볼 수 있게 되었다.

글로벌 브랜드 나이키(Nike)도 오래된 스니커 디자인과 트랙 수트 스타일을 현대적으로 재해석하여 나이키헤리티지(Nike Heritage) 컬렉션을 여러 해에 걸쳐 꾸준히 출시하고 있다. 80년대를 해석한 이런 패션은 MZ세대와 스포츠 패션 애호가들에게 꾸준한 인기가 있으며, Nike의 과거 스포츠 의류와 신발 디자인, 나이키의 복고 스타일을 즐기는 소비자들에게 감정적으로 연결되었다.

### 뉴레트로의 영향과 새로운 해석

복고주의(Retro) 트렌드는 항상 존재해왔다. 옛 방식에 대한 그리움은 1000년 전 그리스, 로마 시대를 되살리자던 화려한 서구 르네상스부터, 2500년 전 주나라 예법을 이상적인 국가의 도리로 생각한 공자의 유교주의적 이상국가의 모델 속에도 모두 들어 있다. 마찬가지로 유행도 돌고 돌며, 패션 주기는 10년마다 같아진다고 한다. 물론 이제 수명이 늘어난 만큼 이 주기는 달라지겠지만, 어쨌든 세상은 계속 반복된다.

뉴레트로 마케팅의 성공은 패키지나 로고만 복고풍으로 바꿔 제품을 출시하거나 과거 브랜드의 명성만을 가지고 소비자에게 감성팔이를 하는 데에 있지 않다. 뉴레트로는 과거를 경험하지 못한 고객의 감성에 즐거운, 좋은, 애틋한 과거를 기억나게 하는 데 주안점이 있으며, 동시에 실제 과거에는 존재하지 않았던 가치를 부여하여 신선한 감성을 소비할 수 있게 해야 한다. 결국 소비자들의 무한한 호기심을 재미있고 느낌 있게 만족시키는 것이다.

MZ의 뉴 레트로 현상 속에서 마케터가 간파해야 할 지점은 디지털 변화와의 기술적, 감성적 연결이다. 디지털 기술을 뉴레트로 문화에 어떻게 감성적으로 적용해야 하는지, 어떠한 방식으로 고객과 소통의 감정적 접점을 찾는 지이다. 예컨대, 요즘 유행하는 'Old money Look(올드 머니 룩)'은 실제 존재하지 않았거나 전혀 올드하지 않다. 단지 이전의 올드머니 룩이라고 불리는 트렌드를 새롭게 해석해서 다른 느낌으로 표현하는 요즘의 방식이다. 그게 아니라면 완벽히 그대로 복제해서 재현하는 게 안전하다.

구찌는 레트로 패션 요소와 스타일을 뉴레트로로 재해석하는 데 성공한 명품 브랜드이다. 시장에서 외면받는 징후가 포착되자 구찌는 디자이너 알렉산더 미켈레(Alessandro Michele)의 지휘 아래에서 70년대 및 80년대 패션 요소를 현대적으로 융합한 표현으로 MZ들의 주목을 받았다. 구찌의 레트로 트렌드는 특별한 로고, 빈티지 패턴, 그리고 과감한 스타일로 표현된다. 시골 할머니 장롱 패션이라고도 불렸던 이 스타일은 패션계를 한동안 주도적으로 선도할 것으로 예상된다. 구찌의 성공은 시골 할머니 장롱 패션을 그대로 가지고 와서가 아니라 거기에 새로운 가치를 부여했기 때문이다.

디즈니사의 최신 신데렐라 영화를 보면 기존의 신데렐라와는 다른, 요즘 사고방식과 새로운 해피 엔딩을 보여 준다. 패션 디자이너가 되고 싶었던 신데렐라는 옆 나라 여왕님에게 취업해서 왕자님과 함께 세계여행을 떠난다. 왕자님은 왕위를 여동생에게 주고 여친의 직업을 위해 함께 떠난다. 독립적이고 정체성이 강한 신데렐라는 왕자와 함께 여왕님의 전속 디자이너로 취업해서 월급 받으며 안정된 고향을 떠나 글로벌한 인생을 산다는 것이다. 유리구두도 호박마차도 요정도 바뀐 게 없다. (아, 계모에 대한 또다른 해석은 있다.)

기존의 것을 재생산해서 활용하는 방식은 계속될 것이다. 이러한 새로운 추억은 다시 동시대의 공감으로 이어진다. 그래서 부모와 형제, 자식이 추억을 공유하는 기회가 탄생하기도 한다. 〈응답하라 1997〉, 〈스물다섯 스물하나〉 등과 유사한 드라마나 영화가 MZ세대만의 경험과 감성으로 다시 나타날 것이라는 것을 쉽게 예측할 수 있다. 콘텐츠의 역주행 현상 역시 주목할 만하다. 과거의 유행이었을지라도 현재 트렌드와 접점을 발견한다면 새롭게 소비될 수 있다.

# 맑눈광, 3요

아래는 2022년 10월 신문 기사이다. 어딘가 많이 익숙하지 않은가?

**#1 :** 국내 한 유통 대기업에 재직 중인 임원 A 씨는 최근 30대 부하 직원에게 업무 지시를 내리다가 얼굴을 붉혔다. 부서 내에서 나누기 애매모호한 새 업무를 맡아달라는 A 씨의 말에 부하 직원이 “제 업무도 아닌 것 같은데 이걸 왜 해야 하나요”라고 맞받아쳤기 때문이다. A 씨는 “소위 말하는 ‘까라면 까야지’ 마인드로 직장 생활을 했던 우리 때 방식이 요즘 세대에는 통하지 않는다”며 “‘이걸 왜 당신이 해야 하는지’를 일일이 설명하려니 답답할 때가 많다”고 하소연했다.

**#2 :** 금융권에서 일하는 팀장 B 씨도 “프로젝트의 방향성이 이해가 가지 않는다”라며 납득할 만한 설명을 해달라는 90년대생 팀원의 요구에 쓴웃음을 지었다고 털어놓았다. B 씨는

"요즘 들어서는 팀원들의 상향 평가도 인사고과에 중요하게 반영되다 보니 예전처럼 '그냥 해'라고 강요하지도 못한다"고 말했다.

최근 대기업에서는 이른바 MZ세대(1980~2000년대 초반 출생자)의 '3요' 주의보가 확산하고 있다. 상사의 업무 지시에 '이걸요?', '제가요?', '왜요?'라고 되묻는 젊은 직원들의 반응을 3종 세트로 묶은 신조어다. 군소리 없이 지시에 따라야 하는 우리의 조직문화와, 거기에 순응한 기성세대와는 확연히 구분되는 MZ세대의 반발에 각 기업 간부들은 기업 문화 조성을 두고 머리를 싸매는 분위기다. 일부 대기업은 아예 사내 임원 교육으로 '3요'에 적절히 대응하는 방식을 전파하고 나섰다.

(출처: 서울경제, 2022-10-06, https://www.sedaily.com/NewsView/26C8U9DHIE)

### 맑눈광(光), 3요

이 세대의 특징은 개인주의적이며 자기중심적이며, '3요?'는 이를 단적으로 보여 준다. 상황에 대한 이해가 충분히 되지 않으면 바로 의문을 제기하고, 정확한 내용을 요구하는 세대로, 충분하고 명확한 설명 없이는 이들의 이해와 동의를 얻을 수 없다. 심지어 진지하게 물어보는 눈빛이 너무 지나치게 해맑아서 '맑은 눈광'을 가진 '3요'라고도 한다.

**'이걸요?'는 지시 받은 업무의 정확한 내용과 목적에 대한 설명 요구(초롱 초롱)**

**'제가요?'는 많은 임직원 중 해당 업무를 수행해야 하는 사람이 왜 자신인지 설명 요구(갸우뚱)**

**'왜요?'는 해당 업무를 해야 하는 이유와 필요성, 기대 효과 등에 대**

**한 설명 요구**(기대 만발)

특히 Z세대는 진보적인 X세대 부모의 자유로운 세계관으로 양육된 90년대 중반부터 2010년대에 태어난 세대로, 이들은 일의 '의미'와 개인의 생활에 가치를 두는 성향이 있다. 이들은 '워라벨(Work and Life Balance)'을 실현하는 세대로, 일과 삶의 적절한 밸런스를 중요하게 여긴다. 풍족한 환경에서 태어났지만, 부모 세대인 X세대가 금융위기로 경제적 어려움을 겪는 모습을 보고 자랐기 때문에 안정성과 실용성을 추구하는 특징을 보이는 반면, 한 회사를 평생 오래 다닐 생각은 하지 않는 성향이 짙다. 따라서 사내 평판도 비교적 덜 신경 쓴다. 오히려 이들은 이직과 조기 퇴직에 대한 로망이 있다. 불합리한 사항에 대하여는 직접 회사에 이의를 제기하기도 한다.

그렇다고 해서 이 세대가 칼퇴만을 요구하거나 자신의 이익만을 최우선으로 한다는 것은 아니다. 그들은 합리적이고 타당한 대우를 기대하고 자기계발에 도움이 되는 업무라면 추가 근무나 배움에 열정적이다. 그러면서도 '지금 이 순간'을 사는 'YOLO족'으로 자신의 사생활과 취미를 중요시 하기 때문에 사적인 시간을 회사가 좌우하는 것을 참고 싶어 하지 않는다. 지금 나의 이 순간의 소소한 행복을 위해서라면 시간과 지갑을 여는 것에 진심이기에 욜로족에게 워라밸은 중요한 가치이다.

## 6시 10분 퇴근은 칼퇴일까?

퇴근에 대한 인식의 차이는 이미 오래된 이슈이다. 평일 6시 10분이 이른, 그리고 칼퇴근이라고 생각하는 기성세대와, MZ의 시간 개념은 같지 않다. MZ의 정시 퇴근은 6시이며, 6시 1분은 업무의 종료이다. 퇴근의 기준은 6시 후에 자신이 어디에 있는지인데, MZ의 퇴근은 당연히 물리적 신체가 회사 밖에 나와 있어야 한다. 그 상태를 퇴근이라고 부른다.

이러한 개념의 차이는 기존 세대와 MZ세대 사이에서 조직 내 갈등 요인의 예이다. MZ세대 조직원들과 어떻게 소통해야 할지 고민하는 직장인들이 많은 것도 사실이다. 회사와 개인을 명확하게 구분하기 때문에 불합리함, 불공정성을 참지 않으며, 회사를 위한 개인의 희생은 있을 수 없다고 생각한다. 자기표현 욕구도 강하여 단체 회식이나 예고 없는 모임 등에 과감히 "노(NO)"라고 말해야 한다고 생각한다.

급식을 먹고 자라난 세대로 급식체를 사용하는 공통점이 있는 Z세대들이 이제 대거 사회에 진출하면서 단톡방 이슈가 나왔었다. 급식체란 급식을 먹던 10대들이 자주 생활에서 사용하는 초성 문체이다. 예로 'ㄹㅇ('REAL', 레알, 진짜, 정말, 인정의 뜻)?', 'ㅇㅇ('응응'의 약어로 OK, 동의, '네'라는 뜻)' 등의 한글 초성을 사용하는데, 문제는 이 약어의 사용을 언제, 어디까지, 어떻게 사용하냐는 것이다. 저 단어는 팀의 단체방에서, 혹은 상사의 보고에서 사용할 수 있는 것일까. '당연하다'는 의미의 '당근' 처럼 공식적인 업무관계에서는 사용하지 않아야 할 것 같은 언어가 빈번히 사용되다 보니 세대간 소통 문화의 격차라는 말이 나오게 되었다.

개인주의가 강하고 집단성이 떨어지는 것 같은 MZ의 이미지는 자신의 이익만을 챙기는 자기중심적 이기주의와는 결이 다르다. 오히려 자기와 가족, 혈족, 학연, 지역 조직 공동체의 근거 없는 이익을 강조하는 세대보다 공정하다. 다양한 개인의 취향과 가치관, 생활에 대한 사회적 존중을 중요하게 여긴다고 생각해야 한다. 나에 대한 존중만이 아니라 공평하게 상대방도 그렇다는 것을 잘 이해하고 있다.

이들은 가치와 취향, 신념, 비슷한 성향을 가진 사람들과의 교류를 중요하게 생각한다. 따라서 본캐와 부캐의 발현도 당연하게 생각한다. 동시에 나와 다른 상대방의 취향과 가치관도 공정하게 존중받을 수 있는 시스템을 원한다.

따라서 그들과 함께 살아나기 위해서는 함께하는 효율적 업무방식과 명확한 지시, 기대성과, 책임에 대하여 사전에 인지시켜 주어야 한다. 사무실에서 이어폰을 끼고 "왜요?"라고 천진난만하게 묻는 것에 황당해 하거나 답답해 할 일이 아니다. BXMZ가 함께 살아갈 세상에 이제 곧 알파세대도 합류한다. 더 일해야 하는 베이비부머들과 은퇴가 없는 X세대는 이 '맑은 눈빛의 광(光)인', '3요'인 MZ와 함께 뛰어야 한다. "까라면 까지"라던 베이비부머들과 신인류라 불리며 "난 다르거든요"를 외치던 X, 그리고 천진한 눈빛의 MZ들과의 진정한 조화는 중요하다.

## Chapter. 3

# 120살이라구요?

# 4가지

코로나는 새로운 사회 현상을 가지고 왔다. 공유경제(Sharing economy), 구독 경제(Subscription Economy), 소셜 네트워크(Social Network), 그리고 소셜 커뮤니티(Social Community)를 지칭하는 이 네 가지 S는 꾸준히 발전해 오다가 코로나를 만나면서 더 명확하게 소비 트렌드와 라이프 스타일로 자리 잡았다.

## 4S

공유경제는 물리적 자원의 공유를 통해 접근성을 높이고 경제적 가치를 창출하는 경제 모델이다. 이 모델은 개인과 기업이 소유하지 않은 자원을 임대하거나 공유함으로써 자원의 효율적 사용을 가능하게 하고, 사람들 사이의 상호 작용을 증가시킨다. 삼삼엠투, 리브애니웨어, 위홈 같은 공유숙박이나 쏘카 같은 자동차 쉐어링 서비스 등은 물리적 자원을 최대한 활용하면서도 관련된 경제적 커뮤니티 협력자들 간의 협업을 촉진한다.

구독 경제는 소비자들이 정기적으로 정액을 지불하면서 필요한 제품과 서비스를 구매하는 비즈니스 모델이다. 할부와 회원제와는 다르다. 이 모델은 사용자의 편의성과 취향에 맞춤화된 경험을 제공한다. 넷플릭스 같은 OTT서비스들은 사용자의 취향을 분석한 결과를 활용하여 선호하는 콘텐츠와 제품을 지속적으로 제공함으로써 일상생활에 깊숙이 자리 잡았다. 예측된 개인화된 경험의 적중률은 이런 구독 서비스의 인기를 더 올리는 데 한몫하고 있다.

사회적 관계를 디지털 플랫폼에서 연결하는 소셜 네트워크(Social network)는 정보의 확산과 의견 교류의 장으로 작용한다. 소셜 미디어 플랫폼들은 브랜드와 소비자 사이의 직접적인 소통을 가능하게 하며 정보의 공유, 재생산을 만든다. 이제 이 사회 관계망 서비스의 마케팅 활동은 기존의 전통적인 마케팅 4대 매체인 TV, 라디오, 신문, 잡지에서 핵심 라인(Above the line) 아래 있는 다양한 커뮤니케이션 활동의 하나로(Below the line) 취급 받던 위치에서 역전하여 핵심적 역할을 하고 있다.

최근의 소셜 커뮤니티의 파워는 더욱 강력해지고 있다. 소셜 커뮤니티는 공통된 관심사나 목표를 가진 사람들이 온라인과 오프라인의 공간에서 모여 교류하는 모임이다. 이 커뮤니티들의 특징은 공통된 관심사와 취향을 가진 사람들로 구성원들에게 정보의 공유, 지원, 교류의 장이 되고 있다. 커뮤니티 구성원들은 강력한 취향을 가지고 있어 구매 결정과 브랜드 충성도 구축에 영향을 미친다. 레딧(Reddit)을 보면 무엇이라 딱 하나로 말하기 어려운 정말 다양한 주제의 포럼이 존재한다. 만일 레딧에 기존의 관심사가 없으면 스스로 만들면 된다. 그러면 비슷한 취향의 사람들이 모여든다.

4S 시스템의 핵심은 사회 관계망 속에서 생겨난 사회적 커뮤니티

가 존재하고, 그 안에서 서로 잘 모르는 다수의 사람들이 서로의 목표를 달성하기 위한 상호 적극 협력적인 활동 형태를 가진다는 것이다. 이러한 활동 배경에는 달라진 세대의 달라진 환경이 있다.

**위 아 더 월드** (We are the World)

처음 공유경제(Sharing economy)가 등장할 당시에는 지구의 유한한 자원을 개개인이 보유하지 않고 서로 빌려주며 함께 사용함으로써 새로운 부가 가치를 창출하는 공동 소유와 공동 소비라는 콘셉트였다. 어떻게 보면 스스로의 자산을 가지고 있지 않아도 수익을 창출해 내는 비즈니스 시스템이기도 하다.

이 모든 경제 활동은 공간과 시간의 제약이 없는 형태로 발전하였다. 글로벌 교류가 확산되면서 '크로스 보더(Cross Border)'라는 초국경적 경제 시스템이 가능하게 되었다. 다른 나라, 다른 인종의, 모르는 누군가와 무엇을 나누어 함께 사용하는 것에 대하여 심리적 거부감이나 이질감이 이전 사회에 비하여 경감했다.

자동차 공유 서비스인 Uber나 숙박 공유 서비스인 Airbnb와 같은 플랫폼은 사람들이 자신의 자산을 다른 사람들과 공유할 수 있는 기회를 제공한다. 유휴 자산을 가지고 그것을 잠시 필요한 불특정 다수들과 공유하게 함으로써 사용하지 않는 자원을 통해 이 활동에 동의하고, 포함된 사람들에게 필요한 경제적 이익을 얻을 수 있게 하였다.

우버의 변형된 버전은 국내의 쏘카가 있다. 쏘카는 외국의 우버와는 달리 개인의 차는 영업을 할 수 없다는 국내법에 따라 아예 회사차를 구매해서 개인에게 빌려주는 렌터카 서비스로 전환하여 영업하고 있다. 편리한 시스템 때문에 20~30대가 차를 사지 않는다는 소리도 들린다. 서울시 공공 자전거 '따릉이'도 내가 쓰고 싶을 때 사용하고 언제든 반납할 수 있는 편리성 덕분에 편하고 쉽게 이용할 수 있다.

중고 시장 역시 달라졌다. 지하철역 앞을 지나가면 쭈뼛쭈뼛 "당근?", "당근!" 하면서 서로를 확인하며 접선하는 모습이 많이 목격된다. 남이 사용하던 중고 물건에 대한 거부감보다는 사용하지 않는 물건을 함께 나눈다는 생각이다. 당근은 동네에서 소소하게 사용하던 물건이나 불필요한 물건들을 걸어 다닐 수 있는 거리에서 저렴하게 혹은 무료로 동네 사람들과 나누는 플랫폼으로 시작되었다. 이제는 금방 싫증 내는 아이들의 장난감을 저렴하게 구매해서 사용하고 다시 동네에 파는 풍경이 일상화되었다.

인력 시장에도 변화가 왔다. 원래는 역량을 갖춘 프리랜서 연주자가 특정 공연에 맞추어 단기 계약을 하는 것을 의미하는 '긱(gig)' 경제는 이제 다양한 전문가 플랫폼을 통하여 수요자와 공급자가 쉽게 연결되게 한다. 기업이나 개인은 필요에 따라 외부 인력을 충원하고, 개인은 유연한 자기 고용으로 가치를 구현한다. 숨고, 탤런트뱅크, 원티드긱스, 오투잡, 위시캣 등에서는 자산, 재능, 시간 등의 가치를 보유한 사람과 프로젝트와 목적에 따라 전문가를 찾는 기업과 사람들의 매칭이 이루어진다.

### 취향을 구독한다

한국갤럽이 2023년 2월부터 7월까지 전국(제주 제외) 만 13세 이상 5,202명에게 미디어·콘텐츠·소셜 네트워크 서비스 18종 각각에 대한 이용 경험을 물은 자료를 보면 미디어·콘텐츠 관련 서비스별 최근 1년 내 이용 경험자 비율(이하 '연간 이용률')부터 보면 유료 동영상이 지난해(2022년 2~6월, 이하 '2022년') 44%에서 2023년 57%로 급증했다. 같은 기간 라디오 정기 청취는 32%에서 37%로, 유료 음원도 29%에서 33%로 늘었다. 다음으로는 팟캐스트 청취 10%, 유료 종이책 8%, 유료 전자책 5%, 종이신문 유료 구독 5%, 유료 오디오북 3%, 종이잡지 유료 구독 2% 순이다.

구독 경제(Subscription Economy)는 고객이 필요한 서비스에 대해 정기적으로 구독료를 지불하여 이용하는 경제 모델이다. 사실 이 개념은 이미 오래전부터 있어 왔다. 매일 집으로 찾아오는 야쿠르트 아줌마와 조간신문을 기억하고 계신다면 지금의 구독 경제와 사실 크게 다르지 않다. 단지 서비스 되는 제품의 종류와 범위가 더 다양해졌을 뿐이다.

전에는 신문이나 잡지를 구독한다고 말했는데, 이제는 구독 서비스의 종류와 정기적으로 배송해 주는 제품, 서비스의 내용과 종류가 워낙 많아졌다. 어느 날, 별로 쓴 데도 없이 카드값이 많이 나오는 것 같으면 자세히 명세서를 살펴보자. 분명 매달 어떤 서비스의 사용료가 증가되어 있을 것이다. 인터넷, 넷플릭스, 쇼핑몰, 각종 앱서비스, 월 배달서비스 등 매월 무심코 지불되고 있는 그것, 이젠 끊을 수도 없이 생활에 녹아 들어 있는 편리한 그 항목들이 보일 것이다.

2030연령대가 다른 세대에 비하여 많이 사용하는 추세였으나, 2023년 갤럽 조사에 의하면 유료 동영상 연간 이용률이 가장 높은 연령대는 20·30대(80%대), 작년 대비 이용률 증가폭이 큰 연령대는 10대(58%→73%), 40대(51%→70%), 50대(27%→51%)이다. 즉, 이제는 넷플릭스, 웨이브, 티빙 등과 같은 유료 OTT 서비스가 중장년층으로 보편화되고 있음을 보여준다.

구독은 콘텐츠뿐만 아니라 기존의 서비스도 바꾸어 놓았다. 동네 세탁소에서 동네를 다니면서 "세탁~"이라고 외치며 빨랫감을 모으고 세탁한 다음 집으로 다시 가져와 주던 동네 세탁소 정기 서비스는 모바일 앱으로 신청하면 내가 편한 시간에 내 집 문 앞에서 알아서 수거하고 다시 가져다주며, 이동 중 파손이나 구겨지지 않게 이동식 옷장까지 제공해주고, 계절 옷 보관도 하는 비대면 세탁 사업으로 진화했다. 런드리고나 세탁특공대는 시간을 일부러 내서 맡기거나 찾을 필요가 없이 동네 세탁소보다 더 저렴하고 편안하게 이용이 가능하다.

책도 예전에 한 달에 얼마면 몇 권의 책을 정기적으로 집으로 배송해 주는 시스템이 있긴 했다. 이제는 전자책으로도, 현물 책으로도, 그리고 오디오북으로도 자기 취향과 상황에 따라 원하는 저장장치에서 사용할 수 있게 되었다. 밀리의 서재는 외부에 자체 서점 한 개가 없지만, 교보 문고의 경쟁사이다. 저작권에도 예외는 없다. 전에는 클라우드나 각종 컴퓨터 프로그램을 구매하여 사용했지만 이제 마이크로소프트, 애플, 아마존, 구글 등 세계에서 순위를 다투는 글로벌 기업들은 모두 다 구독 서비스로 전환했다.

그러나 이러한 구독 서비스가 모두 성공한 것만은 아니다. 2016년 나이키가 내놓은 어드벤처 클럽 구독 서비스는 뜻밖의 결과를 가져왔다. 2016년 미국 나이키는 2~10세 아동을 대상으로 월 20달러에 분기별 한 켤레씩, 월 30달러에 격월로 한 켤레씩, 월 50달러에 매달 한 켤레씩 운동화를 제공하는 서비스를 출시했다. 소비자는 100여 종의 나이키 운동화 중에서 자기가 원하는 디자인을 자유롭게 선택할 수 있었다. 아이들은 금방금방 성장한다. 더욱이 발에 스프링이 달린 듯 뛰고 노느라 신발도 정말 잘 닳는다. 이런 아이들에게 주기적으로 새 신발을 골라서 신길 수 있다면 얼마나 좋을까? 그것도 나이키 브랜드로? 더군다나 소비자는 대부분 한번 정기 구독을 하게 되면 잘 해지하지 않으려는 경향이 있기 때문에 지속적인 단골을 만들고 싶은 기업으로서는 적극적으로 도입하려 할 판촉 전략이었다.

그러나 소비자는 제시된 구독 서비스에서 월등한 이익을 발견할 수 없었다. 이미 미국 국내의 수많은 복합 매장에서는 연간 내내 할인 행사를 하고 있었다. 나이키가 제시한 가격은 비싸지는 않았지만, 쏟아지는 제품들 속에서 온라인에만 올라와 있는 품목들을 선택해야 하며, 마음이 안 들 경우 반품시스템의 귀찮음을 무릅쓰고 이용하고 싶지 않았다.

신발은 민감한 제품이기도 한데 같은 브랜드라고 해서 모든 제품이 늘 같은 착화감을 주지 못한다. 그런데 굳이 신어 보지도 않고 3개월 이상을 신어야 할 신발을 살 필요성이 부족했다. 그리고 아이를 데리고 쇼핑몰에 가서 누리는 쇼핑의 즐거움을 버려야 하는 이유도 주지 못했다. 또 1년 내내 오직 나이키라는 브랜드만을 신어야 하는 이유 역시 부모와 아이에게 제시해 주지 못했다. 효율보다 중요한 감성의 실패이다.

## 당신의 고객은 어디에 계시나요?

1990년대의 천리안과 아이러브스쿨은 그 무대와 특징이 확장되어 이제는 밴드(Band)와 카카오(Kakao), 유튜브(Youtube), 페이스북(Facebook), 트위터(Twitter), 인스타그램(Instagram), 틱톡(Tictalk), 링크드인(LinkedIn), 스레드(Thread) 등 다양한 플랫폼들에 사람들이 모여들었다.

플랫폼 서비스는 전 세계 사람들 간의 실시간 연결성을 증가시키고 정보, 사진, 비디오 등을 쉽게 공유할 수 있는 환경을 제공했다. 공통된 글로벌 플랫폼의 등장은 지역, 문화, 언어 등을 초월하여 친구, 가족, 동료와의 소통을 편리하게 하고 빠른 정보 공유와 확산에 엄청난 파급 효과를 가지고 왔다.

제한된 자원과 비용으로 마케팅 활동을 해야 한다면 제공하려는 타깃 소비자들이 어느 플랫폼에 모이는지 알아야 한다. 그들이 왜 특정 플랫폼에 있는지, 어떠한 이야기와 활동을 하는지는 고객의 니즈를 파악하는 일이기도 하다. 제공하려는 서비스와 제품이 누구를 위한 건지 명확해지면, 틱톡 활동을 해야 하는지, 링크드인 활동을 해야 하는지가 명백해질 것이다.

플랫폼의 성격상 특정 관심사나 주제에 집중하며 유사한 행동 양식을 보이는 사람들이 모이면서 자발적으로 비슷한 취향의 소유자들이 모여 일정한 커뮤니티가 형성되었다. 이 소셜 네트워크 커뮤니티 그룹의 공통적 특징은 자발적 협력과 정보 공유이다.

맘 카페(Mom Cafe)는 엄마들의 관심사와 필요에 초점을 맞추어 형성되어, 육아, 건강, 가정뿐만 아니라 취미, 교양 등 다양한 주제와 관련된 정보를 공유하며 영향력을 가진다. 유명한 맘카페의 공동구매는 브랜드의 전체 매출을 들었다 놨다 하기도 한다. 소셜 인플루언서의 라이브방송이나 노출은 매력 없던 제품도 인기 제품으로 만들어 놓는다. 미국의 스탠리 텀블러는 투박한 모습과 가격으로 한국에서는 호응을 얻지 못하였으나, 인스타그램 릴스 영상 하나로 단박에 2023 네이버 인기 쇼핑 인기 제품 검색어에 등극했다.

링크드인과 블라인드는 직장 생활, 직업, 회사 정보 등 비즈니스 관련 커뮤니티를 형성한다. 이 플랫폼은 직장생활과 기업 정보, 전문 지식 정보 교류를 중심으로 한다. 링크드인과 블라인드의 성격은 조금 다른데, 링크드인은 기업과 개인 브랜딩 홍보 채용과 특정 산업 내 전문적 비즈니스 관계 및 영향력 구축 등을 위해 활용된다. 직장인이라면 명함처럼 링크드인 프로필을 사용하고, 기업은 동종, 이종 업계에서 비즈니스 홍보를 위해 사용하는 것이다.

반면 블라인드는 맘카페처럼 각 기업 직장인들의 직장 생활 속에서 일어나는 애환과 이직, 급여, 처우 등에 대하여 다른 기업과 조직의 속살에 가까운 내부 정보를 공유한다. 링크드인이 공식적인 사회망 조직이라면, 블라인드는 맘카페와 같이 속내를 공유하며 감정을 위로하는 커뮤니티 역할을 하고 있다. 인사와 내부 고객 관리를 염두에 두고 있다면 살펴봐야 한다.

이처럼 '4S'는 코로나 이후 달라진 마케팅 방향과 소비자의 트렌드를 재정의하고 있다. 세계는 더 연결되었고 개인화된 취향을 중요시하는 사회로 왔다. 이 네 가지 S는 기업들이 성공적으로 새로운 트렌드를 이해하고, 맞춰나가는 데 필요한 중요한 도구이다.

# 그때는 당연했고 지금은 그렇지 않다

지금은 "A는 B이다"식의 이분법적 세계관의 세상이 아니다. A는 B가 될 수도 있고, C나 T로 될 수 있으며, '굳이 A가 꼭 B가 되어야 하는가?'로 가치관의 체계가 바뀐 것 같다. 특히 포스트 코로나 이후의 큰 변화는 기존의 전통적인 사업에 불어닥친 본질적 변화이다. 업계 간의 영역 파괴나 국경을 초월하는 크로스 보더 상거래, 있어야 할 게 없는 색다른 영업 방식, 생산자도 아니면서 생산자 비즈니스를 하고 시간의 차이에 한계를 갖지 않는다. 지금은 모든 사항들을 연결하는 자들이 24시간 돈을 버는 세상이다

## 내 자산이 없어도

내 가게가 없어도 요식업을 할 수가 있다. 배달 앱을 이용하는 고객은 당신의 매장이 집 근처 가까운 역세권에 있는지, 계단 없는 대로변 1층에 있는지, 인테리어가 화려한 대형 매장인지, 편리한 파우더룸과 아이들을 위한 키즈 존이 있는지 상관하지 않는다. 사장님

은 음식과 고객이 만나는 마지막 순간, 결정의 순간에 열중하면 된다.

마케팅의 모멘텀 요소, 고객을 만나는 접점의 순간, 음식, 그릇, 포장 방법, 인쇄 문구, 수저, 티슈, 그리고 식사 후 후기에 대한 매장의 리액션이 더 중요해졌다. 우리는 이제 일체 안면이 없는 사람이 공유한 음식 맛과 서비스별 점수에 의거하여 오늘의 한 끼를 선택한다.

전 세계에 중국 제품을 공급하는 '알리바바'는 자신의 공장을 중국에 가지고 있지 않다. 알리바바는 대신 B2B(Business-to-Business) 서비스를 도와 수많은 중국 판매자와 전 세계 구매자들이 믿고 상호 거래할 수 있도록 하는 신뢰의 장을 제공했다.

영업대리점이 없는 자동차 회사도 있다. 자동차 회사라고 해 놓고 우주선을 만들겠다며 연신 하늘로 로켓도 쏘아 댄다. 어쨌든 요즘 잘 나가는 차라고 하길래 구매 상담 좀 하려고 하니 전화 한 통화면 내가 있는 곳까지 달려오는 상냥한 영업 사원도, 대리점도 없다고 한다. 고객이 알아서 홈페이지에 가서 예약하고 온라인에 주문 넣고 기다리란다.

미디어 콘텐츠 사업을 하면서도 스스로의 자본과 직원으로는 콘텐츠를 만들지 않는다. 페이스북, 인스타그램, 틱톡, 유튜브는 남들이 열심히 만든 콘텐츠를 올릴 수 있는 자리를 제공하면서 돈을 번다. 전 세계에 남의 방을 사용해서 숙박업을 하는 에어비앤비도 있다. 택시 사업을 하는 우버도 전 세계 어디에도 자기 차량이나 자기 운전기사 직원들도 없다. 다 남의 차에 차 주인을 기사로 두고 손님을 받아 수익을 창출한다.

이젠 업종의 벽도 무의미해졌다. 인터넷 책방이었던 아마존에서는 바나나를 검색하면 바나나 관련 책뿐 아니라 바나나 칩, 바나나 걸이대, 진짜 바나나가 쓰는 바나나 모자(끝에 씌워 신선도를 유지한다)도 함께 구매할 수 있다.

이러한 창의적인 사업 형태는 처음 등장할 때 '이게 과연 제대로 돌아갈까?'라는 많은 염려를 받았다. 그도 그럴 것이 기존의 사업방식과는 반대로 사업의 주체가 사기 자본과 인력을 확보하지 않고 타인의 자원을 최대한 활용하여 성장해 나가는 방식이기 때문이다.

도대체 이런 아이디어가 현실적으로 원만히 실현될 수 있는지에 대해서, 특히 개인의 자원을 공유하거나 온라인상에서 거래를 직접 수행하기 때문에 제품 서비스의 품질과 안전성, 범죄와 사기 등의 위험으로부터 소비자를 지켜낼 수 있는가에 대한 문제가 대두되었다. 그러나 시간이 흐름에 따라, 특히 코로나 기간 동안 왕성하게 증가한 온라인 산업의 활동은 이런 경제 사업을 더욱 안정화시켰고, 사업은 더욱 번창했다.

한 우물을 파야 한다는 전통적 가치의 사업도 비즈니스 영역이 모호해졌다. 이제 기업과 개인은 모든 방향으로 무제한의 가능성이 열려 있어야 하며 더 개방적이어야 한다. 복합 융합 사업의 시대인 것이다. 복합 융합은 동시에 여러가지 사업을 한다는 의미가 아니다. 언제든 변신할 수 있다가 핵심이다.

소비자도 더 이상 기업의 전환에 놀라지 않는다. 독서실이 무인 스터디 카페가 되고, 다른 회사 직원들과 함께 일하는 공유 오피스로 출근하는 게 이상한 일이 안 되는 시대라는 거다. 이러한 상황에서 핵심 가치는 상품의 차별적 경쟁 우위가 아니라 융화와 자연스러운 이해이다.

### 아니 네가 왜 거기서 나와?

지금의 고객은 당신을 한정 짓지 않는다. '곰표'는 만두, 수제비, 칼국수, 부침개 만들 때 사용하는 대한제분의 밀가루의 브랜드이다. 6.25 전쟁 이후 설립된 이 대한제분의 곰표 밀가루는 쌀밥 먹기 힘든 가난하던 시절에 정부의 분식 장려 정책으로 우리네 밥상을 가득 차리게 해준 고마운 국민 밀가루였다.

그러나 지금 이 '곰표'를 물어보면 연령별로 다른 이미지를 떠올리는 답변을 하게 될 것이다. 이게 무슨 소리냐고 물으시면, 집에서 수제비로, 칼국수로 해 먹던 그 밀가루 브랜드가 돌연 패션 의류 브랜드가 되었던 것이다. 그것도 한겨울 고가의 패딩으로, 유행에 민감한 10대와 20대 남성들에게 없어서 못 사는 '잇템'으로 빅히트를 쳤다.

당시 장안의 화제가 된 대한제분의 곰표 겨울 패딩은 무신사라는 온라인 베이스의 의류회사와 콜라보로 탄생되었다. 처음 곰표 패딩이 출시되었다는 소식에 그럼 밀가루 포대로 만든 거냐는 소리가 나올 정도로 난감한 상상을 불러 왔던 이 콜라보의 성과는 그야말로 인상적이었다. 곰표가 패딩이라고? 기사와 온라인에 이 패딩 기사가 쏟아져 나오고, 누가 입고라도 나타나면 전생에 나라를 구한 득템자로 모셔졌다.

이 콜라보의 성과는 사업의 주체였던 옷을 파는 무신사에게도 좋은 아이템이 되었지만, 무엇보다 대한제분에도 브랜드와 기업 매출에 일조하였다. '네이버 데이터랩'의 2016년부터 5년간 대한제분, 곰표, 곰표 패딩의 키워드 검색 자료를 살펴보면 대한제분과 곰표의 브랜드 인지도와 선호도의 드라마틱한 증가를 볼 수 있다.

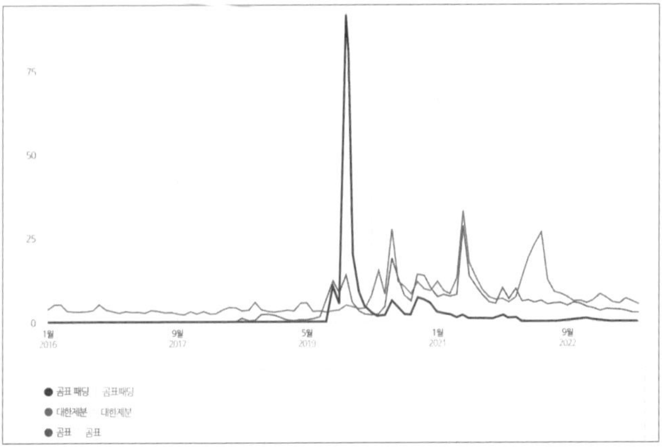


**곰표 브랜드 판매실적(2016.1~2022.9)**
**(네이버 데이터랩)**

이후 이 밀가루 회사의 곰돌이는 트렌드 리더가 되어 맥주와 팝콘, 화장품에 이어 치약 시장까지 진출했었다. 상상도 못 했던 밀가루 로고의 파격 변신이었다. (네이버 데이터 랩 키워드/네이버 제공)

1990년대 인기를 끌었던 '잔스포츠(JanSport)' 등 레트로 브랜드에 대한 수요가 각급 학교 개학과 개강을 앞두고 급격히 늘어난 것으로 나타났다. 지난해부터 이어지고 있는 'Y2K 트렌드' 영향으로 오래전 유행했던 브랜드가 MZ세대로부터 다시 주목받은 것으로 풀이된다. 18일 패션 플랫폼 무신사에 따르면 최근 한 달간 무신사에서 잔스포츠 상품 거래액은 전년 동기 대비 90% 넘게 증가했다. 그중 잔스포츠의 클래식 모델인 '슈퍼브레이크'는 지난 2주간 판매량이 직전 대비 70% 늘었다. 구매 고객 연령 분포를 살펴보면 10대 후반에서 20대 초반이 절반에 가까운 비중을 차지했다. 앞서 지난해에는 Y2K 트렌드의 영향으로 '닥터마틴', '디키즈' 등 1990~2000년대를 전후로 한 시대를 풍미했던 브랜드들이 재조명을 받았다. (《한국 경제》 '90년대 추억'에 열광…MZ세대 사이 불티나게 팔린 '그 가방', 2024.01.18.)

2024년 최근의 기사이다. 잔 스포츠 가방은 1990년데 국민 가방이었다. 누구나 한 개씩은 들고 다니던 X세대 학창시절 책가방이었던 이 천으로 만든 백팩이 다시 유행한다고 한다. 그런데 주요 소비자는 MZ세대란다. 30년이 지난 이 가방은 그동안 디자인이나 기능에 획기적인 변화는 없었음에도 말이다.

우리는 이제 기존의 인식과 행태의 영역에 구속되어서는 안 된다. 앞으로 더 자주 더 많이 이종, 동종 간의 경계가 희석되고 다양한 융합이 가속화될 것이다. 모든 기업들은 결코 한 분야에 국한되지 않고 자유롭게 필요에 따라 형태를 바꾸어 다양한 제품과 서비스를 제공할 수 있는 능력을 보유해야 한다.

당연했던 것들이 이제는 당연하지 않게 된 이번 세상에서는 일상과 관습에 영향을 미치는 상황들이 변화하면서 기회가 온다. 혼란이 클수록 기회도 크다. 지금 하고 있는 일의 한계를 짓지 말고 열린 마음으로 모든 가능성을 보아야 한다

# 이과 기술이 발전하면 문과는 어떻게 되나?

그야말로 말이 현실이 되는 '나도 창조'의 세상이 되었다. 옆의 아름답고 웅장하며 오묘하기까지 한 그림은 '우주의 오페라 극장'이라는 명칭의 아트 작품이다. 2022년 9월 3일(현지시간) 미국의 CNN 등의 뉴스 매체에 따르면 콜로라도 주립 박람회 미술대회의 디지털아트 부문에서 기획자인 제이슨 M 앨런(39)이 출품한 '우주의 오페라 극장'이라는 작품이 1위를 차지했다고 전했다. 놀라운 사실은 게임 기획자인 제이슨 M 앨런은 이 그림에 단 한 번의 스케치나 붓질도 하지 않았다는 것이다.

제이슨에 따르면, 그는 구체적인 명령문을 입력하면 몇 초 만에 명령문을 상세한 이미지로 변환해 주는 '미드 저니'라는 AI 프로그램으로 작품을 만들었다고 한다. 이렇게 만들어진 이미지 중 3개를 미술 대회에 출품했고, 이 가운데 하나가 우승했다. 제이슨은 이 소식을 소셜미디어에 올렸고, 이것이 트위터 등 여기저기 전파되어 옮겨지며 논란이 커졌다. 이유는 우리가 과연 이 이미지를 제이슨이라는 인간이 그려낸 그림이라고 표현할 수 있는가이다. 그럼 도대체 누가 이 그림의 진정한 창조자인가?

## 당신의 감동은 철저한 계산의 산물이다

이제까지 문학, 미술, 영화 등 예술적인 창작물 분야는 인간의 고유한 창의성이 중심이 되는 영역으로 다른 동물들과 차이를 보이는 인간의 정체성과 존재감을 나타내며 더군다나 감히 기계 따위가 대체할 수 없는 영역으로 인식되어 왔다. 역사 이래 인간 고유의 열정과 창의력으로 창조된 작품들은 동서양과 고금을 거쳐 인류에게 끝없는 감동을 선사하는 아름다움과 무한한 창조의 신비를 부여하는 특별한 영역이었다.

그러나 코로나 이후 다양한 기술의 발전은 그 영향력과 분야가 매우 급격히 다양해졌다. 특히 인간이 인간을 모방하여 만들어낸 인공 지능(AI: Artificial Intelligence)의 기술은 이제 인간의 창조력의(Creative) 세계에까지 들어와 있다.

신의 영역이라고 불리기도 하는 창조에 관련된 작업들까지 AI의 역할은 감성이라는 보이지 않는 부분까지 깊숙이 활동한다. 음악을 작곡하고 가사도 붙이며, AI로 만든 이미지가 노래도 하고 광고도 찍는다. 가상의 존재가 만인의 셀러브리티가 되는 것에 대하여 이젠 의심의 여지가 없다. 각종 소셜플랫폼에는 이미 AI 모델들이 패션 런어웨이를 휩쓸고 있다. 우리는 이제 '우리가 만들어낸 존재'에

감탄하며 애정하는 세상에 살고 있다.

코로나 비대면 기간 동안 성공한 대표적 기업인 넷플릭스는 사업의 성격상 온라인 콘텐츠 유통의 호황도 있었지만, 잘 만들어진 넷플릭스의 콘텐츠 완성도와 치밀함도 결코 간과할 수 없다. 이러한 결과물에는 빅데이터라는 기술이 활용되었다. 세상의 많은 감성들을 수집, 분석하고 적절한 기술을 통해 치밀하게 사전에 기획된 결과물이라는 것이다. 심지어 창작이라는 영역과 관련 있는 크리에이티브한 스토리텔링의 산출에 있어서도 빅데이터의 분석 기술이 활용되었다. 한마디로 넷플릭스의 다양한 장르와 주제, 독특하고 감성적인 스토리 해석과 노출은 과학을 기반으로 한다.

수집된 데이터를 활용하여 과거의 수많은 시청 데이터를 분석하고 수치화된 자료를 생성하여 사람들이 좋아할 만한 소재와 트렌드를 분석한다. 이를 바탕으로 다음 작품과 내용을 선정하게 되는데, 새롭게 만들어지는 실험적 콘셉트의 창작 작품에서뿐만 아니라 이미 원작이 존재하는 기존 문학 작품의 드라마화에도 작가와 배우의 캐스팅, 배경의 선정, 줄거리의 요소 등에도 빅데이터의 결과를 다양하게 적용한다.

과거에는 감독의 주관적, 예술적 직감이나 프로듀서의 상업적 감각이 소비자에 우선했다면, 철저하게 과거의 성과를 바탕으로 빅데이터의 기술 분석을 활용하여 그 수치에 따라 앞으로 뜰 장르를 미리 결정하고, 분석 숫자가 추천하는 대로 시청자들이 좋아할 만한 배우와 감독, 제작 인원들로 작품을 만들어 낸다고 한다.

여기에 누적된 개별 사용자들의 시청 기록, 시청 습관, 연관된 관심사 등을 수집하고 분석하며 잠재 고객들에게 지속적으로 추천한다. 그리하여 시청자들이 자신의 기호에 맞는 영화나 드라마에 지속적으로 노출되게 하며, 계속하여 넷플릭스라는 가두리에 머물러 더 많은 콘텐츠를 소비하게 한다.

이 사용자 맞춤형 콘텐츠 추천 기능의 핵심은 AI와 데이터 분석 기술이다. 개별 사용자의 시청 패턴, 관심사, 선호도 등을 토대로 설계된 알고리즘은 사용자에게 지속적으로 맞춤화된 콘텐츠를 보여준다. 이러다 보니 나도 몰랐던 나의 성향을 파악하여 계속 끈질기게 내 시선에 노출되어 나의 선택을 유도하는 알고리즘 시스템은 철저하게 개인화된 경험의 산물이다. 결국 당신에게 지금 보여지고 있는 것이 곧 당신인 것이다.

### 기술은 감성을 조종할 수 있을까?

기술은 감성을 조정할 수 있을까? 그렇다. 조종할 수 있다. 의도적으로 치밀하게 계산된 연출은 인간의 감정적 환경을 구현한다. 거기에 이젠 변화하는 사람의 감정을 알아채고 적절한 대응을 할 수 있는 능력도 강화 되었다.

많은 감성을 다루는 업무들이 급속도로 기계적 자동화 작업으로 전환되고 있는 것은 그다지 놀라운 일도 아니다. 인간의 감성을 다루어야 하는 언어의 영역을 보더라도 이미 인공지능은 재치 있는 말 상대가 되어 주기도 하고 애절한 노래 가사를 읊어 주기도 한다. 통번역의 장르에서도 번역 소프트웨어나 언어 처리 알고리즘은 언어에 대한 놀라운 이해와 감정, 태도로 의사를 전달하는 과정을 효율적으로 제공한다.

인사이트의 제공 역시 대량의 데이터를 기반으로 데이터 마이닝, 텍스트 마이닝 등의 기술을 활용하며 대량의 텍스트 데이터를 분석하고 의미 있는 정보를 도출해 내고 있다. '진짜 신내림이라도 받은 듯 '사주팔자'나 '오늘의 운세' 같은 앱에서 부채 도사 같은 예측으로 인간의 삶을 점친다. 모바일 앱상에서 인간은 AI가 제시하고 만들어 주는 명상의 정신 세계로 입문하기도 한다. 정체성과 인격 형성에 관계된 교육과 소통의 분야에서도 AI는 언어 학습 및 인문학적 지식 습득에 최적화된 환경을 구성해 주며, 효율적으로 정보를 제공한다.

Google이나 네이버, 쿠팡의 검색 엔진 및 디지털 광고 분야를 보면 놀라운 기술의 진화를 알 수 있다. 자연어 처리(NLP) 및 기계 학습 기술을 사용하여 검색 결과를 개선하고 사용자가 사용한 검색어에 대한 이해력이 향상되면서 광고 타깃팅의 목표율이 엄청나게 정확해지고 있다. 나에게 딱 필요한 제품 광고와 추천 및 연계 상품들의 리스트를 보고 있노라면 가족들보다 나를 더 잘 아는 것처럼 보일 때도 있다. 공상 과학 영화에 나오던 이러한 엄청난 IT기술들을 보면 조만간 사회 구조가 재배치되고, 인간의 심장과 눈물조차 설계, 분석, 계산될 것 같은 느낌이다.

### 아이폰을 사는 이유

멋지니까. 폼 나게 예쁜 디자인의 애플 폰 구매 이유는 '폼'이다. 핸드폰이 보유한 현란한 기능들은 그냥 폰을 샀을 뿐인데 따라오는 부가적 기능이다.

아이폰 사용자라는 브랜드 카테고리는 아주 멋지다, '갤레기'라고 불리는 삼성폰의 부정적 꼰대, 아재 이미지와는 다르게 사과 로고는 나의 정체성을 쿨하고 멋지게 보여준다. 핸드폰이 가진 무수한 기능과는 그다지 상관이 없었다. 애플 폰을 구매했던 명백한 이유는 전화가 엄청나게 잘 걸린다거나 음질이 기가 막히게 좋다는 게 아니었다. 우리 중 대부분은 자기 핸드폰의 수명이 다 하는 날까지 핸드폰이 수행할 수 있는 모든 기능들을 제대로 써보지도 못하고 교체한다.

그저 자그마하고 뽀얀 순백의 몸체에 새겨진 사과 로고는 나와 남을 차별성 있게 구별해 주는 멋진 아이콘이다. 애플 폰은 세련된, 앞서가는, 스마트한, Young & Rich의 상징이다. 기계의 기능에 대한 홍보는 아이폰을 구매를 정당화하기 위한 구실이었다 ('었다'라는 과거형은 요즘은 별 감흥이 없기 때문이다) 안드로이드 시스템과도 달라 한국 사회에서 여러모로 불편했던 아이폰이었지만 마니아들은 한번 들어가면 못 빠져나오는 애플만의 생태계를 만들었다.

그나마 구매의 논리적 이유를 좀 대보라고 한다면 감성적 필터를 가진 애플의 카메라 성능이 중요했다. 소셜 플랫폼의 성장과 함께 어떤 똥손이 찍어도 영화처럼 느낌 있게 프로처럼 나온다는 아이폰의 카메라 기능은 구매의 보편 타당한 이유였다. 아이폰을 들고 다니는 나의 멋진 모습에 더하여 사회에 반영할 나의 셀카 모습이 아주 만족스럽게 나온다는 것은 큰 메리트였다. 아이폰은 기능이 아니라 소비자의 감정과 욕구를 만족시켜 주는 데서 성공했다.

인간은 감정과 욕구라는 것을 가지고 있다. 기술의 필요는 인간의 감정과 욕구를 충분히 만족시킬 때 가치가 있다. 애플의 기술은 사회적 자아 표현의 수준이며, 사용자들을 기술과 감정으로 연결하는 것이다.

아이패드가 처음 세상에 나왔을 때, 스티브 잡스는 Liberal Arts와 Technology가 서로 다른 방향을 가리키는 방향 표지판을 프레젠테이션 화면에 띄웠다. 그는 아이패드가 나올 수 있었던 이유를 애플이 언제나 항상 기술과 인문학의 교차로에 있으려고 했기 때문이라고 했다. 이유는 간단하다. 그 어떤 기술 기반의 미래 사회가 오더라도 모든 기술은 결국 '사람'이 중심이 되어야 한다. 따라서 '사람'을 이해하지 못하는 기술은 살아남을 수 없다. 스티브 잡스가 말한 대로 기술만으로는 충분하지 않다. 우리의 가슴을 뛰게 하는 것은 인문학과 결합된 기술이다.

마케팅에서 인간의 욕구와 감정을 이해하는 인사이트는 최우선한다. 낳아준 부모도, 함께 자라온 형제도, 연인도 부부도 자식도, 그리고 도대체 나도 나를 잘 모르겠는 존재가 인간이다. 그래서 인간의 욕구를 파악하는 데 기술이 필요하며 인간의 욕구를 충족시키기 위해 감성이 필요하다. 인문학은 이 욕구를 생성하고 정확히 파악하는 핵심이다.

# 속상해서 빵을 샀어

"A형은 세심함이 지나쳐 소심하고, B형은 친절하고 자유분방하며, O형은 두루두루 원만하고, AB형은 천재 아니면 바보다"

1927년 후루카와 타게지가 자신의 친인척, 혈연 319명을 표본으로 조사, 분류하여 "인간은 혈액형별로 성격이 다르다"라고 발표한 논문의 내용이다. 혈액형별 성격 유형은 아직도 일상 생활에서 많은 사람들이 언급하는 성격 판단의 근거이다.

많은 과학적 연구들과 매체가 혈액형과 개개인의 성격(personality)은 인구 통계적으로 유의미한 관계가 없다고 끊임없이 말해 줌에도 불구하고 여전히 누군가의 성격을 묘사할 때 사용한다. 더 발전하여 혈액형별 소문자적 특징과 대문자적 특징(a와 A)으로 나뉘고, 싱글과 더블, 트리플로(a, 혹은 A, 그리고 aaa, AAA), 단수, 복수까지 세분화하더니 순수형(AA, BB, OO)과 O와의 믹스 매치(aa, ao, Ao, AO)로 구분하는 경지에 이르렀다.

우리는 왜 다양한 인간의 성향을 몇 가지로 정해진 기준에 따라 구분하고 싶어 하는 것일까?

## MBTI로 정의하는 나의 정체성

"속상해서 오다가 빵을 샀어"라는 질문의 어느 부분에서 상대가 공감하는지를 보면 성격을 알 수 있다고 한다. '왜 속상한데?', '왜 굳이 빵을?', '어째서 오다가?' 사는지의 연관성에 의아심을 갖는 부류, 그리고 '기쁘면 빵을 살 건지?', '빵을 안 살건지, 그러면 무엇을 살 건지?', '그리고 도대체 이게 무슨 의미인지?' 등 각양각색의 대답이 있다. 속상해서 빵을 샀다는 말을 이해를 못하면 나오는 흔한 답변은 "너 T야?"이다.

요즘은 MBTI가 일상에서 각종 마케팅과 인사시스템에 이르기까지 사람을 판단하는 데 활용되고 있다. MBTI는 코로나 전 2020년경 등장하여 선풍적 관심을 끌더니 지금도 여전히 그 영향력이 살아 있다. 2020년에는 혈액형별 특성보다 더 잘 맞는다며 인기가 시들지 않고 오히려 활발하게 확대되었다. 혈액형처럼 단순히 사람의 성격과 행동을 이해하고 파악하는 도구만이 아니라 인사와 직무 검사 등에도 활용된다.

MBTI는 일종의 직무 적성 유형 검사이다. 1944년 제2차 세계대전으로 발생한 산업 인력 부족으로 군대에 간 남성 노동자를 대신할 여성 노동자를 필요로 했고, 당시에는 사회 활동이 적었던 여성들을 어떻게 효율적으로 직무에 배치하여 생산 능률을 올릴 수 있는지에 대한 고민으로부터 시작되었다.

독일의 심리학자 칼 융의 초기 분석 심리학 모델을 기반으로 개발된 직무 적성 유형 검사인 MBTI는 인간 내면 본연의 성격을 파악하는 게 목적이 아니라, 주어질 업무를 해나갈 조직을 구성함에 있어 적성에 잘 맞는 직무에 어떻게 배치할 수 있는지를 목적으로 하여 만들어진 노동 생산성 관리를 위한 인사 시스템 도구이다.

MBTI의 의미는 개발자인 캐서린 쿡 브릭스(Katharine C. Briggs)와 그녀의 딸 이자벨 브릭스 마이어스(Isabel B. Myers)의 이름을 따서 마이어스 브릭스 유형 지침(Myers-Briggs Type Indicator, MBTI)이라고 하며, 사람의 성향을 크게 8가지 유형으로 나눈다.

외향(Extroversion), 내향(Introversion), 감각(Sensing), 직관(Intuition), 감정(Feeling), 사고(Thinking), 판단(Judging), 인지(Perceiving)로 나뉘는 이 8가지 카테고리는 하부 구조로 다시 세분화되고 조합되어 총 16가지의 타입으로 한 개인의 성격을 정의한다.

소비자 마케팅에서 혈액형별 유형과 MBTI의 활용은 크게 다르지 않다. ABO 혈액형으로 소비자의 심리를 파악하듯, MBTI로 소비자에게 맞춤화된 적합한 제품과 서비스를 추천하는 마케팅의 일환으로 빈번이 사용된다.

"입맛 까다로운 A형은 단호박죽, 무심한 츤데레 B형은 엽기 스테이크, 묵묵한 AB형은 허브 삼겹살과 단호박 크림해산물, 성격 급한 O형은 해물떡찜과 초가집 과일샐러드"와 같은 식이다. MBTI는 주식이나 투자에 있어서도 '나의 MBTI별 추천주'라든가 MBTI별 직업 적성, 연애 스타일, 여행지 추천, 너에게 맞는 선물 세트 등 각종 이벤트 행사에 사용되어 개인의 맞춤화 서비스 및 만족을 위한 구매 욕구를 자극한다.

### 나를 인정해줘

요즘은 자신을 소개하는 말이나 프로필에 자신의 MBTI를 알리는 경우가 있다. 이전의 이력서에는 혈액형을 적는 칸이 있기도 했지만, 그것은 만일의 사고의 경우 의료적 대처를 위한 정보 획득의 방편이기도 했다. 그럼 나와 상대방의 MBTI를 온 세상에 알리는 이유는 무엇인가?

마케팅적 관점에서 MBTI의 유행은 단순히 나의 정체성을 파악하는 것뿐만이 아니라 존재에 대한 인정 욕구(소비사 니즈)이며, 그래서 '나는 이래(소비의 정당성). 그러니 이런 나를 위해 준비해 줘(개인 맞춤화 서비스)'의 프로세스이다. MBTI를 통해서 자신의 취향을 명확히 하고, 나와 유사한 공통점이 있는 브랜드, 서비스와의 관계를 돈독히 하게 되며, 나의 취향을 존중해 주는 브랜드와 제품에 대한 애착을 갖게 한다.

MBTI는 나를 남에게 인식시키고 상대가 누구인지 쉽게 구별하게 해준다. 그래서 소비자를 제품에 타깃화 하기 쉽게 만들고 구매 설득의 정당한 근거를 제시한다. 이러한 방식은 태어난 시에 따라서 성품도 정해진다는 사주팔자에 나와 있으니 이것은 운명이라든가, 인간의 적혈구 표면에 존재하는 인류의 항원 유형(혈액형)에 따라 소비를 하라는 것과 유사하다.

MBTI는 소비자에게 자신의 성격, 선호도, 강점 및 약점에 대해 더 잘 이해하게 해준다. 이러한 자기 인식은 개인의 취향에 맞는 적합한 소비를 활성화하는 데 도움이 된다. 또한 니즈에 대한 단순화로 자신의 욕구를 쉽게 이해하고 선택을 단순화하는 데에도 도움이 된다.

특히 자신의 MBTI 유형에 속한 제품이나 브랜드의 제시는 다른 사람들과 공통점, 혹은 제품과 서비스에 대한 동질 의식으로 상호 소속감을 느끼게 한다. 이를테면, 나의 MBTI와 맞는 기업과 브랜드에 대한 연대감이 생긴다. MBTI에 근거한 소비를 즐거운 활동으로 여기게 된다. 조직에 있어서도 코로나 이후의 중요해진 업무 환경과 조직 심리 관리 전략에도 영향을 미쳤다.

비대면과 원격업무 방식으로 발생한 소통 스타일의 변화는 동료들과의 직접적인 상호 작용을 선호하는 'E(외향적)', 직원들과 온라인 환경에서 비접촉 업무에 편안함을 느끼는 'I(내향적)' 등의 유형 고려를 통해 직원들에게 소통 채널과 협업의 방식을 다시 생각하게 만든 중요한 변화였다. 이에 따라 유연한 업무 스케줄과 구조화된 업무 환경, 명확한 마감과 책임을 실행할 수 있는 기술의 발전도 더 중요시되었다. MBTI의 효율성을 떠나 변화한 환경에서 전체 조직 구성원들의 성향을 파악하는 것은 기업이 조직원 개인의 다양성을 존중하고 효율적인 협업에 신경 쓴다는 의미이기도 하다.

사주팔자와 혈액형이 개개인의 고유 성격과는 연관성이 미미하다는 말처럼, MBTI도 소비 생활과의 연관성은 지극히 미미함이 불구함에도 MBTI에 의한 시장 세분화와 제품 차별화는 MBTI를 대체할 새로운 콘셉트가 나오기 전까지 계속 사용될 것이다. 따라서 MBTI별 직업, 배우자, 음식, 운동법, 그리고 회사 업무의 형태와 조직 관리 등에도 이와 같은 유형 분류가 당분간 이어질 것으로 보인다.

# 우리 제품 사지 말아요

소비자에게 자신들이 만든 제품을 사지 말라고 하는 브랜드가 있다. 소비자는 그 말을 듣고 평상시보다 더 구매 하는 이상한 판매 방식을 가진 브랜드이다. '파타고니아'는 2011년에 블랙 프라이데이라는 대규모의 세일 행사에서 고객들을 향해 "자사의 제품을 제발 사지 말아 달라"고 했다.

"Don't buy this jacket(이 자켓 사지 마세요)"이라는 슬로건은 파타고니아가 소비자들에게 자신들의 제품을 구매하지 말아 달라는 호소(?)였다. 이유는 제품을 한 개 만들 때마다 지구 환경에 영향이 오니 정말 이 옷이 필요한 건지 다시 생각해 달라는 메시지였다. 환경보호가 목적, 의류 사업은 그것을 위한 수익의 수단일 뿐이라는 이 브랜드의 신념은 오히려 사람들의 공감을 불러일으켰고, 광고 카피 메시지와는 다르게 오히려 제품 판매는 40% 증가했다.

구매를 유도하는 일반적인 카피 메시지 대신, 자신의 재킷을 사지 말라는 부정적인 메시지는 충분히 관심을 끌려는 어그로 판촉 행위로 보일 수 있었지만, 파타고니아가 그간 보여준 행보의 진실성과 맞물려 오히려 열띤 반응을 이끌었다.

**룰**(Rule)

산업 규제 변화와 시장 동향은 항상 밀접한 관계를 지닌다. 국가 법규가 바뀌면 기업의 모든 표준 시스템과 전략에도 영향을 미치며, 법제의 변화는 경쟁 시스템의 변동도 가져온다. 환경 법규가 결정되기 전 2022년 12월, 수년 전부터 일회용품 규제에 대한 소리는 커졌고, 누가 보더라도 곧 일회용품 규제가 가시화되리라 예상되었다. 이러한 시대 흐름에 맞추어 경쟁사보다 먼저 프랜차이즈들에서 친환경 용기를 개발하고 이를 제공한다면 브랜드 홍보가 되었겠지만, 어느 누구도 사실 적극적으로 나서지는 않았다.

환경이라는 콘셉트는 매 시기별 이벤트 판촉 행사의 아이템으로 빠지지 않고 사용되지만, 실제로 매장 내 일회용품의 축소나 금지는 힘들었다. 이유는 간단하다. 추가적 비용 증가와 매출의 감소이다. 가맹점으로부터 받게 되는 포장재 매출의 감소는 본부 매출에 큰 타격으로 이어진다. 또한 기존 재고의 활용과 처리 비용 등이 발목을 잡았다. 그러나 법이 제정되자, 순식간에 매장에서의 일회용 사용 제한이 가능하게 되었다.

사회적 문화 규범(Social Culture Norms)은 조금 다른 양상을 보인다. 사회적 문화 규범은 일정 공간에서 공유되는 관습과 예절, 규칙으로서 구성원들 간의 상호 작용을 통해 형성되는 행동 규범이다. 따라서 특정한 문화, 지역 또는 그룹 내에서 다르게 형성되어 발전한다. 국가의 법률을 어기면 국가가 제재하지만 사회 문화 규범을 어기면 사회, 소비자가 직접 응징하는 사회가 되었다.

미국의 패션 브랜드 아베 크롬비의 CEO는 “예쁘고 날씬한 사람들만 우리 고객이 되길 원한다”라고 이야기했다. 브랜드 이미지 관리를 위해서 브랜드가 추구하는 라이프 스타일과 맞지 않는 뚱뚱한 사람들은 안 샀으면 좋겠다는 취지의 발언이었다. 이익을 추구해야 할 기업의 대표가 고객을 가려 받고 싶다고 이야기한 것이다.

이러한 행보는 아베크롬비를 라이프 스타일 트렌드를 담당하는 패션의 브랜드로서 브랜드 자신을 정의하고, 브랜드를 표현할 수 있는 소비자 이미지를 선택하겠다는 의지로 보이기보다, 사회적 가치를 따르지 않는, 시대에 뒤쳐지는 철학을 가진 불평등의 아이콘이 되어 버렸다. 브랜드사가 주장한 대로 뚱뚱한 사람들만이 아닌, 모든 소비자가 아베 크롬비에게서 등을 돌렸다.

비슷한 사례로 영국 막스 앤 스펜서는 합리적이고 과학적인 가격 책정의 전략으로서 일반보다 큰 빅 사이즈 속옷에 추가적으로 정상가에서 2파운드를 더 부가하였다가 모든 고객들에게 철퇴를 맞았다. 막스 앤 스펜서는 2008년 빅 사이즈 제품 생산에 원부자재 비용과 생산, 관리에 들어가는 금액이 일반 사이즈보다 더 높다고 판단하였고, 이를 제품 가격에 반영하였다.

합리적인 이성과 전략적 가격 책정이라고 하였지만, 결국은 치명적인 브랜드의 이미지 손실만을 가져왔다. 소비자는 막스 앤 스펜서의 이중적 가격 정책을 이성적이라기보다는 특정 계층을 무시하는 오만함으로 느꼈던 것이었다. 오히려 막스 앤 스펜서를 이용하는 고객들에게 다른 사람들에 대한 죄책감마저 느끼게 하였다.

두 회사들의 공통점은 소비자의 경험 만족이라는 측면에서 보았을 때 브랜드의 이미지를 차별적이며 존경할 수 없고 불쾌하게 하며 불안정스러운 브랜드로 남게 했다는 것이다.

## 사회 정의

현재의 소비자 의식은 집단의 우월성이 아니다. 나의 우월성이 남을 차별해서 오는 결과도 아니다. 특히 MZ세대는 사회 관계망 안에서 불특정 사람들과 상호 감정을 공유하는 성향이 있다. 그래서 조금 비싸더라도, 혹은 조금 불편하더라도 감정적으로 좋아하는 브랜드를 구매하고, 선호한다. 당연히 불쾌한 브랜드는 아무리 큰 회사라고 해도 회피하려는 성향이 강하다. 이전에 잘 나가던 브랜드라고 해서 무조건 추종하지 않는다.

우리나라는 대표적인 외모, 인종 성별, 지역, 학벌 차별 국가이다. 시대가 변하고 있다. 유의하라. 동남아시아에서 생산하고 판매하는 나라인 한국, 그런데 정작 지금 한국에 들어와 있는 해당 지역의 국가, 국민들을 어떻게 대우하고 있는가? 공정하지 못한 문화와 차별, 혹은 누군가의 마음을 상하게 하는 행위라면 결과 이전에 이미 시작이 틀린 것이다. 지금은 모두가 함께하는 공생의 가치 시대이다. 기업이 '무엇을 제공한다'보다는 무엇을 '어떻게' 팔고 있는가에 대한 가치가 중요해지고 있다.

법규나 철학이 아니다. 룰을 따른다는 것은 소비자의 만족과 경험에 적어도 안정감을 준다는 것이다. 지금의 세대는 자신이 옳다고 믿는 것을 위해 기꺼이 행동하는 세대이다. 나눔과 공유, 공감, 돌봄, 진정성을 핵심 가치로 두고 있는 시대에 단순하게 지금 이 제품을 판매하기 위한 홍보 전략은 통하지 않는다.

규범화되지 않은 사회의 자정 활동은 자발적인 시민 활동이나 사회적 감시, 신고 등으로 나타난다. 특히 강화된 사회 교육과 보안 프로그램은 공식적인 기관과는 다른 접근 방식을 가지고, 주로 지역사회나 사회 구성원들의 노력을 통해 이루어진다. 이는 사회 구성원들의 자발적인 참여와 협력에 의해 지속되며, 범죄 예방과 안전 확보를 위한 중요한 역할을 수행하기도 한다.

결국 인터넷과 소셜 미디어 등의 출현은 사회의 구조적 변화와 시스템에 지대한 영향을 미쳤고, 익명성과 온라인 활동을 강화했다. 누구나 히어로가 될 수 있으며 대놓고 혹은 익명으로 온라인 플랫폼에서 개인들이 의견을 나누고 정보를 공유함으로써 사회 정의를 위한 목소리를 확장시키고 사회적 변화를 이끌 수 있다.

이러한 온라인 활동은 개인적으로는 잘 보이지 않을 수 있지만, 사회적 영향력을 갖는다. 이제 우리는 기업의 브랜드가 사회와 개인의 삶에 어떠한 영향을 미치고 있는지 확인해야 하며, 기업 역시 선한 영향력을 행사하는 사회 지향적 브랜드가 되어야 사랑받을 수 있다. 법규는 어기면 벌금을 내야 하지만 사회 정의를 어기면 벌금 이상의 대가를 치러야 한다. 따라서 기업과 개인은 지금의 사회적 문화 규범 안에서 생산과 소비 활동을 해야 한다.

# AI 트랜스포메이션
## (Artificial Inteligence Transformation)

AI 와 로봇 사회가 성큼 다가왔다. 커피를 만들고 닭을 튀기고 서빙을 하던 귀여웠던 단계에서, 이제는 인간의 고유 영역이라는 창작에까지 도달했다. AI가 기사를 작성하고 시도 쓰며 그림도 그린다. 늘씬하고 풍만한 AI이미지의 인간형 모델은 각 인종별로 엄청난 매력을 뿜어내며 화려한 런어웨이를 걷는다. 수백만 조회수를 기록하지만 세상 당당하게 런어웨이를 하는 상큼한 그녀들은 세상 어디에서도 만나 볼 수 없는 가공의 인물이다.

한동안 DT(디지털 트랜스포메이션, Digital Transformation)가 국가와 기업의 미션이었던 때가 있었다. 지금은 AIT(Artificial Intelligence Transformation)의 시대이다. 생성형 AI시대에서 어떻게 업무 효율과 생산성을 증대할 것인지 관심이 집중되고 있다. 특히 우리는 인간의 언어와 행동을 학습하여 모방과 생성을 하는 AI를 어떻게 활용할지에 대한 능력을 갖추어야 하는가이다.

### AI를 활용 할 수 있는가?

AI의 장점은 대량의 데이터를 빠르게 처리하고, 결과를 도출할 수 있다는 것뿐만이 아니라 스스로 학습한다는 점이다. 음성 인식, 이미지 인식, 자연어 처리 등의 분야에서 스스로 학습되어 발전한 지식은 인간의 삶을 더욱 편리하게 만들 수 있다. 아직은 목표의 정확성과 목표에 부합하는 결과물 완성도가 떨어지거나 정보의 진위 문제가 있지만 곧 보완되리라고 생각된다.

AI 기술의 장점 중 하나는 이전에는 개발자에게 의존해서 진행되던 프로젝트들이 간결해진 것이다. 코딩없이 제작하는 웹스킬인 노코드·로코드 기술이 B2B(기업간거래)·B2C(기업·소비자간거래) 서비스에 확산되는 중이다. 현재 많은 검색 엔진 플랫폼과 쇼핑몰들은 노코드 AI기술을 지향한다. 이용자가 활용 목적과 예시를 몇 개만 입력하면 원하는 서비스가 만들어진다.

'네이버 선물하기' 담당자들은 지난해 코딩 한 번 안 하고 '선물 문구 입력 AI'를 만들었다고 한다. 상품명, 선물 의도 등을 입력하면 AI가 "내 옆에서 힘이 돼주어서 고마워, 앞으로도 오래오래 함께하자" 같은 문장을 생성한다. 향후에는 글짓기나 감정 분석 같은 인간의 감성과 창작에 관련한 일도 노코드 AI로 해결할 수 있는 서비스를 만들고 검증하는 중이라고 한다.

카카오 역시 개발 인력이 부족한 클라이언트들을 위해서 '로우코드'로 해결하는 데 주력한다. 복잡한 전문가의 실행없이 단순히 '드래그 앤 드랍(내용을 복사 긁어와서 원하는 페이지에 놓고)'을 하거나, 일상적인 언어만으로도 쉽게 '챗봇 플랫폼'을 만들 수 있도록 돕는 서비스를 개발 중이다. 기업 간 거래(B2B) 고객을 위해 원하는 기능을 스스로 넣을 수 있는 블록형 '앱 빌더'가 핵심이다.

이렇다 보니 현실의 노동시장엔 많은 전문가들의 예측대로 직업의 미래에 변화가 왔다. 얼마 전 유행하던 10년 안에 없어질 직업 시리즈가 현실화되고 있다. 많은 보고서들이 현재 사람이 하고 있는 상당수 일들이 조만간 기계와 AI로 대체되어 사라질 것이라고 예측해 왔다.

심지어 약 50% 이상의 일들이 자동화로 인하여 정규직 인력 감소로 이어질 것이라고 하며, 노동 집약적 직업군 외에도 전통적으로 안정적인 직업으로 여겨지던 은행원, 회계사, 교사, IT개발, 운전 등의 직업은 사라질 것이라고도 내다보고 있다.

이런 변화를 가져온 중대한 사항 중 하나는 코로나 기간에 우리는 서로 한 공간에서 얼굴을 맞내지 않고도 원만히 업무를 처리하는 사실과 기술의 습득이다. 생각 외로 이 방식은 물리적, 정서적으로 효율적이었다.

그리고 다시 사무실로 돌아갈 수 있는 안전한 시대가 왔음에도 결코 이전과 같은 근무 조건과 환경으로는 회귀하지 않았다. 원격근무의 자유로움과 편리함, 그리고 기존 업무 방식의 효율성에 대한 끊임없는 의구심과 질문이 대두되었기 때문이다.

## AI 형 인재

AI기술을 활용해서 목표한 결과를 정확히 도출하고 업무의 효율화를 낼 수 있는 AI 리터러시 역량을 갖춘 인재가 각광받는다. 전문 기술적 지식과 경험이 있다면 도움이 되겠지만, 굳이 머신 러닝, 딥러닝, 프로그래밍, 자연언어의 달인일 필요는 없다.

AI시대에 필요한 인재는 기술적 지식을 넘어서 AI를 효과적으로 활용할 수 있는 방법론과 실행력을 갖춘 사람들이다. 이는 AI기술의 발전과 모바일 중심의 유통망 강화로 전 세계적으로 제품과 서비스의 접근성이 높아짐에 따라 더욱 중요해지고 있다. 목표를 달성하기 위한 정확한 결과를 도출하기 위해서는 목표에 부합하는 문제를 정확하게 입력하는 능력과 도출된 가능성의 결과를 검토하는 능력이다.

즉 올바른 질문을 설계하고 이를 진행할 수 있는 역량이 중요하다. 우선 올바른 답을 얻으려면 질문이 올바라야 한다. 질문의 설계는 솔루션의 진행 여부를 결정할 수 있는 기본이 된다. 단순히 좋은 제품과 서비스를 개발하는 것을 넘어서 제공하는 서비스와 브랜드를 구매한 고객의 전체 구매 여정을 이해하고 명확한 방향을 설계할 수 있어야 한다.

빌 게이츠가 말했듯이, 창의적인 콘텐츠를 생산하는 기업이 궁극적인 승자가 될 것이다. 그러나 AI를 활용한 콘텐츠는 처음엔 사용자의 호기심을 자극하지만, 깊이와 상호작용이 부족하면 금방 관심에서 멀어질 수 있다. 따라서, 정보와 엔터테인먼트를 아우르며 사용자와의 깊은 상호작용을 고려한 마케팅 콘텐츠 개발의 관리가 중요하다.

이러한 업무를 하려면 AI리터러시 역량은 필수이다. 기술적 지식과 경험은 도움이 되지만, 무엇보다 중요한 것은 문제의 핵심을 파악하고 필요한 솔루션을 AI를 활용해서 창의적이고 혁신적으로 설계할 수 있는 문해력이다. 지금처럼 AI 환경이 급속히 발전하는 속에서는 AI리터러시를 어떻게 활용 할 수 있는가에 따라 결과가 달라진다.

자율주행 자동차와 같은 기술의 대중화는 가속화되고 있지만, 관련 법규와 사회적 제도는 아직 이에 따라잡지 못하고 있다. 자율주행 자동차의 운전면허, 보험, 교통 법규, 형벌의 책임은 운전을 한 자동차 회사에게 있는가, 아니면 소유주에게 있는가? 드론 택시가 추락해서 다리 위 자동차에 떨어진다면 드론 택시 회사의 책임인가, 개발 회사의 책임인가? 노선을 허락해준 정부의 책임인가? 이러한 상황에서는 새롭게 등장하는 문제들과 그 사이에서 기업의 이익을 실현할 수 있는 시대에 맞는 솔루션 제공할 마케터는 필수적이다.

AI가 많은 일자리를 대체하는 현상 속에서도 오히려 적재적소에 인력을 배치하는 데 기업은 어려움을 겪을 것이다. 특히 사업의 역량을 강화하고 AI 사용을 고도화하며, 구성원에게 명확한 미션을 부여할 수 있는 인력이다.

이제 평생 직장이라든가 정규직에 대한 개념도 사라지면서 1인을 기준으로 기능과 보상을 교환하는 자유 교환 노동 시장의 형태가 증가한다.(통계원 자료 삽입) 일정 분야에서만 활발하던 프리랜서나 계약 업무 등이 이젠 각 분야에서 기본적, 보편적 업무의 형태로 나타날 것이다. 많은 인재들이 이젠 더 이상 고용 당하지 않고 기업과 노동과 가치를 교환하는 동등한 전문적 교환시장에서 활동하게 된다.

# 인플루언서?
# 효과는 있어?

이제 사람들은 TV나 잡지에서만 연예인을 만나지는 않는다. 밴드, 페이스북, 인스타그램, 트위터 등 SNS에서 사람들은 친구들뿐만 아니라 동경하는 연예인, 정치인들과 소통하고, 정보를 수집하며, 또 생활과 오락거리를 발견한다. 그 과정에서 떠오른 새로운 직종, 인플루언서는 SNS를 통해 인기와 수익을 얻는 사람들로, 웬만한 연예인 뺨치는 인플루언서들의 영향력은 점차 커지고 있다.

한국섬유산업연합회(KOFOTI) 패션넷에 따르면 2021년 7~8월 SNS에서 인플루언서 계정을 구독한 653명을 대상으로 특정 제품을 구매한 경험에 대해 조사한 결과 73%가 계정을 보고 상품을 구매한 것으로 집계됐다. 즉 10명 중 7명이 인플루언서의 계정을 통해 상품을 구매하는 것으로 나타났다. 그들의 구매 상품 품목으로는 요리, 음식이 29.4%로 가장 많았고, 이어 유명 맛집, 카페(23.9%), 운동, 건강(20.3%), 여행(19.9%), 의류(18.2%)순이었다. 이렇게 인플루언서의 영향력이 증가하면서, 관련 업계는 SNS상 인플루언서와 협업한 마케팅 전략은 더욱 중요해지고 있다. 한 마디로 이렇게 말할 수 있겠다.

**"인플루언서 마케팅, 네, 효과 있습니다."**

## 인플루언서

인플루언서는 온라인 플랫폼에서 자신의 지식, 경험, 관심사, 라이프스타일 등을 공유하고 다른 사람들에게 영향을 미치는 개인 또는 그룹을 말한다. 최근 그 중요성이 더해지고 있다. 코로나로 인해 미디어의 영향력이 개인화된 디지털 매체로 넘어가면서 자본의 이동이 신규 플랫폼으로 이동했다. 이렇게 거대 자본의 이동과 시대 환경이 맞물리면서 인플루언서의 활동영역은 소셜 미디어, 블로그, 유튜브, 인스타그램, 트위터 등 다양한 디지털 플랫폼에서 자신의 팔로워나 구독자들과 소통하며 양질의 콘텐츠를 제공하고 있다. 인플루언서는 유명 연예인이나 영향력 있는 사회 인사, 개인이지만 취향과 가치가 같은 많은 팔로우를 보유한 사람들을 지칭하며, 그들은 자신의 팔로우를 기반으로 퍼스널 브랜딩, 상품 판매, 콘텐츠 교류 등으로 수익을 내는 사람들이다.

그중 브랜드 상품 인플루언서는 브랜드의 제품 또는 서비스를 소개하고 홍보하는 역할을 한다. 그들은 제품 또는 서비스를 체험하고 그 경험을 자신의 팔로워들과 공유하여 브랜드의 가시성을 높이고 제품 판매를 촉진하거나 직접 판매를 한다. 인플루언서는 자신의 팔로워들과 깊은 관계를 형성하고 신뢰를 얻고 있어 브랜드의 제품과 서비스 판매에 유용한 역할을 한다.

인플루언서 판매의 특징은 인플루언서 개인의 사적인 경험과 솔직한 의견을 공유함으로써 팔로워들로부터 신뢰를 얻으며, 이는 동시에 브랜드가 인플루언서를 통해 전달하는 메시지에 대한 신뢰도를 높인다는 점이다. 더욱이 인플루언서는 각자의 특정 타깃 그룹을 형성하고 있어 목표 타깃에 최적화되어 그들의 팔로워들은 특정 관심사나 라이프스타일을 공유하기 때문에, 브랜드는 인플루언서를 통해 정확한 타깃 그룹에 접근할 수 있다.

인플루언서는 원활한 콘텐츠 제작 능력을 갖추고 있어 브랜드를 대신하여 타깃 고객이 선호하는 고품질의 사진, 동영상, 블로그 게시물 등을 만들어 브랜드와 제품을 시각적이고 매력적으로 표현한다. 인플루언서는 소셜 미디어 기반으로 발전하여 소셜 미디어를 잘 다루며, 각 플랫폼의 특징을 이해한다.

마케팅에서 인플루언서의 활용은 브랜드와 소비자 간의 연결고리를 형성하고 브랜드 메시지를 더 효과적으로 전달하는 것이며, 이들은 플랫폼별로 그들만의 독특한 스타일과 영향력을 통해 소비자들에게 브랜드와 제품에 대한 긍정적인 인상을 심어준다.

세계적으로 유명한 소셜 미디어 플랫폼 기반의 인플루언서들이 있고, 우리나라에도 연예인 못지 않은 각 분야의 인플루언서들이 있다. 150만 구독자를 보유한 대세 먹방 유튜버 '히밥'은 아예 본인이 만든, '맛있는 바비(BABI)'라는 슬로건을 걸고 위드라이크와 협업해 제주 가공식품 브랜드 '바비(BABI)'를 올해 8월에 론칭했다. 186만의 구독자를 가진 여행 유튜버 '빠니보틀'은 유튜브 수익만 월 10억 정도로 예상되는 가운데 지상파 방송의 고정 출연자로 활약하고 있다. 화장 및 뷰티 관련 콘텐츠로 유명한 '포니'는 597만의 구독자를 가진 우리나라를 벗어나 아시아에서도 인기 있는 뷰티 인플루언서 중 하나로 손꼽히고 있다. 일상 생활 콘텐츠 브이로그로 인기를 얻고 있는 '양팡'은 대한민국에서 유명한 생활 유튜버 중 하나로 알려져 있다.

이처럼 대한민국에서는 다양한 인플루언서들이 다양한 분야에서 활동하고 있으며, 그중에서도 뷰티, 패션, 라이프스타일, 게임, 엔터테인먼트 등 다양한 주제를 다루는 인플루언서들이 큰 인기를 얻고 있다. 인플루언서의 인지도와 영향력은 시간이 지남에 따라 계속 변하고는 있으나, 기본적으로 보유한 팔로워나 구독자의 수가 자산으로 쉽게 영향력을 잃지 않는다. 따라서 이전에는 신제품 출시나 제품의 판매를 하기 위해서 기존의 광고나 쇼핑 채널을 이용했다면 이제는 영향력 있는 인플루언서를 통해 홍보하고 공동 구매나 구매 파트너 같은 방식으로 직접 판매를 할 수 있다.

### 채널별 특징

인플루언서 마케팅 시 우리나라에서 주로 사용하는 매체는 블로그, 인스타그램, 유튜브이다. 최근에는 틱톡의 적극적인 숏폼 마케팅으로 틱톡 인플루언서의 활약도 눈에 띈다. 얼마 전 유행한 공중부양 춤의 예를 들면, 단기간에 전 세계적 조회수를 기록하기도 했다. 그러나 아쉽게도 인플루언서로서 영향을 끼칠 만한 콘텐츠를 갖고 있지 못했기 때문에 기록적인 시청률에도 불구하고 시청횟수에 대한 금액 외에 부가적인 사업 매출로 연계하기에는 부족했다. 아울러 인플루언서를 선택할 때는 예산의 효율성을 생각하여 브랜드나 제품의 타깃 고객이 많이 분포한 플랫폼의 선정이 먼저이다.

#### 블로그

전통의 블로그 마케팅은 녹색 창으로 통하는 네이버를 중심으로 우리나라에 특화되어 있다. 카페와 블로그 마케팅은 이미지나 영상, 문장과 같은 콘텐츠 등으로 다양하게 활용할 수 있다. 다른 플랫폼에 비하여 깊이 있는 정보를 다룰 수 있어서 구매 전환으로의 기여도가 높은 편이다. 그러나 목표 고객에게 도달하기 위한 검색 엔진 최적화의 글쓰기와 신뢰성 있는 인플루언서(블로거)를 찾기에 어려움이 있다.

**인스타그램**

인스타 감성이라고 부르는 감각적인 이미지와 영상 콘텐츠로 브랜드와 제품 혹은 서비스를 시각적으로 매력적이게 전달할 수 있다. 생성된 이미지는 2차, 3차 활용에 쓰일 수도 있다. 정보성 콘텐츠의 경우에는 타깃 고객의 저장과 호응으로 지수가 상승하기도 하여 내용의 질이 중요하다.

한편 목표에 맞는 인플루언서의 폭이 넓어 타깃 그룹에 맞는 인플루언서 선택이 용이한 편이며, 단가가 비교적 저렴한 편이다. 그러나 콘텐츠의 수명이 상대적으로 짧아 유지력이 낮으며 차별화된 콘텐츠 영상과 이미지가 아니면 경쟁에 강점이 없다.

**유튜브**

브이로그, 제품 리뷰, 언박싱 등 다양한 형태의 영상 제작 방식이 가능하고 실제 경험을 바탕으로 방송처럼 진행하여 타깃 고객의 신뢰를 강화하고 광고에 대한 거부감을 줄일 수 있다. 또한 상대적으로 긴 시간의 영상 송출로 제품과 서비스에 대한 깊은 정보를 전달할 수도 있고, 누적된 인플루언서의 영향도에 따라 목표 타깃 도달률과 지속성이 높은 편이다.

반면 영상물 제작에 많은 시간과 자원, 노력이 필요하며 유튜브를 기반으로 한 인플루언서의 비용은 높은 편이다.

### 틱톡

한동안 10대들의 플랫폼으로 인식되던 틱톡도 그 영역을 확장해 가고 있다. 쇼츠라는 형태의 짧은 동영상 콘텐츠는 주로 엔터테인먼트에 가까운 내용을 전달한다. 각종 트렌드, 챌린지 등으로 짧게 보고 즐길 수 있게 하는 콘텐츠를 중심으로 시청자의 참여도를 유도하여 상호 작용을 높이는 데 특화되어 있다. 유튜브 대비 단가가 낮고 타깃층이 젊은 층으로 좁혀져 있어 목표 타깃이 40 미만이라면 더욱 효율적이다.

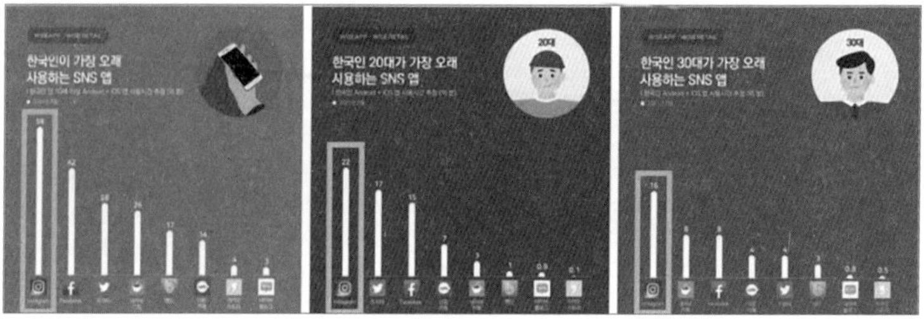


한국인이 가장 오래 사용하는 sns

물에 잠긴 차량 앞창에 기대어 앉아 망연히 핸드폰을 들여다보고 있던 '서초동 현자'를 기억하는가? 2022년 여름 장마로 강남이 침수되었을 때 뉴스보다 더 빠르고 신속하게 SNS에 올라오던 강남 침수 상황 사진들은 이제 우리 모두가 실시간 1인 미디어가 되어 뉴스를 생산하고 있다는 것을 보여주었다.

## 인플루언서를 나누는 기준

인플루언서의 레벨과 등급은 인스타그램을 기준으로 할 때 팔로워 수에 따라 4단계로 나눠 볼 수 있다.

### 나노 인플루언서

약 1,000에서 10,000명의 팔로워를 보유한 작은 인플루언서로, 주로 한 분야에서 좁은 영역의 전문성을 가지고 팔로워들과 소통하는 인플루언서이다. 나노 인플루언서에 대한 팔로워들의 지지와 신뢰는 강력하여 팔로워 수가 적더라도 타깃과 메시지가 명확한 브랜드와 상품의 경우 오히려 적은 비용으로 빠른 시간에 효율적인 결과를 만들어 낼 수 있다.

### 마이크로 인플루언서

약 1만 명에서 10만의 팔로워를 보유한 마이크로 인플루언서는 최근 가장 각광 받는 인플루언서이다. 나노 인플루언서와 마찬가지로 튼튼한 팬심에 기반한 팔로워들의 지지로 캠페인의 높은 참여도, 높은 전환율, 그리고 적정 구매확정을 보이는 그룹이다. 콘텐츠에 대한 진정성이 높아 결과물의 퀄리티가 높은 편이다.

### 매크로 인플루언서

10만 이상, 100만 이하의 팔로워를 보유한 매크로 인플루언서는 팔로워의 숫자와 자체 콘텐츠의 수익으로 이미 연예인급이다. 따라서 단가도 높은 편이며 자신의 플랫폼에서 나와 요즘은 방송 매체에서 활약을 자주 보이기도 한다. 자신의 개성과 취미를 기반으로 하고 일반적인 인기도도 있어 콘텐츠의 내용과 상반되지 않으면 함께 접목할 제품이나 서비스 구현에 제한이 적은 편이다.

#### 메가 인플루언서

우리가 생각하는 전 세계 수백만 명 이상의 팔로워를 가진 슈퍼스타급의 인플루언서이다. 단가가 아주 높으며 주로 대형 브랜드들과의 협업이 이루어진다. 전통적인 4대 매체의 광고 모델보다 더 좋은 대우를 받기도 하는데, 메가 인플루언서는 이미 유명한 연예인이 될 수도 있고, 일반인이 되기도 한다.

### 나노 인플루언서의 활약

팔로워나 구독자가 100만 이상인 경우를 메가 인플루언서로, 수만에서 백만 이하를 매크로 인플루언서로, 1,000명 이상, 수만 이하이면 마이크로 인플루언시로 구분한다. 그리고 요즘 수백에서 몇천 명의 작은 구독자나 팔로워를 가진 나노 인플루언서의 활용에 대한 관심이 늘고 있는 추세이다.

나노 인플루언서는 매우 작은 팔로워 범위를 가진 인플루언서로, 일반적으로 수백 명에서 몇천 명의 팔로워를 가지고 있다. 그들은 대규모 인플루언서보다 더 작은, 하지만 더 특화되고 미세한 대상 그룹에 영향을 미치는 역할을 한다. 그들의 팔로워는 특정 관심사나 라이프스타일을 공유하기 때문에 더욱 특화되어 있다. 작은 팔로워 범위를 가지고 있지만, 그들의 팔로워와의 관계는 강하며, 소통이 활발하다. 이는 그들이 팔로워들에게 관여도가 높아 더 큰 영향을 미치게 만든다.

특히 나노 인플루언서의 특화된 특정 주제나 관심사에 중점을 두고 마이크로 콘텐츠를 공유한다. 이로 인해 그들의 팔로워는 해당 주제에 대한 높은 관여와 실행력을 가지고 있다. 그들은 소규모의 그룹에서 솔직하고 개인적인 의견을 공유하며, 이는 그들의 협력과 신뢰성을 높인다. 브랜드로 하여금 정확한 타깃 마케팅을 가능하게 하며 메가 인플루언서와 비교하여 상대적으로 비용이 적게 들어, 비용 대비 효과적일 수 있다.

이런 나노 인플루언서를 찾는 방법은 쉽지 않다. 효과적인 나노 인플루언서를 어떻게 찾을 것인지, 어떤 도구와 전략을 사용하여 나노 인플루언서와 협력할 것인가에 대한 접근 방법과 협약 조건, 협력 모델 등이 필요하다.

요즘은 때로 타깃 소비자가 나노 인플루언서가 되기도 한다. 이처럼 인플루언서와 나노 인플루언서의 역할 다변화와 새로운 소비자 인사이트와 부합하는 인플루언서를 선정하여 마케팅 캠페인과 커스터마이즈드 실행 기술이 중요해지고 있다.

스페인의 대표적 글로벌 Fast Fashion 브랜드 Zara는 대규모 인플루언서보다는 소규모의 나노 인플루언서를 활용하여 소비자에게 빠르게 변하는 다양한 패션 스타일과 트렌드를 제공하고, 그들의 패션을 다양한 관심 그룹에 소개하였다. 나노 인플루언서는 각자의 스타일과 관심사를 가지고 있으며, Zara의 다양한 제품과 스타일을 자신들의 팔로워에게 소개하는 역할을 수행했다.

팔로워들과 밀접한 관계가 있는 다수의 나노 인플루언서들은 Zara의 제품을 소개하는 데 있어 제품에 대한 높은 신뢰를 제공했다. 나노 인플루언서의 콘텐츠는 더 개인적이고 현실적이며, 일상생활에서 제품을 어떻게 활용하는지를 보여주었고, 이런 나노 인플루언서와의 협업은 상대적으로 비용이 적게 들었으며, 수천 명의 나노 인플루언서와의 협업을 통해 비용 대비 다양한 시각과 스타일을 고객에게 제공할 수 있다.

한국의 대표적인 화장품 브랜드 이니스프리(INNIESFREE)는 나노 인플루언서를 활용하여 그들의 제품과 환경친화적인 가치를 강조하는 마케팅 캠페인을 진행했다. 이니스프리는 나노 인플루언서로 하여금 소규모 그룹의 환경 친화적 자연주의 브랜드에 잘 어울리는 제품 리뷰 및 사용 콘텐츠를 공유하도록 했다. 나노 인플루언서들은 이니스프리 제품을 실제로 사용하고 자신만의 경험을 콘텐츠로 공유하였다. 이렇게 생성된 사용자 생성 콘텐츠는 소비자들에게 브랜드와 제품에 대한 더 높은 관심과 신뢰를 유발했다. 이 캠페인은 상대적으로 비용이 적게 들었으며, 많은 나노 인플루언서들과의 협업을 통해 더 다양한 관점을 제공할 수 있었다. 이니스프리의 나노 인플루언서 캠페인은 화장품 분야에서 환경친화적 가치와 제품을 강조하는 데 효과적으로 활용되었으며, 그들의 제품에 대한 관심을 높이고 판매에 긍정적인 영향을 미쳤다.

# 은퇴는 없다

통계청 자료에 따르면 2023년 60세 이상 창업이 사상 최대인 시대가 되었다. 2018년 60세 이상의 창업인구는 전체 인구의 약 25.9%인 1만1,223명이었으나, 2023년 현재는 전 연령층에서 가장 증가 폭이 큰 41.8%를 차지하고 있다. 또한 65세 이상 취업자 수는 해마다 증가하여 2018년에는 31.3%, 2019년에는 32.9%, 2020년 34.1%, 그리고 2022년에는 35를 훌쩍 넘어 36.2%를 기록했다. 이미 이웃나라 일본은 65세의 고용이 정착하여 70세 고용의 시대로 넘어갔다. 수명의 연장은 모두가 계속 일하는 세상이 되었다는 것이다.

## 노인 빈곤

우리나라의 늘어나는 노인 워킹 인구는 우리 사회가 이제 지속적으로 일해야 하는 세상이 되었음을 말해준다. 60세 이상의 맞벌이 가구 비율 증가도 2017년 28.9%에서 2022년 31.1%로 이미

2018년에 30%를 넘어섰다. 그러나 우리나라의 사회문화적 특성상 65세 이상 인구의 자산은 대부분 부동산에 82.4% 치우쳐 있어 생활할 현금이 부족하다. 집 한두 채에 자산이 묶여 있고, 그 집들은 주로 현재 거주로 사용된다. 그리고 자식들에게 유산되게 된다. 1930~1950년대 출생한 이 세대는 6.25전쟁 이후 급격한 경제 성장 속에서 치열하게 경쟁하고 국가의 부를 이루었지만, 본인들은 가장 가난하기도 하다.

요즘 일본에서는 '노후 파산'이라는 단어가 유행한다고 한다. 젊을 때 벌어놓은 저축도 말년에 의료비로 다 쓰고 이전의 생활 유지가 힘들어진다는 것이다. 미국 노인들도 70세 이상은 수발을 받아야 하는 기간이 늘어나고 있다고 한다. 오래 사느냐의 문제보다 어떻게 사느냐와 편안하게 잘 죽을 수 있느냐가 중요해 시기이다. 건강이 자산인 것이다.

2022년 10월 기준 우리나라 65세 이상 고령자의 국민연금 수령 현황은 월 60만 원 미만이 76.7%, 100만 원 미만인 8.9%이다. 노인 916만 명 중 448만 명인 48.9%가 수급 대상자이다. 2025년에는 40%가 넘어간다. 열심히 살았는데도 유감스럽게 대부분 노후 자금이 모자란다.

### 부자세대 50대

인생 중 가장 돈이 많다는 50대도 여유는 없다. 2022년 3월 통계청의 가계 금융 복지 조사에 따르면 지금 50대 가구가 보유한 총자산은 6억4,236만 원이며 이중 부채 비율이 1억763만 원이다. 그러면 순자산은 5억3,473만 원인데 이마저도 부동산이 4억9,562이다. 실제 사용할 수 있는 가용 순금융자산은 3,911만 원 수준이다. 이

돈으로 노후를 보낼 수 있을까?

**50대 가구 보유 자산 현황**

총자산 6억 4,236만 원

부채 1억763만 원

순자산 = 5억3,473만 원

부동산 - 4억 9,562만 원

남은 가용 순 금융 자산 3,911만 원

(자료 : 2022년 3월 가계 금융 복지 조사)(통계청)

2025년에는 75세 고령자 비율이 40%가 넘어선다고 한다. 그리고 3년 후 쯤에는 90대 이상의 인구가 50만 명을 돌파한다. 20년 후에 지금의 50대들이 70대로 들어가면 인구 4명 중 1명이 75세를 넘는 초고령 사회가 온다. 지금부터 계속 더 열심히 일해야 하는 시대이다.

### 인생 명함

100세 시대의 도래는 생계를 위한 수단으로서만이 아니라 삶의 가치를 실현할 수 있는 새로운 직업적 정체성을 요구한다. 직장이나 직책이 아닌, 개인의 본질과 열정을 대변할 수 있는 나의 정체성이다. 이제 우리에게 필요한 것은 직장이 아니다. 직장과 직책은 더 이상 당신을 표현하는 수단이 아니기 때문이다.

MZ세대들은 이미 인식하고 있는 변화로 그들의 부모 세대를 보아오면서 가족 같은 한 직장이라든가 안정된 직책이라는 개념은 이미 사라지고 있다. 기술 발전도 한몫했다. 기술로 대체되어 없어지는 직업도, 그리고 사라져 버릴 직업도 이미 많이 보이지 않는가. MZ들은 이미 부모의 세대보다 다양한 직종과 직업을 경험하고 있으며 더 많은 직업을 갖게 될 것이다.

나를 나타내는 명함은 ○○회사 ○○부서 대리, "A의 a-1이다"이 아니라, "○○○을 하는 ○○○이다(A하는 B이다)"로 표현되어야 한다. 예를 들어, 소셜 벤처의 창업가들은 자신들의 '업무 명함'에 '사회적 기업가', '환경 보호론자', '교육 혁신가' 등과 같은 직종을 적어 넣음으로써 자신의 사회적 가치와 열정을 드러낸다. 전통적인 학교 교육자들 외에도, '생활 학습자', '온라인 교육 콘텐츠 제작자' 등 새로운 개념의 교육자들이 등장하고 있다. 이들은 기존의 교육 시스템을 벗어나, 학습자 개개인의 필요와 관심에 맞춘 맞춤형 교육과 개인의 성장을 돕는 것을 목표로 한다.

확실히 요즘 MZ들은 직업과 직장의 개념을 명확히 알고 있는 것 같다. 명확하고 단순한 개인의 정체성과 사회적 기여를 나타내는 자기 소개 형식을 보고 있으면 이번 세상에서 중요한 것은 단순히 직장을 가지는 것이 아니라, 자신의 직업적 정체성을 갖는 것임을 알 수 있다.

은퇴 없는 인생에서 자신만의 직업적 정체성을 지속적으로 발전시키고, 새로운 직종에 도전하는 과정을 통해 개인의 가치와 열정을 나타낼 기회가 무한해졌다. 우리 각자는 자신만의 '인생 명함'을 가지고 있어야 하며, 그 명함에는 단순한 직책이나 직장명이 아닌, 자신이 추구하는 가치와 열정이 반영되어 있어야 한다. '인생 명함'은 우리 각자가 가진 독특한 정체성과 기여를 나타내는 상징이며, 이를 통해 우리는 진정으로 의미 있는 삶을 살아갈 수 있다.

1936년 프랑스의 젊은 청년 프레드는 자신의 첫 사업을 시작하며 명함에 '프레드-모던 주얼리 크리에이터'라는 타이틀을 새겼다. 그리고 이 콘셉트는 프레드사에서 아직도 지켜지고 있는 가치이다.

경영학의 대가 피터 F 드러커는 ○○○대학 교수라는 직책 대신, 본인 스스로를 '사회 생태 학자'라고 정의했다. 사회 경제를 생물학적 시선에서 연구하는 사람. 그런 그를 사회는 '경영학의 아버지'라고 불렀다. 당신의 직업은 무엇인가?

# Chapter. 4

# 리세션 시대에 사장님이 알아야 할 마케팅 기술

# 마케팅의 열쇠
# 인사이트 파워

인사이트(Insight)란 깊이 있는 이해나 발견, 통찰, 깨달음을 의미한다. 마케팅의 맥락에서 볼 때는 소비자의 행동, 선호, 동기 등을 깊이 이해함으로써 얻어낸 정보나 지식으로 소비자 행동에 영향을 줄 수 있는 요소들을 말한다. 단순한 데이터나 현상을 넘어서 그 속에서 숨겨진 의미나 패턴을 파악하고, 그것이 우리의 비즈니스나 제품, 서비스와 어떻게 연결되어 수익을 창출할 수 있는지를 발견하는 과정이다.

마케팅 인사이트는 기업이나 브랜드가 소비자의 진정한 필요와 욕구를 파악하고, 이를 충족시키기 위한 혁신적인 솔루션을 개발하는 데 중요한 역할을 한다. 예를 들어, 시장 조사를 통해 대부분의 소비자가 조작의 편리성을 중시한다는 인사이트를 얻었다면, 기업은 이를 바탕으로 더 간편하게 사용할 수 있는 제품이나 서비스를 개발하여 소비자의 요구를 만족시킬 수 있다.

그래서 마케팅 인사이트는 비즈니스 전략을 수립하고, 경쟁 우위를 확보하며, 미래 시장 변화를 예측해서 시장 트렌드를 선도하고 성공을 이끌어내는 데 필수적인 요소이다. 인사이트를 통해 기업은 더 효과적인 마케팅 전략을 개발하고, 제품 혁신을 가속화하며, 소비자와 더 깊은 관계를 구축할 수 있다.

## 인사이트 기본은 데이터 분석

자료의 분석은 필수 요소이다. 그리고 이제는 이전에는 상상도 할 수 없던 어마어마한 양의 데이터 수집도 가능해졌다. 빅데이터는 대량의 데이터를 분석하고 그 행위 결과를 일정 패턴으로 파악함으로써 정확하고 신뢰할 수 있는 의사 결정의 객관적 근거를 제시한다. 빅데이터를 잘 활용하는 기업은 시장 동향, 고객 행태, 제품 개발 등 다양한 영역에서 다음 행동을 예측하여 움직일 수 있기 때문에 시장에서 경쟁 우위를 확보할 수 있다.

데이터 분석을 통해 마케터는 숨겨진 고객의 욕구를 파악하고, 요구하는 수준을 측정하여 각 개인에게 맞춤화된 서비스를 제공해야 한다는 것은 요즘 공식이다. 빅데이터는 우리 스스로도 알지 못하는 우리의 심리를 예리하게 포착해 낸다. 우리가 무심코 쓰는 신용 카드 사용 습관, 전화 이용 시간, 각종 회원 가입, 인터넷 서치에 사용한 단어, 생필품으로 무엇을 구매 했는지 ,언제 어디서 무슨 이유로 돈과 시간을 소비하고 있는지 관찰하고 있다. 빅데이터 분석만으로 10대 여고생의 임신을 부모가 아닌 일면식도 없는 기업의 마케팅팀이 먼저 알아냈다는 이야기는 이미 너무나 당연한 결괏값이 되어 버렸다.

빅데이터는 고객의 행태와 선호도에 기반하기 때문에 개인 하나

하나에 맞춤화된 추천, 광고, 상품 등을 제공할 수 있어 고객 만족도와 개인화 경험을 향상시킬 수 있다. 우리가 핸드폰이나 컴퓨터에서 우연히 호기심에 한 번 클릭한 기사나 광고 제품이 다음에도 계속 다시 뜨거나, 관련 제품이나 콘텐츠, 신제품 출시 관련 메시지가 한동안 꾸준히 나타나는 걸 경험했을 것이다. 빅데이터는 우리의 행동을 수집하여 미래 행동을 예측하고 지속적 관심으로 유도한다.

빅데이터는 사회적 문제를 해결하고 정책 개발에도 기여할 수 있다. 공공보건 분야에서는 대량의 건강 데이터를 면밀히 분석하여 질병 예방, 유행 감지, 의료 리소스 할당 등에 활용할 수 있다. 이번 코로나 시기에도 여러 가지 데이터 분석과 예측을 통해 얻은 빅데이터의 분석은 사회를 통제하고 질서를 유지하는 데 활용되었다. 빅데이터의 활용은 사회적 이익을 추구하고 사회 문제를 해결하기도 하며, 과학적 발전과 혁신에도 공헌하고 있다.

이런 데이터의 중요성과 정확성은 최종 의사결정의 객관적 근거를 제공한다. 데이터를 토대로 순수하고 합리적이게, 논리적인 계산에 의존하는 분석방법은 선천적이고 본능적인 사고 기능을 활용하는 접근법보다 더 정확하고 예리하게 예측을 한다.

그러나 이런 데이터를 이해하고 정보 가치를 읽어내기 위해서는 문화적 이해와 인간의 심리를 바탕이 필요하다. 사람의 마음은 냉철한 이성으로만 행동하는 것이 아니기 때문에 직관적 사고의 오류가 생길 때가 많다. 분명 머리는 '이렇게 하라'라고 하는데 이미 영혼과 몸은 동상이몽으로 다른 선택을 하고 있음을 우리는 많이 경험해 왔다.

게다가 편향적 선택도 피할 수 없을 때가 많다. 내 마음의 오류라는 단서를 분명히 갖고 있음에도 불구하고 착각하기도 하고, 엉뚱한 선택을 하기도 하며, 편향적 기억으로 불공정하거나 비합리적인 오류를 오히려 강화시키기도 한다. 심지어 분명히 예상된 실패임에도 이를 스스로 합리화 하고 심적으로 위로하고자 그럴듯한 이유를 만들어내기도 한다.

## 감정이 이성보다 먼저다

텔아비브대학의 샤이 단징거(Shai Danzinger) 교수 연구진은 이스라엘 판사들이 하루를 시작할 때와 점심식사를 한 뒤에 법정에서 가석방을 선고할 가능성이 더 높다는 것을 밝혔다. 자료를 보면 점심식사를 하기 전에 한 판결에는 가석방 요청을 기각하는 확률이 더 높았다. 점심식사 전과 후의 결과가 다르다는 것이다. 어찌보면 이것이야말로 철저하게 과학적인 결과이다.

판사들이 아침에는 에너지가 부족하고 피곤하며 저혈당으로 기분이 안 좋았을 수도 있고, 오전 판결에는 좀 더 과중한 범죄를 지은 피고들의 사례가 몰려 있을 수도 있다. 그러나 우리가 여기서 눈여겨 봐야 할 것은 피고가 좀 더 가벼운 형벌을 받기 위해서는 어느 판결 시간이 유리한지 알 수 있다는 점이다. 즉 객관적 범죄 내용보다 판사님 기분이 지금 어떤지 확인해야 하는 게 중요하다는 거다.

인간의 지성적 판단의 오류의 예로 한 가지 더 들면, 오즈칸 에렌(Ozkan Eren)과 모칸(Naci Mocan)의 연구도 있다. 이 연구는 미국에서 1996년부터 2012년까지 발생한 범죄 사건 데이터와 대학 축구 경기 결과 데이터를 수집, 분석한 것이며, '판사들의 축구 성적과 형량 판결 간의 관계'라는 주제로 진행되었다.

이 연구를 위해서 특정 명문 대학 판사들 8,000명의 출신 대학 정보와 해당 지역에서 발생한 8,000만 건 이상의 범죄 사건 데이터를 대학 축구 경기 결과와 연계하여 분석하였는데, 놀랍게도 이 똑똑한 판사들은 자신의 모교가 축구 경기에서 승리하는 경우와 비교하여 패배하는 경우에는 같은 범죄 유형과 동일한 범법자 프로파일을 가진 피고인들에 대해 더 무거운 형량을 선고하는 경향을 명백히 나타내었다.

또한, 이러한 차이는 주로 흑인이 피고인인 경우 더 두드러지게 나타나며, 다른 인종 그룹 간에는 유의미한 차이가 보이지 않았다. 그러나 이러한 판결 형량 변동은 인종 차별보다는 축구시합 성적 결과에 따라 그 이후 동일 범죄의 형량이 달라진다는 것을 예견할 수 있는 가능성 있는 요소로 해석되며, 그 요인에는 이성적 판단보다는 감정적 작용이 있었다고 생각되고 있다.

이러한 사례들은 인간의 사고와 결정이 합리적이고 이성적이지 않다는 것을 보여준다. 이러한 사고와 판단의 오류는 인간의 자연스러운 현상이다. 갑자기 날이 좋아서, 날이 나빠서, 비가 와서, 해가 나서, 바람이 불어서, 스산해서 갑자기 무언가 불필요한 제품을 사거나 먹거나 등 근거 없는 소비를 한 적이 많이 있지 않은가. 결국 우리 세계는 이성적이지 않으며 불확실한 감성에 의해 움직인다.

벌써 오래된 이야기이지만 스타벅스는 '제3의 공간'이라는 브랜드 가치를 고객에게 전달한다는 전략으로 시장에 자리매김했다. 집과 직장 외에 소비자들이 편안하게 시간을 보낼 수 있는 새로운 공간을 제공하겠다는 비전으로 안락한 좌석, 무료 와이파이, 캐주얼한 분위기 등을 도입했다. 이러한 마케팅 인사이트는 소비자들이 스타벅스를 단순히 커피를 사는 장소가 아닌, 사람들과 만나거나 일을 하고 공부하는 장소로 인식하게 만들었다. 그런데 과연 스타벅스만 이러한 공간을 가지고 있었던 것일까?

이것은 분명 명백한 거짓이다. 이미 카페라는 것은 태생 자체가 중동과 유럽에서 사람이 모여서 여러 가지 일을 하는 커뮤니티 살롱의 형태로 발전해 왔다. 미국도 역시 카페는 혼자 시간을 보내거나 지인을 만나 수다를 떨고 무언가를 먹고 마시는 곳이었다. 이미 집도 사무실도 아닌 또 다른 공간이었다. 스타벅스의 마케팅 인사이트는 커피 브랜드로서의 스타벅스에 다른 관점의 카테고리를 입혀서 경쟁사와의 차별화를 실현한 것이다.

기존의 카페 문화에(관찰력) 새로운 해석을 더해(창의력) 소비자에게 강력한 브랜드 인식을 심어주는(소통력) 성공적인 전략(전투력)이었다. '제3의 공간'이라는 브랜드 전략은 스타벅스를 커피 판매점을 넘어서 경쟁자와 차별되는 소비자 경험을 제공함으로써, 집과 직장 외에 소비자 자신들의 생활에 깊이 통합된 공간으로 인식(공감력)하게 만들었다.

빅 데이터의 수집은 정확한 자료의 분석을 통해 의사 결정을 하기 위함이다. 마케터는 자료의 분석시 자료와 자료 외의 상황을 볼 수 있는 인사이트 파워가 있어야 한다. 행간과 숫자의 유의미한 차이를 볼 수 있는가? 데이터를 객관적으로, 그리고 주관적으로도 해석해 낼 수 있는가?

빅데이터는 대량의 데이터를 수집하고 분석하여 유용한 정보와 통찰력을 얻는 데에 정말 중요한 도구이지만, 데이터 자체만으로는 최선의 의사 결정이라는 것을 하기에 충분하지 않을 수 있다. 실제로 의사 결정을 내릴 때는 취합된 자료가 가리키는 바와는 다른 결론을 도출할 수도 있다는 것이다. 데이터 안에 내재된 편향성과 자료의 오류 가능성을 반드시 인정하고 이를 보정할 수 있는 감각을 가지고 있어야 한다. 그래야 발견된 결과에 바탕하여 궁극적으로 혁신적인 실행 아이디어를 만들어내어 당면한 의사 결정과 문제 해결에 기여할 수 있다.

우리는 아주 감정적이고 주관적인 판단들 속에서 살고 있다. 세상은 생각보다 합리적이지도 평등하지도 않다. 매일 결정하는 의사결정이 올바르게 정해진 목표와 명확한 자료를 토대로 최선의 의사결정으로 내려진다면 좋겠지만, 현실 세계에서는 그렇지만은 않다. 훌륭한 마케터는 객관화된 데이터로만으로는 보이지 않는, 인사이트 파워를 보유해야 한다.

# 촉과 엣지가 있는 마케터가 매출 10배의 차이를 만든다

대부분의 마케팅은 인사이트를 기반으로 집행된다. 그러나 데이터와 정보에 대한 잘못된 분석과 이해 부족, 인사이트의 오류로 실패한 예도 있다.

2017년 미국의 펩시는 MZ들에게 엄청나게 인기 있는 슈퍼 인플루언서 캔달 제너(Kendal Jenner)를 모델로 브랜드 광고를 하였다. 펩시는 MZ 세대의 특징이 현재의 소소한 행복을 추구하며 사회적 활동에 대한 긍정적 인식과 공익추구에 연대감을 갖고 있는 것을 빅 데이터 분석을 통하여  잘 이해하고 있었고, 그래서 'Live for Now(현재를 살자)'라는 메시지로 브랜드의 이미지를 젊게 자리매김하려고 하였다.

광고에서는 거리에서 아름다운 MZ의 우상 켄달 제너가 화보 촬영을 하고 있다. 동시에 길에서는 시민들의 평화 시위대가 데모 중이다. 시위대 중 남자와 눈이 마주친 켄달 제너는 갑자기 쓰고 있던 패션용 가발을 스탭에게 벗어 던지고 촬영지를 뒤로 한 채 거리의 시위 행렬에 동참한다. 그리고 시위대 맨 앞의 대표로 나가 대치한 경찰에게 펩시를 건네준다. 경찰이 콜라를 마시자 갑자기 시위대는 환호하고 모두가 함께 즐거워하며 마무리 된다.

"Live for now"라는 펩시가 전달하고 싶어 했던 브랜드 메시지와 펩시 시위대의 뜬금없는 반전 분위기가 무슨 관계가 있는지 모르겠다. 일단은 모두 평화롭게 살자는 거라고 추측해 본다. 메시지의 애매모호한 커뮤니케이션 전달성을 떠나서, 거대 예산을 들인 이 광고는 공개한 지 단 하루도 못 되어 몇 시간만에 삭제해야 했다.

### 데이터와 인사이트

바로 이전 해에 미국에서는 인종 차별과 관련된 큰 사건이 있었다. 2016년 7월 5일, 미국 루이지애나 배턴 루지의 한 편의점 앞에서 CD를 팔던 흑인 남성 알턴 스털링(Alton Sterling)은 갑자기 나타난 백인 경찰 2명에 의해 험하게 제압당하고, 근처에 있던 누군가가 그에게 총이 있다고 외치자 경찰은 확인 절차도 없이 바로 총으로 그를 쐈다.

백인 경찰에 의한 무분별한 흑인 총격 사망 사건은 사회에 엄청난 충격을 주었고, 스털링의 어이없는 죽음이 알려지며 인종 인권 운동, 'Black Lives Matter(흑인의 생명은 중요하다)'라는 평화 시위가 이어졌다. 시위 도중 이 운동에 참여한 레이샤 에반스(Lesha Evans)라는 여성은 시위를 진압하는 무장 경찰들에 의해 체포된다. 무저항 평화주의로 온전하게 자기 목소리를 내었던 레이샤는 감옥에 갔다.

펩시 광고의 요소들과 묘하게 겹치는 부분들이 있지 않은가? 펩시는 바로 전년도에 일어난 민감한 사회적 이슈를 상업적 광고에 너무나 가볍게 사용했다. 펩시는 안타까운 죽음과 관련된 BLM(Black live Matter) 인권 운동을 광고 소재로 사용하고, BLM의 영웅으로 기억되는 레이샤 에반스를 켄달 제너라는 화려한 셀러브리티로 대체했다. 일하다 말고 시위대 중 눈이 마주친 남자를 따라 냅다 흑인 스태프에게 가발을 벗어 던지고 동료들을 떠나 시위를 파티처럼 즐기며, 콜라 캔 하나로 경찰과의 첨예한 대치를 화합으로 이끌어 내는 스토리는 메시지마저도 '흑인의 생명(Live)'을 '펩시를 즐기는(Live)'으로 'Live for Now'로 바꾸는 기묘한 카피라이팅으로 모두를 경악하게 했다.

펩시는 광고를 통해 다양한 젊은 MZ세대의 사회적 활동에 대한 인식과 연대감, 그리고 현재에 충실히 행복을 추구하는 라이프 스타일에 공감을 표현하고 싶었던 것이지만, 결과는 펩시라는 다국적 대기업이 사회의 민감한 문제와 부조리에 대한 개선 운동을 아주 가볍게 여기고 그 마저도 철저히 상업화한다는 인상만을 주었다.

시장 분석을 위해 수집된 수치화된 많은 데이터는 MZ 소비자라는 타깃과 그들의 라이프 스타일, 사회적 관심사, 사회 활동 참여 의지에 대한 인사이트를 주었지만, 데이터에 대한 올바른 분석과 사회 상황에 대한 마케팅 인사이트의 부족으로 실전에 잘못 적용되었다.

### 바른 인사이트를 얻기 위해서는

인사이트는 자료를 통한 깊은 통찰력과 이해를 바탕으로 얻을 수 있는 가치 있는 인식을 말한다. 이 능력은 단순한 물리적 데이터 분석보다 데이터를 보고 해석하는 능력과 경험, 창의력이 필요한 부분이다. 데이터가 말하는 바를 이해하는 동물적 촉과 타고난 창의력, 혹은 영감으로도 표현될 수 있다.

이런 인사이트를 얻기 위해서는 최우선적으로 개방적인 마음가

짐과 호기심이 필요하다. 창의적 사고와 시도를 통해 새로운 아이디어를 발견하고, 전과는 다른 관점에서 문제를 접근하며, 실패를 통한 학습으로 가설을 검증하고, 차별화된 아이디어를 탐색하는 과정에 끊임없이 자신을 자극에 노출시켜야 한다. 다양한 정보와 자료를 수집하고 분석하는 능력은 자료를 객관화하기 위해 수치화하라는 게 아니라, 수치화된 자료에서 유의미한 현상을 찾아내서 의미 있게 분석하라는 것이다.

올바른 인사이트를 키우는 세 가지 방법은 다음과 같다.

- "현상(Fact)들 중에서 필요한 자료를 고르는 올바른 선택"
- "정보(information)의 홍수에서 연관 있는 내용의 올바른 해석"
- "통찰(Insight)에 기반한 마케팅적 촉과 엣지 "

구체적으로 어떻게 촉과 영감을 키울 수 있는지 살펴보자. 먼저 주어진 수많은 데이터들 중에서 의미가 있은 자료들을 올바르게 선택하고 선택하는 능력이 필요하다. 빅데이터 시대라고 수집된 정보의 성질이 달라지는 것이 아니다. 빅데이터 역시 '정보(Information)'의 한 종류로, 다만 사람이 셀 수 없을 만큼 규모가 큰, 그래서 더 객관화되고 정확성이 높은 대량의 정보일 뿐이다.

자료의 홍수라는 말을 들어 보았는가? 혹은 수많은 대안과 근거 속에서 오히려 빅데이터가 결정 장애를 불러올 수 있다. 따라서 먼저 데이터를 올바르게 수치화 할 수 있는 기술과 정보를 올바르게 선택하고 분석하는 능력이 먼저이다. 그리고 필요한 자료를 제대로 선별했다면 그 자료(Fact)를 해석하여 의미 있는 정보(Information)로 만들어야 한다. 즉 정보화란 단순한 자료의 나열이나 수치화가 아닌, 당면한 상황의 문제를 해결하기 위한 과정에 필요한 정보를 갖추는 것이다.

아울러 통찰(Insight)은 정보를 가지고 당면한 상황의 긍정적인 방향으로 의미 있는 문제 해결 방안을 도출하는 과정이다. 이때 통찰은 정보가 어떤 의미를 지니는지 해석하고 의미를 추출해 필요한 의사결정과 바람직한 행동을 일으키는 것이다. 특히 통찰에서는 광범위한 가능성 중에서 작고 세밀한 부분을 예리하게 찾아 내야 한다.

예를 들어, 데이터를 통해 구매에 특정한 행태를 보이는 특징을 발견했다고 생각해보자. 이 구매 행태로 어떤 의미를 추출하여 의사결정을 위한 정보를 제공할 수 있을까? 구매가 특별히 달라지는 특정 지역, 연령, 시즌이 존재함을 확인할 수도 있고, 구매 행태가 달라진 원인에 대해 관찰과 소비자 인터뷰와 같은 심리 분석을 해볼 수도 있다. 다음으로, 구매 변동 시점을 예측하여 그때 맞춰서 프로모션을 하거나 다음 제품 론칭을 준비할 수도 있을 것이다.

앞서 펩시의 사례에서, 궁극적인 문제는 판매 추이이다. 전반적 구매가 증가하지 않거나 하락하고 있거나, 혹은 특정 계층으로부터 브랜드 이탈이 있다든가, 비호감도가 상승하였다든가, 여러 원인을 분석했을 것이다. 이것을 해결하기 위해 각계각층의 소비자와 관련해 필요한 데이터와 정보를 모으고 분석한다.

펩시 브랜드의 새로운 타깃은 MZ이며, 브랜드의 젊고 긍정적 이미지 제고가 해결 방안이라고 도출하고, 사회적 이슈와 공익, 트렌드에 민감한 MZ를 타깃으로 그들이 관심을 갖는 요소들(젊은이, 사회 이슈, 슈퍼모델, 캔달 제너, 공익, 인종, 빅 이슈 등)을 조합하여 브랜드 이미지 광고를 하는 것으로 의사결정을 내린다. 펩시의 문제는 이 인사이트 결과를 실행하는 과정에서 정보가 소비자에게 어떤 의미를 갖는지(So what?)에 대해 해석하는 과정과 메시지를 엣지 있게 실행하는 과정에서 치명적 오류가 생겼다.

통찰을 통해 문제를 해결하는 새로운 안을 도출하는 것은 데이터와 인포메이션이 새로운 창조로 치환되는 과정이다. 창의력의 바탕은 관찰과 경험, 공감과 상상이다. 변화하는 주변 환경이나 상황을 관찰하고, 경험하고, 공감함으로써 주변에 일어나는 사건과 현상의 인과 관계에 대한 깊이 있는 이해와 미래 행위를 상상할 수 있다. 펩시의 담당자가 비극적인 현실의 사건을 면밀하게 분석하고 공감하였다면 기획한 해결 방안의 결과를 충분히 예측할 수 있었다고 생각한다. 적어도 마케팅 인사이트에서 금기 사항은 타인의 부정적 고통을 이용해 나를 홍보하지 않는다는 것이다.

### 촉과 엣지가 있는 마케터

촉과 엣지가 있는 마케터란 창의적(creative)이고 독특한 방식(unique)으로 전략적 마케팅을 수행하는 전문가를 의미한다. 촉과 엣지가 있는 마케터의 가장 큰 덕목은 창의성이다. 이러한 마케터는 상상력과 창의력을 활용하여 독특하고 효과적인 마케팅 전략을 개발한다. '촉(鏃)'과 '엣지(Edge)'라는 말에서 알 수 있듯이 그들의 성향은 '둥굴둥글'이 아니다.

그들은 일반적이고 평범한 접근법보다 남과 다른 방식을 사용하여 경쟁사와 차별화되는 마케팅 콘셉트를 만들어내야 한다. 그래서 대담하고 독창적인 콘텐츠를 좋아하는 성향이 있는데, 흥미로운 이야기, 독특한 시각효과, 도전적인 캠페인 등을 선호하고 새로운 도구들을 사용하여 소비자의 관심과 호기심을 이끌어 내는 것을 즐긴다. 분석과 데이터를 기반으로 한 타깃팅과 커뮤니케이션 채널 최적화를 통해 예산을 활용하고, 마케팅 ROI(Return on Investment)를 달성하는 데 집중한다.

촉과 엣지가 있는 마케터는 목표 소비자를 좁히는 타깃팅과 개인화를 강조한다. 기존의 틀을 깨는 것을 즐기고 새로운 아이디어와 접근법을 통해 마케팅을 혁신하며, 소비자들에게 강한 인상을 남기고 브랜드의 경쟁력을 향상시킨다.

공감력은 필수이다. 소비자들과 공유된 공감을 통해서 미래 행동의 방향을 예감한다. 소비사의 경험을 공감하는 데서 인사이트를 발견하여 경험을 개선하기 위해 노력한다. 매끄러운 구매 경로, 개인화된 서비스, 편리한 고객 응대 등을 통해 소비자들에게 더 나은 구매 여정을 제공하며, 이를 통해 고객 충성도와 매출을 향상시킨다는 것을 잘 알고 있다.

객관화된 자료를 개인화하여 고객 한 명 한 명의 경험에 녹아들 수 있도록 감성적 메시지를 활용할 줄도 알며, 자발적 선호를 유도하기 위해 소셜 미디어를 통한 대화, 이벤트 및 커뮤니티 참여, 고객 응대에서의 창의적인 접근 등을 사용하여 소비자들과 긍정적인 상호작용도 한다.

브랜드를 차별화시키는 독특한 포지셔닝을 구축하기 위해 경쟁사와의 소소한 차이점마저도 소비자의 인식에 부각시켜 소비자들에게 더 큰 가치를 제공하며, 차별화된 브랜드의 유니크한 가치 제안을 강조한다.

결국 촉과 엣지가 있는 마케터들은 기업의 매출과 사업의 지속성에 기여한다. 이러한 마케터는 경쟁에서 돋보이고 성과를 얻기 위해 다양한 전략과 신기술을 거리낌 없이 기꺼이 더 빠르게 받아들이는 속성이 있다. 그리고 이런 매출에 지대한 공헌을 하는 촉과 엣지 있는 마케터를 이해하고 적절하게 활용할 수 있는 기업의 조직의 문화와 시스템은 기업 성과를 10배, 100배 확장시킨다.

# 검색의 시대

디지털 혁명은 마케팅의 판도를 근본적으로 변화시켰다. 기업과 소비자 간의 소통은 직접적이고, 실시간이며, 더 개인화되었다. 소셜 마케팅은 이러한 변화의 최전선에 있으며 기업과 소비자 간의 직접적인 소통 창구로 자리잡았다. 소셜 마케팅의 핵심은 콘텐츠 마케팅이다. 콘텐츠 마케팅의 궁극적 목표는 고객과 브랜드와의 정서적 연대감을 구축해서 호감도를 높이고, 이를 통해 구매 유도와 고객 충성도를 높이는 것이 본질이다.

기업은 웹사이트, 블로그, 유튜브 등 다양한 성격의 SNS 플랫폼을 활용하여 소비자에게 적합한 콘텐츠를 전달하려고 노력한다. 이 과정에서 고객과의 원활한 소통이 매우 중요한데, 이제 소비자는 기업이 제공하는 일방적 노출에만 더 이상 의존하지 않고 자신이 필요한 브랜드, 제품, 서비스, 정보는 스스로 즉시 검색(Serach)을 통해 적극적으로 찾아 나서며, 검색으로부터 얻은 여정의 흔적(후기)를 남긴다.

따라서 기업은 고객이 무엇을 알고 싶은지, 갖고 싶은지를 파악해서 그 내용으로 타깃에게 적합한 SNS에 올려야 고객이 찾아오고, 마음이 풀리고, 관심이 생기고, 지갑도 열린다. 그리고 그 모든 활동의 메인은 모바일이다. 소셜 네트워크 서비스라고 하는 SNS는 알아도 SEO가 무엇인지 모르는 분도 많다. 그냥 무작정 SNS를 한다고 고객하고 소통이 막 되고 나의 팬이 많아지는 게 아니다. SNS와 SEO의 정체와 활용 기술 그리고 어떤 도구에 최적화해야 하는지 알고 있어야 한다.

**모바일** (Mobile)

쇼핑을 위한 상품 검색이나 정보 탐색의 모바일 검색량은 이미 PC 검색량을 넘어선 지 오래이다. 모바일 검색의 중요성은 편리성과 접근성 때문이다. 모바일 기기는 언제 어디서나 인터넷에 쉽게 접속할 수 있게 해주므로, 사용자는 편리하게 정보를 검색하고 온라인 쇼핑을 할 수 있다.

모바일 사용 환경에서 기업의 웹사이트와 온라인 콘텐츠를 최적화하는 것이 중요하다. 특히 빠른 속도와 쉽고 명확한 인터페이스는 고객의 이탈을 막는 중요한 요소이다. 모바일 사용자를 위한 콘텐츠는 가독성이 높고, 직관적이며, 상호작용하기 쉬워야 한다. 빠른 로딩, 짧은 문장, 큰 폰트, 찾기 쉬운 버튼 위치 등을 고려하여 소비자가 원하는 정보를 빠르게 제공해야 한다.

각 쇼핑몰과 웹사이트는 모바일에서 보여지는 기업의 제품과 정보의 이미지와 정보를 기준으로 노출 점수를 주고 있다. 일정한 글자 수와 크기, 폭, 이미지 등이 얼마나 빠르고 깔끔하게 사용자에게 보여질 수 있는지에 따라 노출 점수에 차이를 주는 것이다. 웹상으로 문제가 없더라도 모바일 기준으로는 시각적으로 잘 보이지 않는 콘텐츠들이 있다. 모바일 최적화는 모바일 자체의 성능 강화와 더불어 더욱 중요해졌다. 집에 PC는 없어도 다들 핸드폰은 가지고 있다. 기업의 온라인 마케팅 목표는 모바일 검색상 1페이지에 올라오는 것이다.

**SNS**(Social Network Service)

SNS는 브랜드와 소비자 간의 소통이 이루어지는 공간이다. 브랜드는 자신의 가시성을 증가시키고 소비자들과 긍정적인 관계를 구축한다. 소비자들은 SNS상에서 브랜드와 직접 연결되면서, 개인적 관심과 호감도 상승이 일어난다. 이렇게 생성된 브랜드의 고객층은 신제품 출시나 마케팅 캠페인의 성과를 향상시키거나 측정하는 데 든든한 아군이 된다.

기업의 목적에 맞는 올바른 SNS 플랫폼 선택은 브랜드 전략의 성공을 좌우한다. 각 SNS 플랫폼은 특정한 고객과 행동 양식을 가지고 있다. 우리나라의 경우 페이스북(Facebook)은 장년층, 인스타그램(Instagram)은 20~40대, 그리고 틱톡(TikTok)은 10~20대가 주요 핵심 매체라는 인식이 있다.

따라서 브랜드 콘텐츠는 해당 플랫폼의 표현 특성과 관객의 성향에 맞게 적응되어야 한다. SNS는 시각적이며 공유 가능한 콘텐츠를 선호하므로, 브랜드는 이미지, 동영상, 스토리텔링과 같은 요소를 제작할 때 반드시 이 점을 염두에 두어야 한다.

웹사이트나 블로그는 상세한 설명이나 깊이 있는 콘텐츠를 제공하는 데 적합하며, SEO를 향상시키는 데 도움이 된다. 유용한 정보, 튜토리얼, 설명, 백서, 리서치 등을 게시하여 방문자의 관심을 끌 수 있다. 동영상 콘텐츠가 주가 되는 유튜브는 시각적인 콘텐츠와 튜토리얼, 제품 데모, 비하인드 같은 롱테일 콘텐츠에 적합한 플랫폼이다. 물론 쇼츠 기능을 활용하여 페이스북, 인스타그램이나 틱톡의 짧은 동영상 홍보도 가능하다. 다양한 플랫폼에 어떠한 모습으로 들어가 고객을 만날 것인지를 미리 설계하고 각 플랫폼의 성격에 맞는 콘텐츠를 제작해야 한다. (〈우리나라 소셜 네트워크 활용 현황〉, 《KISDI STAT Report》 2022. 06. 15 / Vol. 22-11)

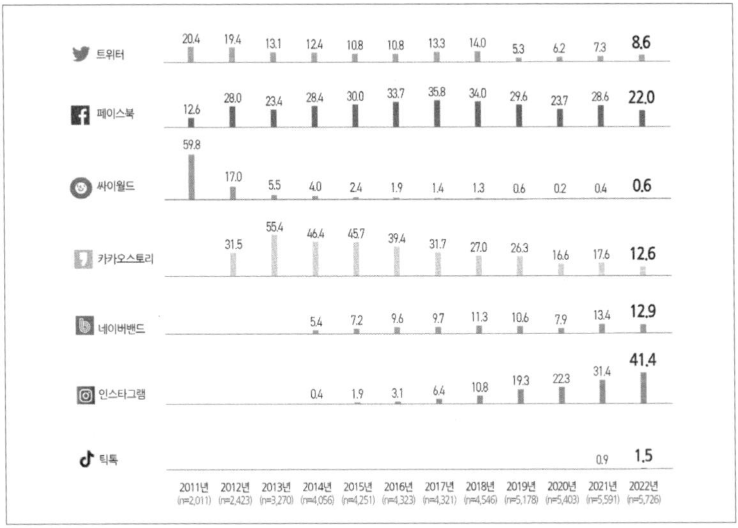


SNS 이용률 추이(1순위 응답 기준)(단위: %)

각 소셜 네트워크는 연령별, 취향별 특성이 있다. 물론 이 트렌드는 계속 변하고 있으니 꾸준히 주시해야 한다. 현재 우리나라의 페이스북은 40대 이상의 고객을 대상으로 할 때 사용할 수 있다. 이 소셜네트워크는 새로 유입되는 50대 이상의 계층이 증가하고 있다. 20~40대가 주 타깃인 경우 인스타그램을 주 매체로 활용하는 것이 좋다. 10~30대라면 틱톡이 주 매개체이다. 반면 유튜브는 매체의 특성보다는 콘텐츠의 내용과 형식에 따라 타깃이 달라진다.

어느 플랫폼을 이용하든 댓글 관리는 꾸준히 해야 한다. 악성 댓글들은 마케팅 효율을 낮추는 중요한 요인이다.

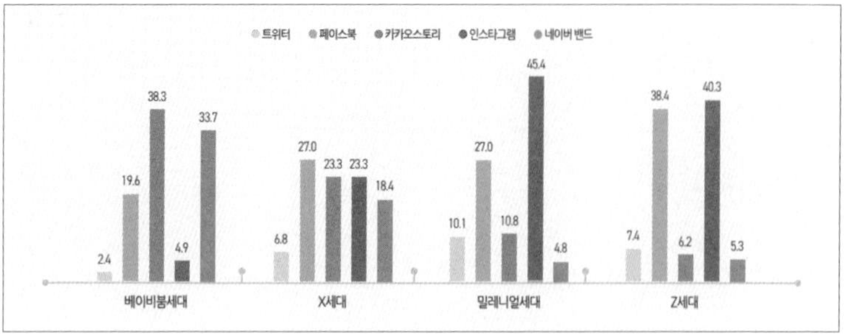


세대별 SNS 이용 플랫폼(단위 %)

### SEO(Search Engine Optimization)

SEO는 '검색 엔진 최적화(Search Engine Optimization)'의 약어로, 브랜드와 제품이 콘텐츠와 웹사이트를 광고가 아닌 자연 검색어 결과를 통해 기업의 페이지를 경쟁사 대비 더 높은 순위로 나타나게 하는 디지털 마케팅 전략 기술이다. SEO 키워드 최적화는 소비자를 유도하는 데 핵심적인 역할이다.

SEO의 목표는 사용자들이 검색어나 질문에 대해 더 관련성 높은 웹사이트나 콘텐츠를 쉽게 찾을 수 있도록 하는 것이다. SEO는 키워드 연구, 콘텐츠 최적화, 메타 데이터 최적화, 백링크 구축, 웹사이트 속도 최적화, 사용자 경험 향상 등 다양한 전략과 기술을 포함한다. 검색 엔진 알고리즘의 변화와 사용자 검색 행태의 변화에 대응하기 위해 지속적인 모니터링과 조정이 필요하며, 품질 높은 콘텐츠를 제공하는 것이 핵심이다.

SEO를 통해 웹사이트나 콘텐츠가 검색 결과 상위에 나타나면, 소비자들이 해당 웹사이트와 브랜드를 빠르게 발견할 수 있다. 즉 노출을 향상시키고 타깃 대상 그룹 접근을 더 쉽게 달성할 수 있다. SEO 키워드 최적화하기 위해서는 소비자들의 니즈(Needs)에 대한 신속하고 관련성 있는 답변을 제공해야 한다. 그래야 유기적으로 의미 있는 트래픽을 늘릴 수 있으며, 이는 비용을 절감하면서도 제공하는 제품과 서비스에 직접적으로 관심 있는 소비자들을 끌어오게 한다.

키워드 연구는 소비자들이 검색하는 관련 용어들을 식별하여 진행하는데, 주로 키워드 분석 도구를 활용하여 경쟁력 있는 핵심 키워드를 찾고, 이 키워드를 브랜드나 제품 서비스를 설명하는 콘텐츠에 통합, 융화시킨다. 콘텐츠 제목, 본문, 메타 데이터, 이미지 표현 등에 최적화하여 검색 엔진이 브랜드 콘텐츠와 내용의 충실함과 적합함을 잘 인식할 수 있도록 해야 한다.

의외로 자신의 브랜드와 제품이 검색 기능에서 최적화가 안 되어 있는지 모르는 경우가 많다. 비용이 따로 들지도 않고 시간이 많이 걸리지도 않는다. 오늘 잠깐 내 회사와 브랜드와 제품의 상태를 체크해 보자. 따로 광고 비용을 들이지 않아도 검색에 잘 올릴 수 있다. 우리가 많이 사용하는 녹색 창, 네이버의 경우 기술자가 아니더라도 나의 브랜드와 제품이 잘 최적화되어 있는지 확인할 수 있다.

웹사이트 최적화를 위해서는 '네이버 서치 어드바이저'로 들어가 보라. 웹마스터 가이드라는 메뉴가 있다. 왼쪽 메뉴를 보면 알고 싶어하는 모든 정보가 일목요연하게 잘 정리되어 있다. 작은 브랜드나 작은 사업을 영위하고 계신다면 직접 이 네이버 서치 어드바이저에 들어가서 자사 웹사이트를 최적화시킬 수 있다.

이 사이트는 네이버가 공식적으로 오픈한 가이드로, 놀랍게도 많은 웹사이트들이 이 가이드 라인을 지키지 않는 경우가 많다. 나의 브랜드 사이트가 네이버 검색 시 노출이 되지 않는다면 우선 네이버 서치어드바이저의 가이드 라인을 순서대로 충실히 따라보자. 경쟁도에 따라 다르겠지만, 적어도 다섯 손가락 안에 들어올 수 있다.

회사 블로그인 경우 자사 블로그를 상위에 노출하기 위해서 많은 시간과 자본이 필요하다. 작은 예산을 가지고 있다면 외부의 파워블로거나 체험, 기자단을 활용하는 게 좋다. 아니면 크몽의 블로그나 인스타그램 등의 기자단이나 체험단을 적극 활용하는 것도 도움이 된다. 건당 작게는 1만 원에서 5만 원 정도의 비용을 지불하고 집행하면 원하는 키워드로 원하는 시기에 상위 노출될 수 있는 확률이 높다. 기자단과 체험단을 활용하는 것은 비용 대비 효율이 좋은 중요한 마케팅 활동이다.

키워드 검색 광고인 경우 해당 대형 키워드는 경쟁이 심하고 비용이 높다. 따라서 연관 검색어로 검색했을 때에 최적화하는 방법이 효율적이다. 경쟁이 심한 키워드에 입찰가를 높이면서 참여하기보다는 경쟁이 약한 키워드에 입찰하여 활용하는 것도 전략이다. 관련 용어 검색의 좋은 점은 검색량이 적더라도 핵심 고객 도달률을 높일 수 있다는 점이다.

10개 정도 검색량이 발생하는 키워드를 10,000개 올린다면 한 달에 10만 개 검색 노출량이 생긴다. 이것이 10만 개 검색량의 핵심 키워드 비용보다 저렴하다. 파워링크는 단가가 낮은 키워드로 1만에서 2만 개 정도에서 사용해보자. 광고로 뜨는 파워링크보다 블로그 영역이나 웹사이트로 뜨는 게 고객에게는 더 신뢰감을 준다.

모바일에서의 SNS와 SEO는 디지털 마케팅에서 핵심적인 역할을 하며, 브랜드의 성공에 중요한 영향을 미친다. 올바른 SNS 플랫폼 선택과 지속적인 SEO 프로세스 전략, 모바일 최적화를 구체적으로 수립하면, 온라인 가시성을 향상시키고 더 넓은 고객을 모으며, 긍정적인 인상을 심어줄 수 있다.

# 오빠,
# 갤레기 써요?

"오빠, 갤레기 써요?"라는, 삼성 핸드폰을 아재폰으로 비하하는 요즘 MZA세대의 말을 기분 나빠 하지 말자. 새로운 세대의 문화로 탓할 게 아니라, '디자인'이라는 애플의 강력한 이야기에 주목해야 한다. 애플의 제품에는 스티브 잡스가 살아 생전 늘상 주장하듯 자신과 직원들의 기술, 경험, 철학까지 담겨있다고 한다. 그야말로 영혼의 전화기, 애플 아이폰이다.

그럼 우리 삼성 갤럭시에는 기술, 경험, 철학, 그런 게 없을까? 삼성 갤럭시를 만드는 사람들은 기술도 부족하고, 경험도 없으며, 철학은 모르고, 노력도 하지 않고, 놀면서 즐겁게 월급 루팡을 하고 있을까?

구매를 결정 짓는 브랜드의 가치는 그 브랜드가 가진 스토리에 영향을 받는다. 하나의 브랜드가 사랑받는 브랜드로 성장하는 브랜딩 과정에서 스토리텔링은 브랜드의 성격과 그것을 좋아하는 팬을 만든다. 브랜드가 가진 가치, 미션, 역사를 소비자에게 전달하는 핵심 수단인 스토리텔링은 감정을 자극하고 소비자와 감정적으로 연결될 수 있는 기회를 제공한다. 공감되는 감성적인 이야기는 소비자들의 마음에 남아 브랜드에 대한 긍정적인 인상과 신뢰성을 심어준다.

효과적인 스토리텔링은 소비자의 참여를 촉진하고 브랜드와 감성적 연대감을 형성할 수 있게 한다. 브랜드의 이야기를 전달하는 스토리텔링은 단순히 브랜드의 유래, 로고, 컬러, 신념에 관한 정보 전달이 아니다. 그리고 브랜드가 가진 스토리의 정체성과 시장에서의 구현성이 경쟁사에 비해 약하면 여러 가지에서 불이익이 온다.

## 콘텐츠 마케팅의 중요성

콘텐츠 마케팅은 사실 오래된 전통과 역사를 가지고 있지만, 최근 디지털 기술의 발전과 인터넷의 보급으로 더 크게 확대되었다. 콘텐츠 마케팅이나 전통 마케팅 방식이나 핵심은 기업과 브랜드의 가치와 메시지를 소비자에게 전달하고 강한 신뢰를 구축하는 데 있다. 콘텐츠 마케팅은 전통적인 마케팅과 달리 기업에서 일방으로 내보는 제품이나 서비스 홍보가 아니라 소비자에게 이익이 될 수 있는 가치 있는 정보, 이야기, 이미지를 공유함으로써 소비자와 상호작용하는 것을 목표로 한다.

전통 마케팅은 기업이 판매하고자 하는 제품과 서비스에 연관된 직접적인 메시지의 노출, 전달 주입을 강조한다. 대부분 텔레비전, 라디오, 인쇄 광고와 같은 고전적인 대규모 대량 전달 방식의 매체를 사용하며, 한번 노출이 되면 변경이 어렵고 제작에 드는 시간과 비용이 많이 소요된다.

소비자와의 상호 작용이 제한적이고, 1회당 광고에 투자되는 비용이 높으며, 수정이 불가능하고, 비용 대비 매출 효율성이 상대적으로 낮을 수 있다. 반면 대량 매체의 특징상 한 번에 많은 소비자들에게 도달할 수 있으며 기업의 제품 서비스 인지도를 단박에 올릴 수 있기도 하다.

콘텐츠 마케팅의 핵심은 브랜드와 소비자와의 지속적 상호작용이다. 유용하고 가치 있는 콘텐츠를 통해 소비자의 관심을 끌고 브랜드 메시지를 간접적으로, 지속적으로 전달한다. 목표는 즉각적 판매 증가보다는 지속적인 브랜드 인지도 증가, 고객 유치, 브랜드 로열티 증진, 브랜드 신뢰 강화, 연대감과 관련된다.

콘텐츠 마케팅은 유연하며 신속하게 반응하고 조절할 수 있다. 주 무대인 디지털 플랫폼은 광고 캠페인을 쉽게 수정하고 최적화할 수 있어서 브랜드가 실시간 트렌드와 소비자의 피드백에 더 빠르게 대응할 수 있다. 광고 예산도 전통 마케팅 방식에 비하여 1회당 캠페인의 비용을 효과적으로 사용할 수 있어 특히 작은 기업들에게 접근하기 쉽고 비용 효율적인 방법을 제공한다.

콘텐츠 마케팅과 전통 마케팅 모두 기업의 목표에 따라 기업의 메시지를 전달 하는 수단이지만, 경쟁사 대비 차별적 우위를 가져오는 브랜드 선호도와 고객과의 상호 작용과 연대감 형성 같은 마케팅 스킬은 콘텐츠 마케팅이 유리하다.

기업이 전달하고자 하는 콘텐츠의 내용에 소비자가 기대하는 가치를 충족시키게 되면 브랜드에는 로열티가 강한 팬층이 생긴다. 좋은 내용의 콘텐츠를 제작, 제공하는 것이 이 마케팅의 핵심이다. 여기에는 강력한 스토리텔링과 시각화의 방법이 있다. 이를 통해 브랜드의 가치와 이야기를 소비자에게 전달하며, 브랜드를 나타내는 시각적 이미지와 스토리텔링은 상호 보완적이어야 하며, 남과 구별되는 차별성이 있어야 한다.

여기에는 두가지 중요한 요소가 있는데, 첫 번째는 진실성이다. 스토리는 브랜드의 가치와 미션에 부합해야 하며 진실해야 한다. 가짜나 조작된 이슈는 결코 사용해서는 안 된다. 그리고 이때 스토리는 브랜드 메시지를 전달함에 있어 부정적 어그로나 타인의 아픈 상처, 소문을 활용해서는 안된다. 그것이 아무리 진실이라고 할지라도 말이다.

두 번째는 일관성이다. 다양한 콘텐츠와 채널을 사용하지만 언제 어디서나 톤과 매너가 일관된 이야기를 유지하는 것이 중요하다. 명확하고 일관된 이야기라는 것은 콘텐츠의 내용만이 아니라 콘텐츠를 전달하는 방식과 결에 있어서도 브랜드를 느낄 수 있는 방식을 의미한다. 이미지나 어투, 전달 방법, 색상, 이미지, 문자 폰트의 사용 등 사소한 것에 이르기까지 브랜드는 누가 지금 소비자에게 이야기 하고 있는지 알 수 있도록 해야 하고, 이로 하여금 브랜드를 믿을 수 있게 해야 한다.

이런 스토리를 만들기 위해서는 브랜드 타깃 고객의 성향을 중심으로 구성되어야 한다. 왜 기업의 목표 고객을 그들로 생각하고 있는지를 따져 보고, 동시에 목표 고객들의 일상적 관심과 욕구를 고려하며 그들에게 가치 있는 콘텐츠를 제공해야 한다. 잘못된 스토리 전달은 고객에게 혼란을 주고 브랜드와 기업의 흥망성쇠를 결정한다. 아름답고 흥미로운 이야기를 전달할 것인지, 팩트에 근거한 명확하고 단호한 메시지를 전달할 것인지는 사업의 성격과 목표 고객의 관심에 달려 있다.

### 누가 주인공인가?

스토리텔링에서 가장 중요한 것은 스토리의 주인공이다. 브랜드 스토리텔링의 주인공은 브랜드가 아니라 스토리를 듣는 고객이다. 브랜드의 이야기를 듣고 있는 고객이 완전히 공감이 되어 그 스토리의 주인공이 될 때 진정한 브랜드 스토리가 완성된다.

엄마가 들려주는 동화책 이야기에서는 듣는 아이가 주인공이다. 용감한 기사가 돼서 무서운 용을 무찌르고 궁전 속 공주님이 되어 마법 양탄자를 타고 여행할 수 있어야 한다는 이야기이다. 스토리의 주인은 엄마도 동화책도 아닌, 이야기를 듣는 아이이다. 주인공이 이야기에 몰입해서 교감할 수 있는 흥미로운 이야기를 해야 한다.

청자인 고객을 자세히 이해하기 위해서는 고객 세분화 및 프로파일링도 필요하다. 그들의 연령, 관심사, 욕구, 고민, 선호도 등을 파악하고 목표 고객의 관심사와 욕구에 부합하는 이야기를 식별한다. 스토리는 목표 고객의 감정을 자극하고 목표 고객과의 가치 공감을 형성해야 한다. 또 목표 고객이 활동하는 다양한 채널에 나타나 스토리를 전달한다. 웹사이트, 소셜 미디어, 블로그, 비디오, 팟캐스트 등으로부터 목표 고객들의 피드백을 수용하고, 이를 향후 스토리텔링 전략에 반영해야 한다.

브랜드 스토리텔링은 고객의 우뇌를 자극해야 한다. 브랜드를 전달하는 과정 중 시각화 작업은 브랜드의 정체성(Identity)을 명확하게 하는 역할을 한다. 콘텐츠 마케팅에서 시각적 이미지와 표현은 더 중요해지고 있다. 시각화는 로고 색상, 디자인, 글자체, 색상, 터치감, 공간, 스타일등으로 나타난다.

브랜드의 시각화를 잘 활용하면 소비자에게 브랜드 인상을 강화하고 기억에 남게 할 수 있다. 탄산음료 코카콜라의 겨울 이미지는 폭신한 북극곰 가족과 빨간 산타클로스이다. 어디에도 톡 쏘는 제품 특유의 성질이나 로고의 강조는 표현되지 않는다. 소비자가 기억하게 되는 겨울의 코카콜라는 포근한 따스함이다. 시각적 이미지는 소비자들을 감정적으로 자극하고 브랜드와의 관계를 효과적으로, 감정적으로 이입하게 한다.

브랜드의 시각화는 소비자들이 경쟁사들과 나의 브랜드를 구분해내고 완벽하게 이해할 수 있도록 하는 차별성을 가지고 온다. 브랜드만의 독특한 시각적 표현은 해당 브랜드를 유니크하게 하고, 브랜드가 표현하려고 하는 스토리텔링을 긍정적으로 소비자에게 전달한다.

시각적 자극에 민감한 인간에게 브랜드가 자신만의 고유한 이야기를 풀어가고, 동시에 눈으로 표현되는 매력을 갖추면, 더 많은 소비자들이 그 브랜드를 인지하고 신뢰하게 된다. 이는 브랜드가 경쟁에서 더 강력한 위치를 차지하고 지속적인 성장을 이룰 수 있도록 도와준다. 아이폰이 좋은 이유는 예쁘고 폼나서란다. 전화가 엄청 빠르게 걸려서도 아니고 통화 품질이 울트라로 좋아서도 아니다. 이처럼 시각적 이미지도 브랜드 스토리의 중요한 요소이다.

특히 MZ세대는 이미지를 소비하는 세대이다. 예쁘고 좋은 건 반드시 인증샷으로 공유하는 특성이 있다. 카페, 레스토랑들이 좋은 품질의 커피나 음식을 고객에게 제공하는 건 업의 기본이다. 줄서는 핫 플레이스가 되기 위해서는 사진 촬영을 위한 공간감과 색채감도 필요하다. MZ세대 고객의 마음을 사로잡으려면 식탁과 간판, 문구, 식기 등 보이는 것들이 더 감동적이어야 한다.

# 기업의 목표는 고객 만족이 아니다

고객 만족은 기업이 공급하는 제품과 서비스로 구매자의 기대를 얼마나 충분히 충족시키는지 측정하는 개념이다. 이 개념은 마케팅 성과 평가의 핵심지수로 사용되고 있어서 마케터의 입장에서는 성과를 측정하는 중요한 핵심사항이다. 주로 고객 만족도가 높을 수록 해당 브랜드에 대한 고객의 충성도와 신뢰도도 높고 당연히 구매 전환율도 좋기 때문에 이런 충성 고객을 확보하려는 브랜드로서는 매우 중요한 항목이다.

또한 브랜드나 제품 서비스를 구매한 단골 고객을 잃지 않고 잘 유지할 수 있게 하기 위해서 고객 만족 지표는 마케팅의 사명처럼 여겨진다. 그래서 많은 기업들이 이 소비자 고객 만족도를 기업의 궁극적 목표와 존재 이유로 이야기하기도 한다.

## 기업의 목표는 고객 확보

기업의 목표는 고객확보여야 한다. 모든 마케팅의 기본 전략은 고객을 어떻게 만족시키냐가 아니라 어떻게 더 좋은, 더 많은 고객을 확보하느냐에서 출발한다. 세계 최초로 시행하고 대한민국에서 미국으로 역수출한 스타벅스의 사이렌 오더 시스템은 정말 고객을 만족시키기 위해서 실행한 전략이었을까? 아니다. 사이렌 오더는 더 많은 고객을 동일 시간에 더 효율적으로 확보하고 다른 브랜드로의 이탈을 막기 위해 만든 가두리장 전략이다.

기업에서 고객 만족은 잘못된 목표이다. 기업의 목표는 고객 증가와 이윤의 추구이며 고객 만족은 고객 증가를 위해 필요한 전술이다. 오해하지 마라. 고객 만족이 중요하지 않다는 것이 아니다. 누구나 고객이 만족하고 행복해야 다시 우리 브랜드와 서비스를 찾으며, 좋은 평판을 부여하고 주위에 알려 준다는 것은 알고 있다. 그러나 고객을 만족시켜 행복하게 만들기 전에 기업은 어떻게 고객의 관심을 끌고, 수익을 창출하여, 회사를 안정시킬까에 초점을 맞추어야 한다.

수십 년간 마케팅 일을 해오면서 나에게 고객 만족은 순수한 목표가 아니었다. 이미 여러가지 수많은 기술 서비스로 지나치게 많은 것을 제공해 왔고, 고객이 지불하는 금액 이상의 서비스를 제공해 왔음을 알고 있다. 단지 정말 고객이 원하는 것 몇 가지는 줄 수가 없었다. 정말 회사가 고객 만족을 생각한다면 실행해야 했을 제도들이지만, 그랬을 경우 사기업이 아닌 자선단체로 분류될 것이다.

기업은 오히려 고객을 더 끌어들일 수 있는 현명한 고객 증가 전략을 사용한다면 고객의 만족을 높일 수 있다. 그렇다. 고객은 자신들이 만족할 만한 전략에 적극적으로 반응한다. 고객을 늘리는 매출 전략은 고객 만족도를 높인다. 더 많은 고객을 확보하는 데 주력하라. 고객이 당신이 제공하는 유인 전략에 열광하도록 해라. 도대체 고객 확보 없이 어떻게 고객 만족을 실행할 수 있는가?

## 다 같은 고객이 아니다

우선 모든 고객이 다 소중하지는 않다. 당황스럽겠지만, 제공하는 브랜드와 제품 서비스의 가치와 콘셉트, 시장성에 따라 당장 버려야 하는 고객층도 있다. 나의 브랜드와 제품이 지향하는 이상적인 시장과 맞지 않는다고 생각되면 과감해져야 한다. 그래야 브랜드와 제품이 제공하는 이익이 온전히 소비자에게 도달할 수 있고, 소비자는 자신에게 적합하고 자신을 위한 브랜드와 제품, 서비스라고 인정하게 되며, 이에 따라 구매의 정당성을 스스로 부여할 수 있게 되어 자아의 만족을 얻을 수 있다.

마케팅에서 제일 힘든 요구사항은 누구에게나 사랑받는 전 국민의 베스트 제품이 되겠다는 야망이다. 이것은 욕심과 망상이다. 고객은 다양하며 취향도 다르고 요구 사항도 다르다. 고객 확보란 무차별로 대량의, 많은 수의 소비자를 확보하겠다는 것이 아니라, 기업과 브랜드가 제공하는 상품의 가치에 잘 맞는 우량 고객들을 선별하여 최대로 모으는 것이다. 나와 나의 제품을 좋아하고 이익을 다 가져갈 수 있는 고객이야 말로 '찐'이다. 기업의 입장에서도 고객 순위가 있다.

### 첫 번째, 소중한 단골 손님

VVIP 레벨이다. 상위 20%가 하위 80%를 커버한다고 하는 그 핵심 20%이다. 귀하고 귀하게 모시고 늘 주시하며 의견을 적극 반영해라. 브랜드의 열렬한 추종자이며 제품의 전문가이자 서비스 개선

개발자이다. 그들의 성향과 취향은 기업이 제공하는 브랜드와 제품 서비스의 속성을 그대로 반영한다. 신세계와 현대, 롯데 백화점의 단골 고객들의 취향과 개성은 많이 다르다. 작은 동요에 쉽사리 이탈 하지 않는 경향이 있으며 안정적인 소비를 지속한다.

**두 번째, 습관 고객**

좋은 경험 누적으로 별 탈 없이, 습관적으로, 자연스럽게 기업의 브랜드와 제품을 가장 먼저 생각해주는 고객이다. 이 고객이 결코 다른 브랜드로 이탈하지 않도록, 밖으로 나가지 못하게 성벽을 쌓아야 한다. 많은 구매 혜택과 이익, 그리고 성밖 사람들이 부러워할 차별화된 특별 혜택으로 이들의 이탈을 방지해야 한다. 습관 고객층의 구매 후 경험 평은 아주 중요한데, 다른 고객에 비하여 격렬한 항의나 문제 이슈는 적은 반면, 만일 문제가 제기가 되었다면 그것은 그냥 단순히 지나칠 1회성이 아닌 경우가 많다. 만일 이 고객층이 다른 상품과 서비스에 매력을 느끼거나 나의 브랜드 제품 가치에 실망하여 다른 곳으로 이동하게 되면 앞으로 다시는 못 볼 확률이 크다.

**세 번째, 단순 불만 고객**

이들은 우리에게 앞날이 창창한 기회의 블루 시장이다. 충성도 높은 새로운 고객을 창출할 수도 있다. 이들 고객의 불만 사항은 브랜드와 제품 서비스 등에 혁신적 변화를 줄 수 있는 개선의 장이다. 단순 불평불만 고객은 신상품 개발과 기존 제품의 서비스를 개선할 수 있는 좋은 기회이다. 이 소비자들과의 소통을 기회로 삼아야 한다.

적극적으로 단순 불만 소비자를 기업의 활동에 끌어들여라. 이들이 제기하는 불만은 가능한 한 모두 들어주어라. 감동적인 환불과 반품 절차는 고객들을 다시 끌어들이는 유인제가 된다. 그들은 근본적으로 우리가 제공하는 제품과 서비스에 대해 실망하거나 신뢰를 잃은 게 아니다.

이런 고객에게 브랜드와 제품의 가치 그대로 만족스러운 불만 해결 프로세스를 제공하면 오히려 브랜드와 제품에 대한 신뢰를 갖게 된다. 가능하면 제품 개선이나 개발 프로세스에 초대하고 결과도 알려주어라. 그러면 이 고객층은 브랜드와 제품에 기여한 만큼 브랜드와 제품에 감성적으로 연결된다. 이 단순 불평, 불만 고객은 자신이 제기한 문제를 브랜드가 해결해 나가는 모습을 보면서 당신의 편이 되어 줄 것이다. 그들에게 필요한 것은 해결과 정서적 위로와 실질적 이익 보상이다.

**네 번째, 한 번도 구매 경험이 없는 고객**

여기가 제일 힘들다. 많은 대중 광고 홍보는 이 구매 경험 없는 고객들을 적극적으로 유입하고자 이루어진다. 이 고객들을 원하는 수준으로 끌어들이기 위해서는 적정량의 'Input'이 필요하다. 이 적정량의 투입량은 애매한 타깃만큼 규모나 예산이 커지게 마련이다. 불가능하지는 않지만, 투자가 많이 필요한 영역이다. 예산과 자원이 맞는다면 실행한다. 그러나 지금 이 책을 읽고 계실 분들은 이러한 고객을 끌어들이는 데 자원과 에너지를 쏟아부어서는 안 된다. 이 고객층은 우선 경험해 보게 하는 게 중요하다. 그러려면 먼저 관심을 갖게 해야 하고 알아보려는 노력을 들이게끔 유도해야 한다. 무료 체험이나 샘플 제공은 자주 사용되는 기법이다.

**다섯 번째, 구매 후 불만이 아주 많거나 신뢰 자체가 부정적인 고객**

솔직히, 이들에게 힘쓰지 말라. 작은 사업과 브랜드를 운영하고 계신다면 이 시장을 어떻게 해 보겠다는 생각을 절대 버려야 한다. 이 고객들을 만족시키겠다는 생각은 결코 해서는 안 된다. 일상에서도 모든 관계에서 모든 사람들을 다 만족시킬 수는 없다. 어디나, 언제나 사람들을 상대하게 되면 온갖 불평, 불만, 험담과 만나게 된다. 모두에게 사랑받겠다는 생각은 위험한 사고이다.

이 고객의 불만은 가능한 빨리, 바로, 즉시 처리하라. 시간과 자원을 낭비하지 마라. 아무리 잘해주어도 돌아오지 않는다. 기업도 거래가 될 만한 고객과 해야 한다. 아무리 완벽한 제품과 서비스를 제공해도 극불만 고객은 언제나 생긴다. 악성 불만족 고객을 줄일 생각을 하지 말고 첫 번째, 두 번째 고객과의 관계를 지키며, 세 번째, 네 번째 고객을 더 많이 '확보'할 생각을 하라.

매출이 줄어드는 것은 고객을 불쾌하게 해서가 아니라 고객을 확보하기 위한 전략을 충분히 다방면으로 하지 않았기 때문이다. 나의 브랜드는 네이버 초록창에 치면 바로 나오는가? 구글에서는 어떠한가? 지도는 잘 되어있는가? 각종 이벤트는 모바일 검색 엔진에 최적화되어 있는가? 결제 시스템에서 줄여도 될 구간이 있는가? 더 많은 사이트에 제품이 나와 있는가?

우리 햄버거를 안 먹는 이유는 매장직원의 불친절 때문이 아니라 경쟁사가 매력적인 신제품을 출시했거나 옆집에 알짜배기 만둣집이 생겨서일 수 있다. 고객 확보에는 친절보다 고객에게 햄버거를 먹어야 하는 이유, 할인, 신상, 무료 디저트를 제공하는 게 더 빠를 수 있음을 유념하라.

기업이 고객 만족이 아니라 고객 확보에 포커스를 맞추면 더 다양한 전략을 구상할 수 있고 새로운 고객 시장으로 확장할 수 있다. 고객 확보에 집중할수록 만족한 우량 고객은 계속 증가한다. 모본이 클수록 행복한 핵심 구매 고객도 자연히 커지는 것이다. 고객의 규모를 키워라.

# 깔때기를 장착하자

마케팅에서 '깔때기(Funnel, 퍼널) 이론'은 1910년대 미국의 경제학자 롤랜드 홀(Roland Holl)에 의해 정리된 전통적 소비자 행동 이론(AIDMA)으로부터 출발한다. 'AIDMA'란 소비자는 외부 혹은 내부의 자극(Attention)에 의해 흥미(Interest)를 느끼게 되고, 자극에 상응하는 욕구(Desire)가 생기며, 잘 생각하다가(Memory), 드디어 구매 행동(Action)으로 옮기게 된다는 것이다.

자극(Attention)→흥미(Interest)→욕구(Desire)→기억(Memory)→행동(Action)

고객의 구매 행동 양식은 마케팅에서 오랫동안 연구되어 온 분야이다. AIDMA는 이후 사회 변화에 따라 고도화되기도 하고 단순화되기도 했다. 2005년 일본의 종합 광고 대행사 덴츠(Dents)는 달라진 시장 환경에 따라 인터넷 환경에 기반한, 당시에는 새로운

AISAS라는 개념을 발전시켜 기술 시장 환경에서의 소비자 변화를 야기하였다.

자극(Attention)→흥미(Interest)→검색(Search)→구매(Action)→공유(Share)

온라인 마케팅에서 검색(Search)과 공유(Share)의 기능이 중요해지면서 소비자의 구매 행동 양식과 유인책도 달라졌다.

### 문제와 해결

소비자 행동 이론은 이외에도 많지만, 단순하고 크게는 딱 2가지 포인트이다. 문제(Problem) 그리고 해결(Solution). 모든 고객은 자신에게 발생한 혹은 발생된 문제를 해결하고자 하는 욕구가 있으며, 그 문제를 해결하는 것에 대하여 대가를 지불하게 된다.

고객은 자신의 문제를 해결하고자 하는 욕구(needs)가 생기면 이때부터 해결 방안을 찾기 위한 구매 행동을 시작한다. 문제는 내부적, 자연발생적으로 생기기도 하고, 브랜드의 치열한 광고 홍보 전략으로 만들어지기도 한다. 발생한 문제를 해결해 가는 소비자 구매 행동 단계를 들여다보자. 이 과정을 잘 이해하면 각 단계마다 우리가 어떠한 행동을 해야 하고 부족함을 어떻게 보강할 수 있는지 알 수 있다.

깔때기(퍼널: Funnel) 이론은 소비자가 문제를 해결하는 과정과 단계를 좁혀서 풀어놓은 것으로, 최종적으로 고객을 넓은 깔때기의 입구로 유입시켜 목표하는 병으로 담을 수 있게(구매) 되는 과정이다. 각 깔때기는 해당 사업 분야나 영역의 특성과 성격에 맞추어 변용해 적용할 수 있다.

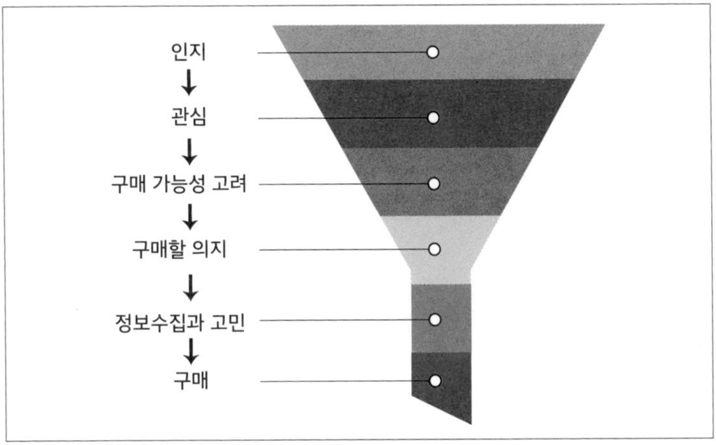


퍼널(FUNNEL) 이론

**일단 뭔지는 알아야. 인지**

니즈가 발생했다면 일단 나, 나의 브랜드, 나의 회사를 알아야 구매 결정이라는 잠재적인 선택 리스트 안에 올라갈 수 있다. 이 리스트 안에 올라가지 못하면 구매를 기대하기는 어렵다. 따라서 기업은 고객이 나를 알아봐 줄 수 있도록 광고, 홍보와 같은 치열한 활동을 하는 것이다. 이 활동을 위해 예쁜 패키지도 만들고 멋진 연예인도 모델로 쓰고 각종 이슈와 행사로 타깃 고객에게 "우리 여기 있어요~"를 알리는 단계이다.

이 경우 일방적 커뮤니케이션 방법을 활용하기도 하는데(특히 제조 기반의 회사 홈페이지를 보면 된다), 인지의 활동 단계에서부터 우리는 고객의 이점을 생각해서 고려해야 한다. "우리는 최고의 제품을 열과 성을 다해서, 30년 간 세계 최고의 일류 제품을 만들고 있습니다"라고 이야기하는 것은 설득력이 약하다. 기업이 제공하는 제품과 서비스가 고객에게 도대체 무슨 이익을 주는지를 알려주어야 한다.

"우리는 28년 간 나노 스킨케어 기술을 통해서 젊고 생생한 피부를 위한 ○○○을 만들고 있습니다"가 더 낫다.

인지는 말 그대로 인지이다. 알 수 있게 해야 한다. 그러려면 일단 자주 보여야 한다. 노출, 광고 홍보의 중요성이 부각되는 부분이다. 전자에 말한 SEO나 SNS 활용은 이 노출을 위한 작업들이다. 인지 확산을 위해 관련된 관심 영역에서 제품과 서비스에 대해 계속 노출시켜야 한다.

### 모야~ 모야~? 호기심

일단 내 눈에 보이거나 누구로부터 듣거나 내가 알도록 하려면 호기심부터 끌어야 한다. 그러나 알고는 있지만, 전혀 관심이 없다면 소용없다. 호기심을 유도할 다음 행동으로 넘어가도록 만들 장치가 있는가? 고객을 훅킹(Hooking)할 호기심 요소를 함께 제대로 넣었는지 검토해보자.

고객 후킹은 인지 단계와 함께 실행한다. 고객이 호기심을 느낄 콘셉트와 이미지, 카피로 시선과 감성, 이성과 지갑을 끌어와야 한다. 카페용 음료 파우더 원료를 팔고 있다면 브랜드의 직접 광고 홍보 외에 간접적 홍보 활동도 필요하다. 소셜 네트워크에 카페용 시즌에 맞는 음료 레시피 활용 영상 시리즈를 올리거나 장사 잘되는 거래처 사장님 탐방 내용 콘텐츠를 생성한다.

타깃 고객에 맞는 플랫폼을 선정하여 인스타그램이나 유튜브를 통해 다양한 제품 레시피나 사업 꿀팁을 지속적으로 노출시켜 준다. 일부러 타깃도 카페 사장님을 위한 B2B 영상으로 한정지어 전문성을 줄 수 있다. 중요한 것은 관심 증가이다.

이 단계에서 고객의 반응에 따라 고객 분류 작업이 필요하다. 해당 카피나 행사에 반응한 고객과 그렇지 않은 고객을 분류하여 반응한 고객에게는 더 자극시킬 방안을, 반응이 없는 고객은 그 이유를 찾아야 한다. 이 경우 반응 없는 고객은 이 시장을 포기할 이유를 찾거나 동시에 다른 자극을 제공하여 다시 반응할 기회를 찾는 게 중요하다. 즉 버릴 고객 층을 찾아내어 삭제하는 것이다. 그리고 이 단계에서 제일 중요한 것은 일단 반응한 최초의 고객층에 집중해서 깔때기의 다음 단계로 안전하게 이전시킬 수 있도록 하는 방안이다.

### 오오오~~~! 몰입

이제 고객이 본격적으로 우리가 제공하는 제품이나 서비스에 대한 관심이 증가되는 단계이다. 상품을 더 자세히 서치한다거나 브랜드 관련 SNS나 블로그 후기, 상품 후기를 자신의 의지로 찾아보는 단계이다. 그런데 이 적극적인 자발적 조사 단계에서 고객에게 너무 많은 대안을 주어서는 안 된다. 너무 많은 대안은 고객에게 혼란만 주고 의사결정을 미루게 하거나, 조사 자체를 포기하거나, 아니면 경쟁자로 넘어가게 한다. 단순 명료하게 1~2가지 이점만 말해주자. 눈에 잘 띄고 잘 인지되는 차별화된 명확한 이익만 깔끔하게 제시해야 한다.

### 근데? 의심

고객은 지갑을 열기 전 정말 이 제품이 괜찮은 건지, 정말 나에게 필요는 한 건지, 지금 내 상황에 맞는 건지 스스로 자기 검열 시간을 갖게 된다. 이때 고객의 의구심을 안심으로 전환할 수 있는 장치가 있어야 한다. 이 단계를 원활하게 하기 위해서는 미리 브랜드와 상품 관련한 내용들이 블로그나 사용 후기에 충분히 쌓여 있어야 한다. 특히 상품 구매 후 리뷰나 권위있는 뉴스 후기 등은 아주 좋은 재료이다.

#### 어머, 이건 지금! 사야 해.

내게 이 제품과 서비스가 필요한지, 그리고 왜 지금 사야 하는지에 대한 답을 충분히 주었다면 부가적 할인이나 시간 제한, 각종 프로모션, 더 주기, 1+1 등으로 지금 아니면 손해 볼 것 같은 위협과 자극, 합리적인 정당성을 주는 것도 좋은 판촉이다. 손해를 피하려는 인간의 욕구는 구매를 자극하는 유용한 단계이다.

#### 마침내 구매

여기서는 결제 시스템의 간편성이 중요하다. 구매 진행 과정 중 이탈 고객이 의외로 많이 생긴다. 결제 처리 방식이 복잡하면 고객은 귀찮다고 생각한다. 지금 아니어도 살 수 있다고 생각하면 이탈율은 더 증가한다. 구매 단계에서 보는 많은 오류는 다음 마케팅을 실행할 고객 확보 데이터를 모으기 위해 이것저것 물어보는 것이다. 제발 여기서 묻지 마라. 여기서 고민할 것은 신속하고 빠른 결제이다.

이후 실제 결제가 일어난 구매 고객을 대상으로 처음 의도한 목표 타깃과 일치하는지 검토해서 분석해야 한다. 어떤 연령의 유저에게 결제 시작이 일어났는지, 어떤 성별이 결제하였는지, 노출 수에 따른 구매 전환율을 체크해야 한다. 광고 노출은 20대 초반에게 되었는데, 실제 구매는 30대가 대다수인 경우 원인과 이유를 파악해야 한다.

### 구매를 막는 요소

드디어 처음 구매가 끝났다면 우리는 이 고객을 단골 손님으로 만들어야 한다. 재구매를 방해하는 장애물을 파악해서 제거해야 한다.

이 단계에서 사용 후기 관리와 반품 시스템이 중요하다. 우리가 집중해야 할 것은 사용 후기나 환불, 반품의 사유이다. 각종 고객 불만 사항들을 카테고리별로 구별하여 전체 프로세스상에서 개선해야 한다. 그리고 고객이 반품을 요청하면 반품해 주길 권한다.

안다. 말도 안 되는 이유로 각종 시비와 반품, 환불을 요구하는 진상 고객들은 존재한다. 사실 이런 이 고객들이 주장하는 제품이나 서비스의 하자는 실제 제품의 질과는 사실 그다지 상관없는 경우도 많다.

중요한 것은 그들이 사용 후기에 끔찍한 내용을 남긴다는 것이다. 물론 다른 이성적인 고객들은 악마의 후기에 대한 진실성을 파악하기도 하지만, 기대하지 말자. 나와 직원들의 정신 건강과, 같은 시간에 더 생산성 있고 원활한 비즈니스 성장을 위해서 이 진상 고객들은 그냥 패스하라.

마케터는 여기서 보다 집중해야 할 고객을 선별해야 한다. 이미 구매하였거나 잠재 고객이 될 가능성이 있는 고객들을 대상으로 다시 재구매를 유도할 광고, 홍보 활동을 집행하자. 잠재 고객은 구매를 보류한 고객과 제품·서비스에 관심을 가져 준 고객으로 세분화해야 한다. 이들을 다시 모셔올 다음 캠페인을 기획하자. 먼저 사전에 집행된 활동의 타깃팅을 재검토 해보자. 오류가 있지는 않았는가?

# 구매 전환율을 높이려면

퍼널의 핵심은 구매 전환이다. 각종 프로모션, 광고 홍보 활동은 소비자의 호기심과 주목을 만들어서 필요한 니즈에 기업의 브랜드와 서비스가 적합하다는 판단이 들게 하는 역할을 한다. 때로는 없었던 고객의 니즈까지 만들어 내기도 한다.

호기심에 알아보거나 유사 제품과의 비교를 위해 시장 조사를 하거나 일단 기업이 제공하는 카테고리까지 고객이 들어와야 한다. 이렇게 들어 온 고객들은 호기심만 채우거나, 제품이 필요 없을지도 모른다는 합리적 의심을 하거나, 다른 제품의 이점에 발길을 돌리기도 한다. 결국 최종적으로 구매를 확정짓는 순간까지 잠시도 긴장의 끈을 놓을 수 없는 게 마케팅이다.

구매 전환율은 매출과 직결되는 단어이다. 마케터가 브랜드의 선호도 지수나 소비자 만족도에서 마케팅적 KPI를 아무리 초과 달성했다고 하더라도 결국 영업에서 매출이 목표를 달성하지 못하면 한 순간에 마케팅 무용론이 뜨는 것이 현실이다.

## 단순화

그래서 마케터에게 구매 전환과 관련된 소비자의 모든 순간들은 아주 중요한 사항이다. 각 단계마다 세세하게 관찰되고 관리를 하는 이유는 이 단계에서 이탈하지 않고 미리 기획해 놓은 깔때기 안으로 부드럽게 고객을 유입시키기 위해서이다.

여기 짬짬이 이런저런 아이템을 아이 쇼핑하며 일단 나중을 위해 장바구니에 담아두고 온라인 쇼핑을 하는 1인이 있다고 해보자. 간간이 찰나로 뜨는 연관 광고를 보고, 시간 할인 혜택이 사라지기 전에 구매 버튼을 누르기도 하는 소비자이기도 하다. 일단 이것 저것 필요한 것에 대해 여기 저기 사이트와 후기를 검색해서 비교해 본다. 이런 저런 배송비와 옵션을 따지고 나니 그냥 자주 사용하던 플랫폼에서 멤버십 할인을 받고 구매하는 게 편하고, 별 차이도 없는 것 같다.

그런데 우연히 본 유튜브 쇼츠에 비슷한 기능의 특가로 살 수 있는 제품이 나온다. 가격도 좋고 제품도 크게 다르지 않다. 그런데 막상 구매 페이지에 들어가니 귀찮은 일들이 생긴다. 일단 새 쇼핑몰 회원 가입도 해야 하고 각종 인증 절차에 할인을 받으려면 카카오톡 친구도 해야 한다며 정보입력을 요구한다.

귀찮은 마음이 들긴 하지만 다시 한번 처음 사려던 제품의 가격보다 저렴한 할인 금액을 생각하며 묵묵히 등록을 해본다. 그런데 아뿔사, 몇 번의 새로운 아이디 생성이나 비번 입력에 실패하면, 혹은 입력 중간에 볼일이 생겨서 완료하지 못해 다시 시작해야 하면? 고객은 그만 이 깔때기의 최종 입구에서 나가 버린다. 분명 필요하다고 생각한 제품이었고, 그래서 시간을 내서 열심히 조사한 품목이 맞고 마침내 좋은 가격도 찾았는데 그냥 그만 둔다. "아, 귀찮아" 이러면서.

구매에 필요한 모든 과정은 최대한 단순화하여 제공해야 한다. 복잡한 회원 가입 절차와 억지로 카카오 친구를 맺게 해서는 곤란한다. 결제에 이르는 시스템은 회원 가입이 아닌 본인이 사용하는 카카오나 네이버, 혹은 SNS계정 연동을 통해 로그인 단계부터 최종결제까지 신속히 사용하게 해야 한다.

제발 굳이 회원 가입을 유도하지 말아라. 비가입 회원도 언제든 빠르게 결제할 수 있도록 만들어야 한다. 구매한 제품과 서비스가 마음에 들었다면 고객은 다시 찾아오고, 이때 회원으로 만들 수 있다. 이때 회원이 된 고객은 자사의 충성고객으로 남을 확률이 높다. 그 많은 카카오톡 친구는 정말 계속 그 제품을 구매하고 있을까? 기업의 홍보 채널로 사용되는 경우가 월등히 높다. 안타깝게도 그런 광고 홍보의 고객 구매율은 미미하다. 오히려 인터넷상에는 카카오톡 친구 삭제 방법이 더 인기가 있는 실정이다.

구매 방법은 신속하게 빠르고 깔끔한 게 좋다. 제품 한번 샀다고 내 브랜드의 단골이 되지는 않는다. 구매에서 불편함이라는 장벽은 그야말로 동전의 양면과 같다. 제품이나 서비스를 구매하기 위해 반드시 행하여야 하는 과정이 불편하면 신규 고객을 증가시키기는 어렵다.

코로나 시기에 큰 역할을 한 화상회의 플랫폼 '줌(ZOOM)'의 성공 요인은 간단하다. 비슷한 서비스를 제공하는 마이크로 소프트의 팀이나 유사 플랫폼들이 계정 가입 시 이런저런 절차를 묻고 자신들의 온라인 생태계로 유도하는 마케팅을 펼쳤을 때 줌은 직관적으로 계정 가입 시 복잡하고 귀찮은 절차를 없애고 이메일만으로 편리하게 이용하게 하였다.

MZ들의 취향 거래의 성지인 번개 장터의 성공을 보면 마찬가지이다. MZ세대를 겨냥한 특화된 취향 아이템도 좋았지만, 아주 쉬운 1인 상점 생성과 내 은행 계좌 노출이나 개인 정보 노출 없이 거래하기 편한 번개 페이는 딱 요즘 추세에 맞춘 서비스이다.

## 보상

들어온 고객에게 주는 이익이 잠재 고객에게 주는 이익보다 크게 보여야 새로운 고객도 계속 찾아온다. 누적 금액에 따른 할인, 회원 유지에 따른 멤버십 우대, 회원만을 위한 특가 상품, 후기 작성에 대한 포인트 보상, 무료 배송, 무료 반품 등의 프로모션은 여전히 유용하다. 회원들만을 위한 특가 할인 코드의 발급이나 별도 행사는 정말 회원들만을 위해서 진행되어야 한다. 그러나 아쉽게도 매출 증대를 위해 타이틀과는 다르게 대부분의 판촉 행사는 모두의 행사가 되고 있어 무감각하게 다가온다.

보상 중 가장 좋은 반응을 받는 것은 가격 할인이다. 무차별적 할인은 이것이 할인인가 아니면 이게 정상 가격인데 가끔 가격을 올린 것을 정상으로 부르는가 생각되게 하기도 한다. 지나치게 잦은 할인은 기업과 브랜드의 신뢰를 깎는다. 그럼에도 불구하고 많은 브랜드와 서비스가 365일 할인 행사를 하는 것은 가격을 깎는 것이 그래도 가장 많은 반응을 얻기 때문이다.

할인을 하지 않아야 하는 제품과 서비스도 있다. 더욱이 이미 구매를 마친 소비자와 브랜드 팬이 공분할 만한 사항이라고 판단이 되면 가격을 건드려는 안된다. 퍼널 입구에서 가격으로 고객을 유도하는 것은 새로운 고객이 감동할 만한 할인이어야 하는데, 분명하게도 모든 고객이 가격이라는 요소 한 가지로 상품을 구매하지는 않는다. 이때에는 가격 이외에 다른 보상과 혜택이 주어져야 한다.

**개인화 경험 제공**

고객 개개인의 관심사와 구매 이력을 분석하여 맞춤형 제품이나 서비스를 제안함으로써 개인화된 쇼핑 경험을 제공한다. 이는 고객이 자신의 필요와 선호에 딱 맞는 제품을 발견할 수 있게 하여 구매로 이어질 가능성을 높인다. 고객 참여가 필요한 프로그램, 예를 들어 리뷰, 소셜 미디어에서의 공유, 친구 추천 등의 노출은 브랜드에 대한 긍정적인 선호도를 증가시키고, 고객이 브랜드, 제품과의 관계를 더 가치 있고 의미 있게 받아들이게 한다.

포인트, 멤버십 등급, 고객 맞춤형 혜택 등을 제공하여 한 번의 구매에 그치지 않고, 반복 구매로 이어지게 만들어 브랜드에 대한 충성도를 높이고 연대감을 쌓게 한다. 가격 할인이 아닌 제품 또는 서비스 자체의 독특한 가치와 품질을 강조하고, 고객은 가격 이상의 가치를 인식하게 되며, 이는 구매 결정에 긍정적으로 작용한다.

온라인 또는 오프라인에서 제품과 브랜드를 직접 체험할 수 있는 기회를 제공함으로써 고객의 구매 욕구를 자극한다. 제품 시연, 체험 팝업 스토어, 체험형 이벤트 등을 통해 고객이 제품을 직접 경험하고 그 가치를 체감하게 만든다. 직접 시연이나 체험이 어렵다면 고객에게 유용한 정보나 지식을 제공하는 콘텐츠 마케팅을 통해 브랜드 신뢰도를 높이고, 제품 구매의 필요성을 자연스럽게 인식시킨다. 블로그 포스트, 비디오, 웹세미나 등을 통해 고객과 지속적으로 소통하며, 제품의 사용 방법이나 관련 분야의 전문 지식을 제공한다. 이러한 전략들은 가격 할인만큼 직접적이지 않을 수 있지만, 고객과의 장기적인 관계를 구축하고 브랜드 가치를 높이는 데 중요한 역할을 한다. 이를 통해 구매 전환율을 높이고, 브랜드 충성도를 강화할 수 있다.

# 작은 브랜드가 살아남는 법

단군 이래 최고로 돈 벌기 좋은 기회가 많은 시대라고들 한다. 그러나 주위에는 기회는 커녕 하루 하루 사업 유지만으로도 버거워하는 경우를 더 많이 본다. 여전히 시장의 주인은 대기업이다. 당연하다. 소비자를 움직일 막대한 광고비와 매체 비용을 지불할 수 있는 능력은 거대 자본을 지닌 대기업 브랜드만이 가능한 일이니까.

그럼에도 불구하고 분명 지금 우리는 대기업 위주의 산업 성장에서 신기술과 새로운 트렌드로 갖추어진 새로운 작은 강소 기업들의 출현을 보고 있다. 이제 소비자들은 TV에 광고하는 대기업 위주의 제품에서 벗어나 입소문만으로 판매를 하고 있는 제품을 구매하기 위해 인터넷 쇼핑몰을 찾아 본다. 더 이상 대기업, 대브랜드만의 제품을 무조건 추종하지 않는다. 작은 브랜드들도 이번 세상에서는 자신만의 영역을 구축할 수 있는 기회를 갖게 된 세상이다.

## 작은 브랜드의 치명적 매력

작은 브랜드들이 이렇게 힘을 갖게 된 되에는 품질의 평균화가 있다. 이제 웬만한 제품들은 품질과 가격대에서 월등한 차이를 보이지 않는다. 오히려 지역 특산품이나 작은 회사의 상품들이 독특한 향미와 퀄리티를 가지고 양산 제품보다 더 대접 받기도 한다.

더욱이 디지털 매체와 플랫폼이 다변화되면서 무엇보다 브랜드를 바라보는 사람들의 관점과 개인의 취향이 다양해졌다. 대량 광고를 통해 전해지는 모두를 대상으로 하는 제품이나 서비스 속에서 소비자들은 이제 '나랑 잘 맞는 브랜드와 제품'을 찾으려고 한다.

그러나 여전히 여전히 작은 브랜드는 살아남기 사실 쉽지 않은 세상이다. 우선 작은 브랜드는 자본과 인력이 부족하다. 대기업처럼 제품 판매를 위한 광고 홍보 비용을 지불할 수 있는 능력은 당연히 없다. 작은 브랜드의 경쟁자는 자신과 비슷한 규모의 사업체들만이 아니다. 대기업과도 경쟁해야 한다.

물론 운영을 버틸 재원도 부족하고 인력의 역량도 딸린다. 작은 브랜드는 큰 브랜드의 운영 방식을 그대로 답습할 수도 없고, 답습을 해서도 안 된다. 작은 브랜드는 경쟁 브랜드와는 다른 자신만의 길을 찾아야 한다. 작은 브랜드들이 시장에서 경쟁하기 위해 마주치는 도전은 현실적으로 크지만, 그 안에서도 성공의 열쇠를 찾을 수 있다.

이러한 브랜드들이 가진 독특한 매력과 차별화된 전략을 통해 시장에서의 자리매김은 충분히 가능하다. 작은 브랜드의 마케팅 전략은 다음 두 가지 핵심 요소에 집중해야 한다. 바로 명확한 브랜딩과 고객 경험의 차별화이다.

## 명확한 브랜딩

작은 브랜드의 가장 큰 무기는 그들의 작고 소소한 이야기와 정체성이다. 대기업이 제공할 수 없는 개성과 진정성으로 브랜드를 구축해야 한다. 이는 소비자가 브랜드와 감정적으로 연결될 수 있는 포인트를 제공하며, 이 감정적 연결은 충성도 높은 고객 기반을 구축하는 데 핵심적인 역할을 한다.

현실감 있는, 진정성 있는 이야기는 고객에게 브랜드와 제품의 가치를 제시한다. 소비자들은 단순히 작은 브랜드의 제품을 구매하는 것이 아니라, 그 제품이 대변하는 소소한 이야기와 진실함을 구매한다. 작은 브랜드는 자신들만의 이야기와 가치를 명확하게 전달함으로써 소비자와의 강력한 연결고리를 만들 수 있다.

또 대규모 시장 대신 작은 시장을 노린다. 틈새 시장을 타깃으로 설정하여, 그들의 요구와 욕구를 정확히 이해하고 충족시키는 제품과 서비스를 제공한다. 이를 통해 작은 브랜드는 작지만 타깃화된 고객에게 더욱 관련성 높고 그들에게 맞춤화된 경험을 제공할 수 있다.

이로써 작은 브랜드는 제한된 자원으로도 틈새 시장에서 고객 경험을 차별화할 수 있다. 이는 제품 품질의 남다름 뿐만 아니라 구매과정, 고객 서비스의 우수성 등 여러 측면에서 고객에게 긍정적인 인상을 남길 수 있는 기회를 제공한다. 작은 틈새이기 때문에 작은 브랜드가 할 수 있다. 큰 브랜드들은 효율이니 'ROI'니를 따져서 들어갈 엄두를 못 낸다.

하지만 작은 브랜드는 고객 한 명 한 명에게 개인화된 서비스를 제공함으로써 대규모 브랜드와 차별화하고, 이는 고객이 자신이 소중하게 여겨진다고 느끼게 하여, 장기적인 관계를 구축하는 데 도움이 된다. 이때 고객 피드백을 적극적으로 수집하고, 그것을 제품 개선과 서비스 개선에 반영함으로써 고객이 진정으로 원하는 것을 제공한다. 지나가는 말이라도 소중히 생각하고 피드백을 하면 고객은 브랜드의 일부분이 되는 것처럼 느끼게 된다.

작은 브랜드에게는 브랜딩이 결코 사치가 아니다. 오히려 생존과 성장을 위한 필수적인 요소이다. 작은 브랜드가 가진 치명적인 매력은 바로 그들의 독특함과 개성, 고객과의 강력한 감정적 연결이다. 이를 통해 작은 브랜드는 시장 경쟁에서도 자신만의 자리를 확고히 할 수 있으며, 시장에서 지속 가능한 성장을 이룰 수 있다.

### 찐으로 경험하게

작은 브랜드는 팔릴 수밖에 없는 치명적인 매력을 찐으로 경험하게 하는 방법을 연구해야 한다. 말은 쉽지만 결코 쉬운 일이 아니다. 하지만 작은 브랜드가 어필할 매력도 없으면 소비자가 굳이 선택할 이유가 없기 때문이다. 브랜드의 장점을 진하게 고객에게 전달하려면 우선 고객의 정의부터 시작하자.

가장 힘든 대표님들과의 미팅을 들면, "타깃 소비자를 누구로 생각하냐"라고 물어봤을 때 '모두'라고 대답하는 경우이다. 대한민국 모두가 고객이 되길 바란다고 말하면 난감해진다. 마케팅에서 '모두'는 '아무도'와 동급의 동의어이다.

'누구에게 팔고 싶은가?'가 아니라 '제일 먼저 누가 사줄 것 같은지'를 생각해 보라는 것이다. 모든 비즈니스 성공 가능성을 높이기 위해선 내가 좋아하는 것보다 나를 사줄 사람들이 좋아하는 걸 하는 것이 승률이 좋다. 타깃을 먼저 알아야 한다는 것이다. 자, 제일 먼저 누가 사줄 것 같은가? 옆집 아저씨, 동네 사장님, 혹은 나 같은 사람?

유튜버가 가장 많이 사용하는 동영상 카메라는 소니도 캐논도 아닌 '고프로'이다. 고프로의 창업자는 카메라와는 전혀 상관없는, 서핑을 사랑하는 아마추어였다. 2002년 호주에 서핑 여행을 간 닉 우드만은 자신이 서핑하는 모습을 근접 촬영할 수 있는 셀프 동영상 카메라가 필요했다. 그러나 시장에는 그와 서핑 러버들을 위한 카메라는 없었다.

2006년에 닉은 '본인 같은 사람들을 위해' 소형 카메라 'Digital Hero'를 시장에 내 놓았다. Hero는 동영상 촬영 가능 시간이 겨우 10초밖에 되지 않았지만, 시간이 지나면서 서핑, 패러글라이딩 등 익스트림 스포츠를 즐기는 소수 커뮤니티의 열광적인 호응을 얻게 되었다. 모두 닉과 같은 익스트림 스포츠 취향을 갖고 촬영을 잘하고 싶은 소망을 지닌 사람들이었다.

제일 먼저 누구에게 판매할 제품과 서비스인지를 명확하게 결정해야 한다. 닉처럼 '나 같은 사람'도 해당한다. 세상 어딘가에는 나와 비슷한 취향과 필요를 가진 사람은 반드시 존재 한다.

누구라는 목표 타깃 고객층을 정의할 때는 연령, 직업, 학력, 주거지, 성별, 취미 등 인구통계학적 분석을 통해 타깃 고객의 구체적 페르소나를 구성하고 다시 세분화를 통해 더 효과적인 제품이나 서비스 개발에 반영해야 한다.

근사한 그래프나 수치가 없어도 된다. 내가 팔고자 하는 시장을 작게 작게 생각해 보자. 제품이나 서비를 개발할 때는 제품과 서비스가 가진 유한 가치로 한정하고, 제품의 수와 기능을 단순화하여 한 종목에서 경쟁 우위를 확보해야 한다.

노이즈 마케팅도 방법이다. 미국의 스트리트 패션 브랜드 슈프림은 처음 창업 3년 차에 무단으로 코카콜라의 슬로건을 카피해 티셔츠를 만들었다. 글로벌 초대형 브랜드 코카콜라는 이 작은 브랜드의 지식

재산권 남용에 이에 대응하지 않았다. 굳이 상대할 필요가 없었고, 상대한다는 일 자체가 코카콜라에 손해였기 때문이다.

슈프림은 코카콜라의 'Enjoy Coca Cola' 와 유사하게, 그러나 슈프림의 가치 그대로 'Enjoy Suprim'으로 타깃 연령층의 주목을 일으켰다. 이후 슈프림은 버버리와 구찌의 패턴도 자사의 티셔츠에 삽입하면서 그 이전보다 더 많은 노이즈를 일으켰다. 결국 2000년 루이 비통의 패턴을 사용하면서 루이 비통은 슈프림을 상표권으로 고소하고 제품을 모두 처분했다.

그러나 덕분에 슈프림의 제품 가치는 더 치솟았고 브랜드와 제품의 인기 및 가격은 더 높아졌다. 그리고 결국 2007년에 루이 비통은 슈프림과 정식 콜라보 제품을 출시하게 된다. 길거리 패션으로 콜라를 일부 카피했던 브랜드가 명품 대열에 서는 순간이었다. 그러나 이제는 누구도 슈프림을 '짝퉁'이라고는 부르지 않는다.

결국 브랜딩은 궁극적으로 제품을 잘 팔리게 하는 비밀 무기이다. 스몰 브랜드이든 큰 브랜드이든 브랜딩이라면 브랜드를 이야기하는 브랜드 주체가 브랜드 철학을 꺾이지 않는 마음으로 일관성 있게 전달해야 한다. 이렇게 했을 때 브랜드 팬덤이 생긴다.

목표로 하는 나의 팬덤이 누구인지 고려해 타깃을 구체적으로 구상해야 한다. 목표한 타깃의 행동 습관과 가치관에 맞추어져 시행되는 모든 전략은 달라져야 한다. 특히 작은 브랜드의 경우는 더 좁아야 한다. 작은 브랜드의 브랜딩은 작고, 좁고, 뾰족하고 더 뾰족해야 한다. 작은 브랜드의 마케팅은 둥근 방패 형태여서는 안 된다. 창과 칼과 같은 방식을 가지고 있어야 한다.

이때 유의해야 하는 것은, 자기 이야기를 한다고 해서 본인이 하고 싶은 이야기를 하는 게 아니라는 점이다. 타깃으로 삼고 있는 고객이 기업이나 브랜드로부터 듣고 싶어 하는 이야기를 해야 한다. 브랜드 스토리텔링은 흥미진진한 이야기 보따리를 풀어내는 것이 아니라 고객에게 제공할 가치를 고객의 기억에 남게 전달하는 것이다.

# 고객과 나의 페르소나

많은 마케터는 자신이 관리하는 브랜드를 사람처럼 대한다. 자식처럼 조석으로 들여다보고 소양을 갖추고, 보기 좋게 꾸며도 주고, 좋은 가치관을 가진 멋진 사람으로 키워내는 데 온갖 애정을 쏟는다. 그래서 브랜드나 제품은 자주 사람으로 투영된다.

페르소나(persona)는 마케팅에서 특정 사용자 그룹의 개성과 특성을 대표하는 가상의 인물을 의미한다. '개인', '사람'이라는 의미를 갖는 페르소나는 라틴어의 '마스크(mask)'에서 유래되었다. 연극에서 등장인물의 성격과 역할을 뜻하는 마스크를 쓰면 다른 사람의 눈에 보이는 독립적 개인의 모습을 의미한다. 동시에 영화에서는 감독이 자신이 추구하는 세계를 분신처럼 잘 표현해 주는, 아끼고 사랑하는 배우를 지칭하는 말이기도 하다.

**페르소나**(persona)

기업에서 페르소나는 기업이 타깃으로 생각하는 고객의 대표적 특성을 반영하는 상상의 인물을 의미한다. 기업은 이 페르소나의 설정을 통하여 목표하는 고객들의 행동 패턴, 선호도, 가치 등을 이해하고, 그에 맞추어 제품의 개발과 마케팅 전략, 영업 채널 구성 등 전반적 사업 계획 부분의 기준을 결정한다. 마치 살아 있는 사람이 존재하는 것처럼, 만들어 낸 페르소나를 만족시키기 위해 모든 의사 결정을 진행한다.

페르소나를 설정하는 것과 설정하지 않는 것에는 실무적으로 큰 차이가 생긴다. 특히 브랜드 운영의 경우 구체적이고 현실적인 페르소나의 구성은 제품이나 서비스 개발, 각종 마케팅 영업 이벤트에 있어서 기준이 된다. 고객의 행동 패턴과 목표를 이해하고 전략을 구상하는 것과 그렇지 못한 것에는 엄연한 차이가 있다.

이 가상 인물의 특성에는 보통 성별, 나이, 주거지, 직업, 수입, 취미, 교우 관계, 가치관 등이 나열된다. 여기에는 타깃 고객의 특성과 요구사항이 녹여져 있는데, 주로 그들의 욕구와 니즈를 반영한 매력적인 인물상이 구현된다. 신제품 출시나 기존 브랜드 이미지를 수정할 때도 페르소나는 새로운 타깃 고객이 지향하는 방향으로 재설정되기도 한다. 즉 브랜드 방향성의 나침반 역할을 한다.

반대로 고객이 생각하는 기업과 브랜드의 페르소나도 있다. 몇 년 전 스타벅스, 투썸플레이스, 엔제리너스, 카페베네, 이디야 등 시중의 카페 브랜드의 페르소나 작업을 한 적이 있는데, 각 브랜드의 향후 방향성에 대하여 브랜드 전략을 도출하고 누구라도 명확히 알 수 있는 브랜드 페르소나를 만드는 일이었다. 이를 위해 우선 현재 고객이 생각하고 있는 각 브랜드들의 이미지를 정의했어야 했는데, 각 브랜드의 특징과 장단점을 명백히 하여 지향점을 찾아야 했다.

재미있는 것은 모든 브랜드가 좋은 이미지만을 갖고 있지는 않지만, 그렇다고 해서 부정적 이미지가 반드시 나쁜 것만은 아니라는 점이다. 예컨대, '강남 된장녀'라고 표현되었던 스타벅스의 이미지 평가는 브랜드에서 느껴지는 풍요로움의 또 다른 표현 방식이다. 스타벅스의 부정적 평가에는 해당 카테고리에 대한 부러움과 시대적 상황도 반영되어 있다.

## 캐릭터 만들기

내가 만드는 브랜드를 타깃 고객이 선망하고 호감을 갖게 하기 위해서는 잠재 고객이 원하는 매력적인 캐릭터를 만들어야 한다. 페르소나는 고객이 원하는 매력적인 소망을 브랜드의 캐릭터와 일치시켜야 하지만, 동시에 브랜드가 원하는 이상적인 고객의 캐릭터도 고려해야 한다.

누구에게 팔 것인가? 그들은 어떤 캐릭터에 반응하는가? 우리의 브랜드와 제품을 좋아하고 구매를 일으켜 줄 매력적인 타깃의 캐릭터, 고객의 캐릭터와 브랜드의 캐릭터가 일관성 유지하도록 만드는 것을 브랜딩 활동이라고 한다.

명확한 캐릭터가 구성되면 페르소나의 설정도 원활해진다. 페르소나의 설정은 세분화한 타깃 시장의 확정에서 시작할 수도 있고 고객을 세분화하여 목표시장을 선정할 수도 있다. 어느 쪽이 되었든 목표한 시장에 적합한 페르소나의 설정은 선정한 시장에 존재하는 소비자의 특성을 구체화하는 것이다. 인구 통계학적 접근 방식이나 사회 경제학적 작업을 통해 목표 소비자의 행동 양식과 습관을 분석하고 왜 우리 제품과 브랜드를 사야 하는지에 대한 욕망을 찾아내는 것이다.

페르소나는 목표 소비자의 특성을 그대로 반영하는 게 아니다.

소비자의 나이, 소득, 학력, 직업, 거주지, 취미, 좋아하는 연예인, 프로그램, 자주 가는 장소, 습관 등을 현재의 특성을 바탕으로 '이들이 이랬으면' 하는 소망의 존재를 만들어 내는 것이다. 그래서 페르소나는 우리 곁에 있을 법하면서도 딱히 바로 옆에 있는 사람 같지는 않은, 다방면에서 이상적 연예인의 모습을 지닌다. 즉, 되고 싶은 모습, 소망하는 모습, 지지를 보내고 싶은 인물상이다.

브랜드가 보여 주는 이 인물이 되기 위해 고객은 기꺼이 지갑을 열게 된다. 당연히 기업의 모든 활동도 이 페르소나가 사랑하는 브랜드가 되기 위하여 모든 활동에서 '격'과 '철학'을 맞추고 지켜내야 한다. 그러기 위해서는 기업이 가지고 있는 역량도 중요한데, 만일 본질이 이상화하는 모습과 다르다면 브랜드 활동은 활발할 수가 없다. 가령, '마누라랑 자식 빼고 다 바꾸라'는 단계가 없었다면 현재 삼성의 위상에 도달할 수 있었을지는 알 수 없을 것이다.

마케팅에서의 페르소나는 목표시장에서 목표 소비자의 핵심적 모습이 된다. 이 소비자의 마음에 들기 위해 제품이 만들어지고 기업 활동이 이루어진다. 페르소나는 왜 이 브랜드를 구매하였는지 보편타당하고 정당한 구매의 이유를 제시한다. 실질적 구매 소비자들은 이 핵심 소비자처럼 되기 위하여 제품을 구매하는 것이다. 자신의 이미지와 조직의 역량을 바탕으로 창출해야 할 브랜드의 페르소나 구성은 그 기업의 철학과 향후 영업 전략을 내다볼 수 있게 한다.

가장 훌륭하게 페르소나를 활용하여 브랜딩에 성공한 기업은 요가복의 샤넬이라고 하는 캐나다 국민 기업 '룰루 레몬'을 들 수 있겠다. 영국 왕세자비와 오바마 대통령도 입는다는 캐나다 요가복 룰루 레몬은 동네의 작은 스포츠 의류 편집숍에서 시작했다.

요가 시장이 여성에 한정된 작은 규모여서 대형 스포츠 브랜드들이 특별한 관심을 가지 않을 때 룰루 레몬은 요가 시장에 집중했고, 편집 매장에서 팔던 서핑 원단에 착안해서 편안한 소재의 요가복을 개발했다. 코로나 팬데믹 동안 어디에 갈 수 없었던 북미에서는 집과 가까운 거리에서 입는 레깅스 평상복이 원마일 웨어(1마일 안에서 입는 옷)로 유행되면서 급속하게 성장했다.

룰루 레몬의 브랜드 전략 개발에는 '오션'이라는 여성 페르소나가 있다. 연소득 10만 달러, 콘도를 보유한 32살의 부유한 오션은 매일 1시간 반 정도는 운동이나 요가를 하는 건강하고 지적인 여성이다. 룰루 레몬은 그런 오션이 좋아할 만한 제품을 만들고 브랜드 활동을 적극적으로 실행하였다.

오션은 피부에 옷감이 닿았을 때 부드럽고 편안한 느낌을 좋아한다. 그녀는 가격이 비싸더라도 가볍고 고급스러운 질감과 색상을 선호하여 충분한 신축성과 몸매를 보정해 주는 탄력감은 아주 중요한 요소이다. 오션은 함께 땀 흘리며 주위와 건강한 관계를 맺고 함께 성장하는 것을 좋아한다. 그녀는 지역 커뮤니티 활동에 적극적으로 참여하며 환경과 지역, 개인의 건강한 생활을 위해 주위 이웃과 정보를 공유하고 함께하는 데 관심이 있다.

이런 오션을 중심으로 소셜 미디어 광고나 검색 광고를 설정할 때 오션과 유사한 관심을 가진 사용자를 대상으로 모든 콘텐츠의 내용과 도달할 타깃을 한정지어 주었다. 룰루 레몬의 브랜드 메시지는 '스위트 라이프(Sweet Life, 땀 흘리는 삶)'이다. 고객의 제품 피드백과 개선사항 중에서도 오션의 취향(오션과 비슷한 고객들)과 가까운 피드백을 먼저 적극 반영하여 제품과 서비스의 질을 향상시키고 오션에게 맞는 맞춤형 브랜드를 만들어 갔다.

모든 마케팅 활동은 오션을 중심으로 오션이 무엇을 원하는지 구체화하여 적용하였고, 오션이 좋아하지 않을 거라고 추측되는 일들은 하지 않았다. 곧 이 가상의 페르소나 오션의 삶은 22살 여성에게도, 42살 여성에게도 동경의 대상이 되었다.

## 기업의 퍼스낼리티

세분화된 페르소나는 브랜드 마케팅 전략을 효과적으로 수립하고 타깃 고객과의 연결을 강화할 수 있다. 특히 페르소나를 사용하여 좁혀진 특정 고객 그룹의 미세한 성격, 관심사, 구매 습관, 라이프 스타일 등을 상세히 파악하여 각 페르소나에 맞는 콘텐츠 생성 및 광고를 제작하여 정확한 타깃에 맞춘 효율적 운영을 할 수 있다.

브랜드의 가치를 전하는 메시지를 만들 때 막연하고 추상적인 가치관이 아닌, 실제 인물이 추구하는 삶에서의 가치를 구체화하여 고객에게 보다 현실감 있는 생생한 브랜드를 전달할 수 있는 것이다. 아울러 고객의 언어를 사용하여 고객의 관심사를 전달하면 고객의 이목을 끌 수 있고 강한 유대감을 형성할 수 있다.

따라서 페르소나를 생성할 때는 반드시 만들어진 페르소나가 실제 사용자 그룹과 일치하는지, 혹은 목표하는 타깃의 현실 혹은 이상에 부합되는지 검증하는 절차가 필요하다. 특히 페르소나를 통해 정의된 문제가 실제로 타깃 고객이 직면하고 있는 핵심적 요구사항과 문제와 일치하는지 확인해야 한다. 결국 페르소나를 만드는 이유는 브랜드가 고객의 문제를 더 생생하게 현실적으로 잘 해결하려고 하는 데 있기 때문이다.

브랜드 공감성은 매우 중요하다. 이것은 브랜드와 소비자와의 관계만이 아니다. 브랜드를 운영하고 키워나가야 할 조직과의 공감대가 먼저 이루어져야 한다. 기업의 역량이 사업과 맞지 않으면 난관을 겪듯이 브랜드를 실행해야 하는 구성원들의 철학과 생활이 운영하려고 하는 브랜드 퍼스낼리티와 맞지 않으면 실제 실행에 있어서 매 순간 좌절을 겪을 것이다. 반대로 구성원들의 소망과 브랜드의 페르소나가 일치하면 성공적 마케팅 실행이 수월해진다.

일본의 토요타 자동차 회사는 저렴한 중저가 트럭으로 유명하다. 토요타는 시장 확대를 위해 고급 시장으로 진출하고 싶었지만, 소비자는 토요타를 저렴한 중소형 승용차나 그냥 농장 트럭으로 밖에는 보질 않았다. 이런 토요타가 고급 세단 시장에 승용차를 출시하겠다고 했을 때 내부적으로는 우려와 걱정, 외부적으로는 비아냥이 쏟아졌다.

미국의 《포춘》지는 이런 토요타의 시도를 마치 패스트푸드점이 고급 레스토랑의 스테이크를 메뉴로 추가하겠다는 것과 같다며 맹비난을 했다. 소비자들도 굳이 일본 토요타사의 고급 승용차를 원하지 않았다. 대중적이고 적당한 모든 기능을 갖춘 토요타는 당시 미국 서민들에게 이미 큰 인기를 끌고 있었고, 고급 승용차를 구매할 가격이면 유럽의 전통 있는 자동차 브랜드를 구입하면 되는데 왜 토요타를 사야 하는지 이유도 찾을 수가 없었다.

일본의 토요타 본사도 자사의 현재 역량이 전 세계 럭셔리 세단 시장에 진입하기에 부족하다는 것을 인정했다. 그래서 다른 전략을 썼다. 본사의 내부 역량으로는 미국이라는 시장에서 고급차를 만들어 팔기는 불가능하다고 생각했다. 토요타는 새로운 프로젝트를 위해 신입, 말 그대로 기존 토요타의 자동차 제작, 생산과는 관계가 없는 새로운 인물들 20명을 미국으로 보냈다. 그리고 이들을 풍족한 급여를 주어 가며 1년 동안 최고급 호텔과 환경에서 그냥 놀고 먹게

했다.

임무는 한 가지였다. 럭셔리 소비자가 어떠한 가치를 가지고, 어떠한 생활 습관을 갖고, 도대체 무엇을 좋아하는지, 그들의 문화와 라이프 스타일을 생활 속에서 속속들이 들여다보는 게 일이었다. 즉, 새로 출시할 상품을 살 잠재고객의 DNA를 관찰하는 일이었다. 이렇게 놀고 먹는다고 내부에서 비난받던 팀은 이후 럭셔리 세단 렉서스를 출시했다. 작업용 트럭 수준에 머물러 있던 토요타를 단박에 고급 세단 시장의 세계 시장에 알리는 신호탄이었다.

기업과 브랜드의 철학이 업무를 실행할 구성원들과 일치해야 하며, 설계하려고 하는 고객 페르소나와도 공감이 되어야 진실한 실행이 이루어질 수 있다. 렉서스의 탄생 신화에는 새로운 고객을 닮고자 하는 진심이 숨어 있다. 트럭 회사의 최고급 세단을 사 줄 고객의 프로파일을 단순히 정의하는 것을 넘어, 고객과 함께 생활하며 본원적 욕구를 이해하기 위한 내부의 진짜 경험을 쌓은 것이 핵심이다. 브랜드의 페르소나에는 기업의 철학이 반드시 반영되어 있어야 하며, 결이 맞아야 성공한다.

# 수다쟁이 소비자

마케팅의 본질은 소비자의 충족되지 못한 니즈를 발견하고, 그것을 충족시킬 수 있는 새로운 방법을 창조해 내는 데 있다고 필립 코틀러는 말했다. 이는 기업이 단순히 제품을 판매하는 것을 넘어, 고객의 삶을 풍요롭게 하는 해결책을 제시해야 함을 의미한다. 그렇기에 기업들은 소비자의 충족되지 못한 니즈를 파악하기 위해 막대한 시간과 자원을 투입한다. 해마다, 분기마다 진행되는 다양한 형태의 소비자 조사는 기업의 미래 전략을 결정짓는 핵심 자료로 활용된다.

이러한 노력에도 불구하고, 시장을 변화시킬 수 있는 혁신적인 제품 아이디어나 서비스를 조사를 통해 발견하기란 쉽지 않다. 대부분의 경우, 소비자 조사를 통해 얻을 수 있는 정보는 기존 제품에 대한 평가, 개선 사항, 적정 가격 등에 관한 것이다. 이는 기업이 기대하는 회사의 미래를 좌우할 혁신적인 아이디어를 찾는 데는 한계가 있음을 의미한다.

### 소비자 조사 결과는 정말 옳을까?

그러다 보니 늘상 소비자 조사의 결과를 분석하고 나면 의문이 드는 사항들이 있다. 정말 고객은 본인이 원하는 것을 답하였는가? 아니면 우리가 고객이 원할 거라고 생각하는 내용을 질문하였는가? 왜냐하면 질문의 내용은 그대로 둔 채 형식만 조금 바꾸어도 고객의 답은 바뀌기 때문이다.

그럼 질문 자체는 정말 알고 싶은 사항을 제대로 물은 것인가? 고객은 정말 그런 기능을 원하기는 하는 건가? 혹시 기업이 생각한 사고의 틀 안에서 고객을 가두어 놓고 답을 요구하고 있는 건 아닌가? 고객의 불편함은 답을 하기 위해 만들어진 답변용 불편함은 아닌가? 정말 원하는 건 무엇인가? 도대체 있기는 한 건가? 도무지 알쏭달쏭한 조사 결과의 오류에 갇히게 된다.

경험상 정작 고객은 자신이 무엇을 원하는지 잘 모르는 경우가 많다. 생각해 본 적 없는데 굳이 물어보니까 그래서 생각해 본다. 그러다 보니 기업이 물어보는 범위 안에 갇혀서 원하는 정답을 내놓는 '답정너'의 오류로 빠지기 쉽다. 그렇다고 해서 분명히 소비자 안에 내재하는 그 무엇인가가 없는 것은 아니다. 분명히 있는데 고객도 모르고 기업도 모르는 숨겨진 니즈를 찾아내는 일, 마케팅의 인사이트이다. 이처럼 고객의 숨은 잠재욕구, 문제 해결 욕구를 좀 더 쉽게 알아챌 수는 없을까? 고객의 숨겨진 잠재욕구를 찾기 위한 방법은 관찰이다.

### 수다쟁이 소비자의 중요성

이러한 상황에서 주목해야 할 것은 바로 '수다쟁이 소비자'이다. 이들은 자신의 경험과 의견을 주변에 적극적으로 공유하는 소비자로, 소셜 미디어, 블로그, 온라인 커뮤니티 등 다양한 채널을 통해 의견을 전파한다. 수다쟁이 소비자는 기업에 두 가지 중요한 가치를 제공한다.

첫째, 실시간 피드백과 시장 반응을 제공한다. 제품이나 서비스를 사용한 직후 자신의 경험을 공유하므로, 기업은 제품의 장단점을 실시간으로 파악할 수 있다.

둘째, 잠재적인 미충족 니즈를 발견할 수 있는 기회를 제공한다. 수다쟁이 소비자는 자신의 경험을 통해 느낀 불편함이나 개선점을 구체적으로 언급하는 경우가 많으며, 이는 기업에 새로운 서비스나 제품 개발의 단서를 제공할 수 있다.

기업은 수다쟁이 소비자와의 효과적인 소통을 위해 몇 가지 전략을 사용할 수 있다. 소셜 미디어 모니터링 도구를 활용하여 소비자들이 무엇에 대해 이야기하고 있는지 적극적으로 듣고, 그들의 의견을 분석하거나 사용후기 컴플레인 사항들의 분석을 통해 인사이트를 얻을 수 있다. 브랜드 써포터즈를 구성하여 소비자와의 직접적인 대화에 참여하여 그들의 솔직한 의견을 진지하게 받아들이고, 필요한 경우 즉각적인 피드백을 제공할 수도 있다. 보다 적극적으로는 소비자를 제품 개발 과정에 참여시켜 그들의 아이디어와 의견을 제품에 반영함으로써, 소비자가 진정으로 원하는 제품을 만들 수 있다.

시장 조사로도 알 수 없고, 시간도 돈도 많이 드는 고객과 함께 하는 활동이 어렵다면, 아주 빠르고 명료한 방법이 있다. 고객의 불만을 관찰하라. 불평불만을 끝없이 토로하는 고객은 최고의 정보 제공자이며 기업의 R&D센터이다. 불만 고객이 핵심이다.

**불평 불만이 시장 조사보다 더 예리 할 때도 있다.**

요즘 소비자들은 작은 불편이나 손해를 감수하지 않는다. 당연하다. 제품과 서비스에 맞는 금액을 지불했는데 가치에 맞지 않는 제품이나 서비스를 받았다고 생각하기 때문이다. CS상의 옳고 그름이나 잘잘못은 잊자. 마케팅이 주목해야 할 일은 소비자의 불만 내용에서 기회를 찾는 것이다.

예컨대, 고객의 불만과 불편 중에서 발명된 제품에는 다이슨의 날개 없는 선풍기가 있다. 어린아이들이 선풍기 망에 손을 집어넣어 사고가 나는 일이 잦았는데, 어느날, 다이슨은 선풍기의 날개를 없애 버렸다! 날개 없는 선풍기. 소비자들이 불편해 하는 요소를 그냥 제거해 버린 것이다.

미국 아마존의 인기상품 '슬림 캐디'의 성공 비화도 단순하다. 제레미는 부엌에서 선반을 열 때마다 우르르 쏟아지거나 어수선하게 자리를 차지하는 각종 그릇과 텀블러의 뚜껑들이 불만이었다. 뚜껑이 너무 많아서 어디 제대로 보관할 공간도 부족했고, 매번 적절한 뚜껑을 찾기도 번거로웠다. 그는 그냥 다양한 용기 뚜껑을 잘 적재할 수만 있으면 좋겠다고 생각했고, 자신의 불만 사항을 해결하고자 새로운 수납정리 도구를 만들어 수익을 창출했다.

없는 니즈를 찾아 내어 새롭게 창조하여 파는 것보다, 이미 있는 것 중에서 사용자가 불만스러워하는 것을 개선해서 판매하는 게 더 낫다. 아이디어를 얻기 위해서는 고객의 구매 과정 중 어디에 불편한 점이 있는지에 집중하는 것은 좋은 생각이다. 고객 리뷰와 평가는 단순히 고객의 불만을 표출하거나 해결하기 위한 창구가 아니다. 우리는 고객의 평가에서 다음 시장의 기회를 엿볼 수 있다.

고객이 많은 이야기를 해줄수록 직선적 소비자 조사 결과보다 더 유의미한 대답을 찾을 수 있다. 고객의 니즈는 불만 속에 있다. 다양한 고객의 리뷰 분석은 소비자 조사와 더불어 비즈니스 성장의 열쇠이다. 특히 불만 속에 숨겨진 니즈 파악은 면밀히 검토해야 한다. 고객의 불만은 경험의 결과에 대한 단순한 부정적 반응이 아니라, 그들의 숨겨진 니즈를 반영한다.

"이러 이러한 기능이 필요한데 충족되지 않았다"라는 식의 소비자 리뷰는 시장이 원하는 바를 명확하게 드러낸다. 이러한 정보는 제품 개선, 새로운 서비스 개발, 심지어 새로운 시장 진입 전략 수립에 있어 중요한 기준점이 된다.

리뷰에는 배송의 속도에 대한 이야기가 많다. 우리 민족은 기다리는 걸 싫어한다. 기다림의 지루함도 있지만 예측되는 명백한 결과를 알고 있음에도 불구하고 과정을 알지 못함으로써 생기는 불확실성을 더 불편해 한다. 스타벅스의 사이렌 오더는 빨리 빨리를 좋아하는 우리나라의 문화에 찰떡처럼 잘 맞아서 확실하게 성공할 수 있었다.

온라인 쇼핑의 주문 배송 시스템은 주문 후 나의 물품이 현재 어느 상황이 있는지 파악할 수 있게 해주는 것이 중요하다. 제품 수령과 상관없이 어디쯤 진행 중이고 언제쯤 받아 볼 수 있다는 예측이 가능하게 해주면 고객의 불만이 적어진다. 은행이나 병원에서 받는 번호표 역시 이런 이유이다. 어차피 대기 순서대로 기다려야 하는 사실에는 변함이 없지만, 나의 순서가 어디쯤이라는 명확한 인지를 통해 안정을 찾는다.

즉 고객은 실제 사실보다 예측이 안 되는 미래의 불확실성을 더 불안해 한다. 여기서 우리는 고객의 니즈가 불확실성의 해소라는 것을 알 수 있다.

고객의 니즈를 해결하기 위해 각 구매 행동의 단계를 상세화해야 한다. 주문 배송 시스템에서 실시간으로 주문 상태를 추적하고, 고객에게 업데이트를 제공하는 것이 중요하다. 예를 들어, 어떤 단계에 있는지, 언제 도착할 것으로 예상되는지 등을 고객에게 시각적으로, 특히 직관적으로 제공해야 한다. 주문 이후 예상 도착 시간을 제공하면, 고객이 기다림의 불안함을 최소화하는 데 도움이 된다. 예상 도착 시간은 고객이 주문한 제품을 기다리는 동안 자신만의 일정을 계획할 수 있고, 예측된 시간 안에서 안도의 정서를 갖는다.

배송 지연이 발생하면 즉시 고객에게 알림을 보내고, 이유와 예상 시간을 설명하는 것이 고객 불만과 반품을 낮추는 데도 기여한다. 고객과의 투명하고 열린 커뮤니케이션은 불확실성을 줄일 수 있는 효과적인 방법이다. 만일 예상치 못한 문제가 발생할 경우에는, 고객에게 예측 가능한 보상을 제공하여 불편함을 상쇄할 수 있다. 예를 들어, 배송이 지연된 경우 할인 쿠폰이나 무료 배송, 반품, 크레딧 등의 옵션을 제공하여 더 좋은 고객의 만족도를 높일 수 있다.

시장을 변화시킬 혁신은 대부분 예상치 못한 곳에서 발견된다. 수다쟁이 소비자는 그들의 의견과 경험을 통해 기업에 중요한 시장 정보와 미충족 니즈를 제공할 수 있는 소중한 자산이다. 소비자의 불만을 활용해 사업 기회를 찾는 방법은 가장 확실하고 효과가 빠르다. 인사이트의 시점은 기업의 관점에서 출발하지 않는다. 새로운 인사이트는 고객의 문제를 해결하기 위한 방안 도출에서 기회를 찾을 수 있다. 고객이 기업에 대놓고 말하는 니즈는 현재 기업이 제공하는 제품과 서비스에 대한 충실한 응답이다. 물론 상황이 변하면 고객의 답변은 바로 변한다. 원하는 것을 찾아내서 만족시키는 것보다 싫어하는 것을 해결해주는 것으로 방향을 틀어보자.

# 도대체 될 사업인지 알 수 있는 가장 빠른 방법

신제품 출시나 사업을 시작할 때 간혹 '이게 잘 될까?'라는 의문이 들 때가 있다. 충분한 시장 타당성을 검토해 볼 시간적 여유가 없을 때가 많고, 충분히 시장 타당성을 미리 준비하고 들어간 프로젝트에서조차 확신이 안 들 때가 종종 있다.

그럴 땐 사전에 일단 빠르게, 작게, 많이 실패해 보아야 한다. 시장의 반응과 내부 역량을 보기 위해 빠른 전체 프로세스 과정을 설계해 본다. 테스트라고 해도 좋고 시도라고 해도 좋다. 단 조건은 실제로 소비자에게 판매를 한다는 것을 전제로 모든 프로세스를 완성해서 진행하는 것이다. 도입 단계의 사업계획서든, 아직 시제품도 못 만들어 본 레시피든 과정은 같다.

이 방법의 궁극적 목표는 아주 빠르게 많이 그리고 작게 실패하는 것이다. 리스크를 최소화하면서 가능성을 알아보고 계속 진행을 할지 폐기를 할지 결정할 수 있다. 그리고 무수한 작은 실패들로부터 보완과 개선 사항을 도출해서 적절하게 반영하는 것이다.

### 가설을 세워본다

가설이라고 하는 이유는 객관화된 데이터를 수집하고 분석할 시간이나 경제적 여유가 없기 때문에 사업 전반에 걸쳐 마케터의 경험에 근거한 가상의 논리를 만들어야 한다는 것이다. 만일 출시하려는 신제품(사업)이 있다면 제일 먼저 누가 이 제품 서비스를 구매할 건지 선정해야 한다. 만약 새로운 휴대폰 액세서리를 출시한다면, 어떤 연령층이나 휴대폰 사용자를 대상으로 하는지 명확하게 정의한다.

해당 고객에게 필요한 가치를 추론한다. 제공하려는 제품이나 서비스에서 고객이 필요한 게 무엇인지 여러 가능성을 세워 본다. 가성비 빵인가, 사진이 예쁘게 나오는 공간인가, 맛있는 디저트인가? 낮에 필요한가, 새벽에 필요한가? 평일용인가? 주말용인가? 상상 속에서 제품이나 서비스가 제공하는 편리성, 디자인, 기능 중 어떤 측면을 원하고 있는지를 명시해 본다.

고객이 지불할 수 있는 가격 설정을 해본다. 이 제품과 서비스에 고객은 얼마의 비용을 지불하려고 할까? 만일 무조건 싸게, 최저가로, 적어도 경쟁사보다 싸게 가격 설정이 된다고 생각한다면 다시 처음의 타깃 설정으로 돌아가 생각해야 한다. 고객은 무조건 싸다고 사고 비싸다고 안 사지 않는다.

그리고 제공하려는 제품이나 서비스는 반드시 지불 가격 대비 충분한 가치가 있어야 한다. 가격을 정할 때는 제공하려는 제품과 서비스에 과연 고객이 얼마나 지불할 의향이 있는지 주변에 물어보자. 나의 입장이 아니라 잠재 고객의 입장이어야 한다. 만일 고가의 제품이라면 반드시 제품의 물리적 특성 외 어떤 부가가치를 제공하는지 고민해야 한다.

고객이 이정도의 제품과 서비스라면 기꺼이 지불할 수 있는 가격을 설계했다면 제품의 옵션을 살펴본다. 가격이 여러 개 있는 품목이라면 각 옵션의 가치는 물론 다르게 하되 절대 2~3개 이상은 넘지 않아야 한다. 옵션의 숫자가 많아지면 고객은 바로 가격 변별력을 잃는다.

테스트 설계가 끝나면 정말 이 가설이 맞는지 확인할 수 있도록 고객의 관심 유도와 판매 유입까지 전체 프로세스를 구성한다. 이때 목표 타깃에게 노출될 수 있는 적합한 스팟 예약이나 구매 결제를 최대한으로 간소화할 수 있는 방법을 도입한다.

신제품이나 장비 메뉴얼 출시 전에는 항상 직영점 10개에서 60개를 대상으로 2~4주 정도 반응을 보고 도입을 결정했다. 만일 규모가 되지 않아도 상관 없다. 1개의 매장이나 1개의 상품으로도 반드시 검증 단계를 거치는 게 중요하다. 기간 역시 한 달이라는 시간이 안 된다면, 일주일만이라도 가설 검증의 구현 단계를 거친다.

검증을 위한 프로세스 구축이 끝나면 주요 거점에서 실제 판매를 시행한다. 특정 장소, 시간을 한정하거나 제한된 날짜로 상황에 맞추어 실행한다. 중요한 것은 일단 해보는 것이다.

### 실제로 팔아 본다

이때 중요한 것은 테스트를 할 장소 및 결제 최적화이다. 예상 고객과의 상호작용을 고려하여 전체 판매 프로세스를 체계화한다. 테스트 장소가 온라인 판매인 경우 웹사이트 내에서의 이용 흐름, 오프라인 판매인 경우 매장 내 상호작용 등을 고려한다. 목표 타깃이 활동적인 곳이나 그들이 주목하는 플랫폼, 매장, 장소를 확정한다. 이때 실제 구매 결제 단계에서의 간소화를 위해 간편한 결제 방법을 도입하거나 특별한 혜택을 제공한다.

진행 기간 및 대상 선택을 명확히 한다. 특히 테스트의 경우의 수를 목표화한다. 장소를 10개에서 60개로 할 건지, 1개에서 5개로 할 건지, 방문객 수를 일일 10인으로 할 건지, 판매수량을 일일 100으로 할건지 구체적 목표를 설정한다. 잠재 고객을 대상으로 2~4주 동안의 반응을 확인할 수 있는 실제 도달 고객의 수를 결정해야 한다. 만일 한강공원에서 피크닉 돗자리 대여사업을 하겠다면 서비스가 가능한 물리적 거리와 시간 안에서 평일 ○○개 , 주말 ○○○개라는 식으로 구체화한다.

테스트 시간이 부족한 경우라도 최소한 일주일 동안 가설 검증의 구현 단계를 거치도록 하며, 이 기간 동안의 데이터와 피드백을 수집한다. 검증된 가설을 기반으로 주요 판매 거점에서 제품이나 서비스를 실제로 판매한다. 특정 장소와 시간을 한정하여 이벤트를 실행하거나, 제한된 날짜 동안 상황에 맞게 실행한다.

실제 팔아보기는 리스크를 최소화하는 방법이다. 우선 최소 자원으로 최소 핵심 기능의 제품이나 서비스를 만든다. 이 핵심 기능 제품의 고객 구매 유입을 위한 퍼널 설계 가설을 세우고 이 퍼널의 각 단계마다 일어나는 구매 전환의 반응을 살펴본다. 보통 이러한 제품 테스트를 위해 중점 지역의 고객이나 업계 관련인들에게 먼저 선을 보이기도 한다. 사전에 작은 규모의 포커스 그룹이나 설문조사를 통해 제품이나 서비스에 대한 피드백을 수집하고, 개선 방향을 설정하고, 시작할 수 있다면 금상첨화이다.

예산과 외부 환경이 허락하면, 네이버·페이스북·인스타 광고·보도자료를 활용하여 작은 광고 집행을 하는 것도 보다 정확한 결과치를 얻게 되는 데 유리하다. 이 경우 어떠한 내용의 콘텐츠를 카피에 사용하느냐가 중요한데 고객의 호기심, 공감, 믿음, 그리고 넛지라는 영역 안에 해당되는 내용의 시나리오가 있어야 한다. 특히 소비자가 구매 전환을 하는 전체 프로세스에서 퍼널의 각 크랙이 가는 지점을 파악하고 원인을 진단해야 한다.

제품이나 서비스는 최소한의 옵션, 기능을 갖춘 제품이나 서비스로 가장 핵심적인 부분에만 초점을 맞춘다. 실제로 많은 경우 시기를 놓치지 않기 위해서 샘플이나 프로토타입 제작 없이 바로 테스트 진행을 하는 경우가 많다. 이유는 고객에게 테스트용 제품을 유상으로 제공할 수는 없다는 논리가 있기도 하다. 그러나 만일 테스트용 제품을 무상으로 샘플 형식으로 제공하면 인지상정상 실제 제품이나 서비스에 대한 평가가 지나치게 긍정적으로 나오는 오류가 생기기도 한다. 이 테스트를 하는 이유는 제품의 초기 사용자들로부터 정확한 피드백을 수용하고 제품을 개선해 나가는 데 활용하기 위해서이다.

**리뷰와 피드백**

매일의 실행 결과에서 수집된 데이터를 정기적으로 분석하여 제품과 서비스의 실행 결과를 확인하고, 미진한 부분을 계속 보완한다. 만일 보완 사항이 제품의 본질에 관련된 사항이라면 검증의 시간을 취소하거나 단축시킬 생각을 해야 한다.

다양한 피드백을 보완하여 반복해 본다. 매일의 실행 결과를 철저히 분석하고 미진한 부분을 보완하는 것은 가설 검증 과정에서의 핵심이다. 다양한 피드백을 종합하고 효과적으로 활용하여 제품이나 서비스를 지속적으로 향상시키는 과정은 다음과 같다.

판매량, 고객 피드백, 이탈률 등을 통해 성과를 측정하고 어떤 부분이 원활하게 진행되고 있는지를 확인한다. 피드백을 통해 나타난 부족한 부분을 신속하게 식별하고 개선책을 도출한다.

만일 디저트를 출시했는데 맛이 없다는 반응이 제일 먼저, 많이 나온다면 더 이상의 테스트는 멈추고 다시 정비해야 한다. 왜냐하면 이것은 사업의 가능성 문제가 아니라 사업의 본질성에 해당하기 때문이다. 피드백이 제품이나 서비스의 본질적인 특성과 관련된 사항이라면 주의 깊게 확인해야 한다.

서비스가 불편하다고 하거나 출시하려는 디저트의 맛이 부족하다는 피드백이 들어온 경우, 서비스나 식재료의 변경이나 레시피의 수정 혹은 서비스 중단, 제품 폐기 등을 고려하여 빠르게 개선해야 한다. 제품이나 서비스의 근본적인 부분에 대한 문제가 발견되면 더 이상의 테스트를 일시 중단하고 다시 정비하는 단계로 진행한다. 이 단계에서는 피드백을 종합하고 새로운 가설을 세워 빠르게 다시 실험할 수 있도록 준비한다.

다양한 출처에서 수집된 피드백을 종합하여 분석한다. 절대 하나의 피드백에 과도하게 반응하지 않고, 여러 피드백을 종합하여 전략을 수정하고 제품을 개선한다. 이러한 과정을 통해 제품이나 서비스는 지속적으로 최적화되며, 시장에서의 수용 가능성을 향상시키는데 기여한다. 빠르고 작은 실패에서 배우고 신속하게 개선하며, 끊임없는 피드백 사이클을 통해 비즈니스는 지속적인 성장을 이룰 수 있다.

출시 전 완벽한 비즈니스 과정을 만드는 것이 아니라, 여러 번의 시도를 통해 성공확률을 높이는 것이 목표이다. 중간에 계획이 변경되더라도 최종 목표를 중시하고 조정하여 놓치지 않는다. 여러 번의 시도와 수정을 통해 지속적으로 성장하고, 비즈니스 과정을 단순화함으로써 효율성을 향상시킨다. 각 시도에서 얻은 경험을 적극적으로 활용하여 비즈니스 모델을 점진적으로 개선한다.

일단 해보기가 중요하다. 가설을 세우고 실행하면서 나타난 결과를 통해 비즈니스 모델을 개선하고 성공 확률을 높일 수 있다. 판매가 진행되는 동안 일상적으로 데이터를 수집하고 고객 피드백을 지속적으로 수렴한다.

이 정보들은 미흡한 부분을 식별하고 제품이나 서비스를 지속적으로 개선하는 데 활용된다. 이러한 프로세스를 통해 가설 검증은 단순한 실험에 그치지 않고, 실제로 구매와 소비의 경로를 이해하고 개선해 나가는 일련의 프로세스로 발전할 수 있다.

가설과 검증의 단계를 거치다 보면 자칫 과정이 복잡해지거나 여러가지 보완 사항으로 제품이나 서비스가 처음 계획과 달라질 수 있다. 가설의 검증 단계에서 원래 계획과는 다른 뜻밖의 기회가 발견될 수도 있다. 이런 상황에 대비해 유연한 대응 조치를 취할 수 있도록 가능성을 열어 둔다.

어떤 경우든 모든 과정은 본질에 충실하여 단순화해야 한다. 이유는 때를 놓치지 않기 위해서이다. 완벽한 비즈니스 과정을 만드는 것을 목표로 하지 말고 여러 번의 시도로 성공확률을 높여가야 한다. 과정이 복잡해질 때에도 항상 프로젝트나 제품의 본질에 충실하도록 한다.

추가된 복잡성이 핵심 가치에 어떻게 기여하는지 고려하고, 불필요한 복잡성은 과감히 제거한다. 때를 놓치지 않기 위한 빠른 의사결정을 위해서는 뜻밖의 상황에서도 결정은 신속하게 이뤄져야 한다. 필요한 정보를 최소한으로 축적하고, 빠른 결정을 통해 프로세스를 효과적으로 이어 나갈 수 있도록 한다.

**계속 잘 모르겠을 때, 출발은 나의 본질로부터**

신사업이나 시제품의 시작이 명확하게 결정되어 있지 않다면, 혹은 사업의 의구심이 계속 든다면, 출발점을 나의 본질로부터 시작해야 한다. 실패를 줄이고 성공 확률을 높이는 방법은 내가 가진 강점을 기반으로 하는 것이다. 강점은 말 그대로 경쟁자와 비교했을 때 월등히 우월하거나, 혹은 경쟁자는 갖고 있지 않거나, 소비자의 니즈에 부합되는 부분이다.

아무리 다른 사업이 좋아 보인다고 해도 내가 전혀 알지 못하는 분야거나 경험이 없는 분야는 금물이다. 요리를 전혀 못 하고 관심도 없는데 식당을 차린다거나, 오토 프랜차이즈라고 본사가 알아서 모든 걸 다 해준다고 해서 카페를 차리면 아무리 상권이 좋아도 실패 확률이 올라간다.

시작하려는 사업군과 '나'와 조직의 성향도 중요하다. 지속 가능성 있는 운영을 위해서는 개인과 기업의 역량이 사업군과 조화가 있어야 한다. 실제로 교대역 근처 정말 목 좋은 빌딩에 프랜차이즈를 하시던 사장님은 전체 가맹점 중에 고객들 컴플레인이 많이 발생하는 요주의 매장으로 리스트에 올라갔다. 조용히 방문해 보니 이유를 금세 알 수 있었다.

점심 식사 후 카페 매장에 손님들이 식후 커피를 즐기고자 줄을 서서 방문을 하시는데, 사장님의 태도는 주인도 아니고 아르바이트도 아니고 손님도 아닌 묘한 느낌으로 포스를 잡고 계셨다. 본인보다 나이 많은 남자 손님이 주문하면 대꾸도 안 하고, 어린 아가씨 손님이 주문하면 "응"이라고 반말…. 이걸 보고 있는 알바생들 표정은 기가 막히고 심란하다고 해야 하나…. 이렇게 서비스가 좋지 않아도 지역의 지리적 특성상 손님이 오던 그 매장은 결국은 폐점되었다. 터는 좋았지만, 사장님의 개인 성향과 취향은 직접 대면 사업이 맞지 않는 분이었던 것이다. 나중에 들으니 사장님께서도 나름 매일 매일 모르는 사람들과 웃으며 계속 말을 섞어야 하는 게 정말 곤욕이었다고 한다.

기업도 마찬가지이다. 편의점 사업과 면세점 사업은 다르다. 밀키트와 화장품은 결이 다르다. 커피 사업과 햄버거 사업도 다르다. 이러한 사업을 시작할 때는 반드시 인력에 대한 고려가 있어야 한다. 물론 이종의 사업도 성공하여 잘할 수도 있다. 그러나 실패 확률은 더 높다. 리스크를 줄이고 사업을 하는 것은 비즈니스의 중요한 덕목이다. 내 강점이 발휘될 수 있는 영역에서 사업을 선택하고, 아예 모르는 분야에는 경험을 쌓고 들어가야 한다. 특히 M&A 형태의 기업 합병은 이런 경우 바람직하다.

# 그래도 잘 모르겠으면 일단 1등을 아주 잘 따라 하자

창조는 무에서 유가 아니다. 처음부터 무에서 없는 것을 창조적으로, 창의적인 걸 해야겠다는 생각을 버릴 필요가 있다. 창조와 선구의 역할은 물론 당연히 중요하다. 이전에 없었던 새로운 사업이나 서비스를 기획하는가? 창조와 선구의 역할은 매우 중요하지만, 무에서 유를 창조하는 것은 어려운 과정이다.

다수의 기업과 브랜드가 창의적인 아이디어를 기반으로 성장했지만, 현실적으로 우리는 모두가 같은 수준의 창조력을 가지고 있지 않다. 따라서 모두가 창조적인 방향으로 나아가기보다는, 다양한 역할과 재능을 발휘하는 것이 중요하다. 새로운 비즈니스 아이템을 기획할 때, 무에서 유를 창조하는 경우는 드물다는 현실을 직시해야 한다.

이미 존재하는 아이디어나 제품을 가져와서 새로운 관점이나 기능을 더하여 차별화된 가치를 만들어내는 것이 중요하다. 이를 통해 경쟁자들과의 차별화를 이루고, 시장에서의 경쟁력을 강화할 수 있다. 예를 들어, 인스타그램은 기존의 사진 공유 서비스를 창조적으로 변형하여 새로운 가치를 창출하였다. 사진을 찍고 공유하는 것은 이미 존재하는 아이디어였지만, 인스타그램은 사용자들에게 쉽고 간편한 인터페이스와 다양한 필터 기능을 제공하여 사진에 더욱 매력적인 요소를 더했다. 이러한 창조적인 변형을 통해 인스타그램은 '인스타감성'이라는 유니크한 차별성으로 전 세계적으로 성공한 사례로 평가받고 있다.

희미하고 알 수 없는 미지의 길을 갈 때 누군가 먼저 목적지에 도달한 길이 있다면, 어떻게 하겠는가? 비즈니스는 창조자의 길이기보다는 탐험가의 길이다. 없던 길도 만들 수 있고, 있던 길을 더 넓힐 수도 있고, 반대의 길로 더 좋은 목표에 도달할 수도 있다. 미지의 세계를 항해하는 마음으로 앞으로 나아갈 길을 유심히 살피고 조사해야 한다. 새로운 제품이나 서비스를 출시할 때 막막하다면 가장 유사한 사업모델을 찾아보자.

### 검증된 1등의 전략

기존에 없던 새로운 제품이나 서비스를 출시할 때라도 반드시 해당 카테고리의 선두 기업을 벤치마킹 하는 것은 필수요소이다. 특히 해당 시장을 키우고 있는 회사를 보아야 한다. 그들은 혁신가이며 리더여서 시장을 선점할 수 있었다. 이 놀랍고 창조력 넘치는 재능을 가진 경쟁사는 이미 고객들에게 수많은 경험으로 검증되었기 때문에 믿고 따라도 좋다. 반드시 해당 카테고리의 리더들을 벤치마킹하여 소비자가 좋아하고 원하는 것을 찾아내고 시장내 경쟁자와 나의 강약점을 파악할 수 있다.

이 원칙은 기업이 경쟁력을 확립할 때 유용한 출발점이 될 수 있다. 예를 들어, 헤어 제품 시장에서 1등 기업의 마케팅 제품 전략을 본떠 보강할 핵심적 요소를 추출하여 출발한 브랜드는 유명 브랜드의 제품 디자인과 가격 범위를 전략적으로 모방하여 빠르게 시장 점유율을 확대하고 경쟁력을 확보할 수 있다. 벤치마킹은 혁신과 시장 리더십의 출발점이다.

써브웨이 샌드위치는 기존의 패스트푸드 산업에서 창조적인 변화를 이뤄냈다. 써브웨이 샌드위치는 최초의 전 세계 샌드위치 프렌차이즈가 아니다. 1965년에 설립해 전 세계 20,000개의 지점으로 확장된 써브웨이는 원래 대학생 프레드 델루카(Fred DeLuca)가 등록금을 마련하고자 그의 가족 친구 피터 벅(Peter Buck)에게 1000불을 빌려, 당시 잘 나가던 이탈리안 샌드위치 가게들 '저지 마이크스 써브마린 샌드위치(Mike's submarine Sandwich, 현재는 Jersey Mike's Sandiwich')나 아마토스(Amatom's 1902년 설립) 샌드위치를 벤치 마킹하면서 시작했다.

기존 햄버거와 같은 고기 중심의 메뉴 대신, 건강한 채소와 신선한 재료를 사용한 인기있던 이탈리안식 샌드위치를 제공함으로써 소비자들의 건강과 다이어트에 대한 관심을 반영하고 자별화된 운영 방법을 도입하면서 크게 성공했다. 이처럼 이미 존재하는 아이디어나 제품을 창의적으로 변형하여 새로운 가치를 창출하는 과정으로 접근하는 것은 보다 현실적이고 효과적이다.

패스트 팔로워는 선행자를 모방하는 추종자로, 선두 기업의 첫 번째 움직임을 빠르게 벤치마킹해서 따라가는 회사들을 이야기한다. 시장에서 영원한 100% 독점 기업이라는 존재하기 어렵다. 기회는 항상 열려 있다. 빠르게 그들이 성공한 사례를 배우고 모방하는 패스트 팔로워가 되는 것은 좋은 전략이다.

패스트 팔로워는 단순한 모방에서 멈추지 않고 자신만의 장점으로 경쟁자와 차별화하여야 한다. 패스트 팔로워가 되기 위해서는 시장 동향을 주시하고, 변화에 빠르게 대응하는 민첩성이 필요하다. 시장의 변화를 예측하고, 경쟁 기업들의 움직임을 주시하며 빠르게 대응하여 자신의 제품이나 서비스를 개선해야 한다. 또한, 끊임없는 혁신과 개선을 통해 경쟁자들과 차별화된 가치를 제공하는 것이 중요하다.

예를 들어, 기술 기업에서는 선두 기업들의 기술 동향과 혁신적인 제품 개발을 주목하여 빠르게 적용하는 것이 중요하다. 선두 기업들이 선보이는 혁신적인 기술을 분석하고, 그들이 시장에서 성공한 이유를 파악하여 자신의 제품에 적용함으로써 경쟁력을 강화할 수 있다. 이를 통해 패스트 팔로워가 되어 기존의 선두 기업과 경쟁하면서 시장 점유율을 높일 수 있다. 일단 잘하는 그들을 빨리 배우고 내가 잘할 수 있는 부분을 찾아내어 그들의 길을 가보자.

### 잘 팔리는 상품은 더 잘 팔릴 것이다

성공적으로 판매되는 상품이나 서비스는 시장에서 더욱 큰 성공을 이룰 수 있다. 벤치마킹은 기업이 현재의 성과를 개선하거나 새로운 제품이나 서비스를 개발할 때 매우 유용한 도구이다. 다른 기업들의 성공 사례를 분석하고, 그들이 어떻게 시장에서 성과를 내고 있는지를 파악함으로써 자신의 비즈니스 전략을 개선할 수 있다. 이를 통해 경쟁자들의 성공 요인을 이해하고, 그들의 전략을 참고하여 자신의 기업이 성장할 수 있는 방향을 설정할 수 있다.

벤치마킹은 결코 경쟁사의 제품이나 서비스를 복제하는 것이 아니다. 오히려, 그들의 성공 요인과 전략을 분석하여 자신의 기업에 적용할 수 있는 핵심 아이디어를 도출하는 것이 중요하다. 경쟁사들의 강점을 파악하고, 그들의 약점을 보완하는 방식으로 자신의 기업을 성장시킬 수 있다.

단순히 경쟁사에만 국한되는 것이 아니라 다른 산업이나 분야에서도 성공적인 사례를 찾아내어 자신의 비즈니스에 적용할 수 있다. 어떤 기능이나 디자인이 소비자에게 인기를 끌고 있는지, 어떤 마케팅 전략이 효과적인지 등을 조사한다. 이 원칙은 다양한 제품과 서비스에 적용된다.

기존에 성공적으로 판매되는 상품이나 서비스는 시장에서 더욱 큰 성공을 이룰 수 있다. 이를 위해 유명 브랜드의 성공 사례를 참고하여 차별화된 전략을 개발할 필요가 있다. 잘 팔리는 상품이란 소비자들에게 필요하고, 가치를 제공하는 제품이나 서비스를 말한다. 소비자들의 니즈와 원하는 가치를 정확히 파악하고, 그에 맞는 제품이나 서비스를 개발하고 제공함으로써 성공을 이룬 것이다. 쿠팡은 구루폰과 아마존을, 토스는 로빈후드를 벤치마킹했다.

후발 주자라면 고객에게 맞춰주고, 그들의 틈새를 메꿔 주어야 한다. 'Customizing'이란 단어에 모두 담을 수 있는 개념이다. 온라인 광고에서는 이제 사람마다, 웹사이트마다, 시간마다 다른 광고를 하는 경우가 늘고 있다. 조직 안에서도 예전처럼 모두가 똑같이 행동하는 집단의 가치와 전체 행동을 강요할 수 없다.

누구에게 맞춰주기 위해서는 그 사람을 잘 알아야 하고, 원하는 것을 해줄 수 있는 배려심이 있어야 한다. 고객을 돈을 뽑아내야 할 대상으로 본다면 제대로 된 관계를 형성할 수 없다. 그래서 '배려'와 '만남'의 'Socializing'이 필요하다. 아울러 다른 이들과 다른 이야기의 역사를 품고 있어야 나의 제품과 서비스의 차별화가 가능하다.

나의 스토리에는 반전이 있어야 하고 누구나 고개를 끄덕이며 쫓아오게 만들어야 한다.

## 돈 없고 빽 없이 성공을 만들어야 한다면

자본도 부족하고 쌓아 놓은 영향력도 없는데 거인들과 싸워야 하는 전쟁터에 들어가는 상황이 된다면 반드시 이것을 알고 있어야 한다. 거인들의 싸움터에서 거인들의 방식으로 거인들과 싸우지 않는다.

그가 원하는 곳에서 싸우지 않는다. 경쟁자의 울타리 안에서 경쟁을 시작하면 안된다. 경쟁상대가 가장 유리하다고 느끼는 조건이나 환경을 피해야 한다. 예를 들면 상대가 가장 강한 분야에서는 직접 대결을 피하고 다른 방식이나 영역에서 우위를 선점해야 한다.

스마트폰과 같이 대기업들이 건재한 시장에서 작은 소규모의 기업이 경쟁력을 갖추어야 한다면 어떻게 해야 할까. 일반적으로 대부분의 소규모 기업들은 대기업과 동일한 전략을 취하려고 하며, 이는 보통 가격 경쟁이나 기술 혁신 측면에서 이루어진다. 하지만, 대기업들은 이미 브랜드 인지도, 마케팅 예산, 연구개발 능력 등에서 우위를 점하고 있어, 이러한 직접적 경쟁은 효과가 떨어진다.

대기업이 주력하지 않는 특정 지역이나 소비자 그룹에 집중해야 한다. 예를 들어, 개발도상국 시장이나 특정 연령대의 소비자에게 맞춤화된 특수 제품을 제공함으로써 틈새 시장을 공략한다. 독특한 제품 개발로 대기업이 제공하지 않는 특화된 기능이나 디자인에 더욱 집중한다.

높은 내구성을 갖춘 스마트폰이나 특별한 사용자를 위한 인터페이스, 특정 전문직 종사자를 위한 유일한 기능 등을 활용하여 제품

자체보다는 사용자 경험에 초점을 맞춘다. 개인화된 고객 서비스, 특정 사용 편의성을 강화한 소프트웨어, 독특한 구매 경험 제공 등을 통해 소수지만 높은 고객 충성도를 보일 수 있는 타깃을 선정한다. 이유는 대기업이 장악한 시장에서 직접적인 경쟁을 피하고, 자신들의 강점을 활용하여 차별화된 경쟁 우위를 확보해야 하기 때문이다.

그가 원하는 방식으로 싸우지 않는다. 상대방이 원하는 방식으로 싸우지 않아야 한다. 경쟁 상대가 선호하는 규칙, 전략, 또는 접근 방식을 따르지 않고, 대신 자신만이 할 수 있는 전략을 개발해야 한다. 대기업은 할 수 없고 작은 기업은 할 수 있는 전략, 전술을 통해 상대방을 불편한 영역으로 유인하고, 자신이 더 익숙한 방식으로 경쟁해야 한다.

대기업이 주도하는 전자상거래 시장에서 작은 스타트업으로 판로를 개척해야 한다면 전통적인 온라인 마케팅 전략과 대량 판매 모델을 피해야 한다. 대기업과 유사한 광고 전략, 할인 모델을 사용하면 손익에서 효율이 나기가 어렵다. 대기업들이 이미 잘 구축하고 효율화한 영역에는 진입하지 않아야 한다.

상대가 잘하지 못하는 방식을 시행한다. 대기업이 주로 사용하는 대량 광고 대신 작은 소기업만이 할 수 있는 방법에는 고객과의 커뮤니티 형성이 있다. 타깃의 특정 커뮤니티나 소셜 미디어 그룹, 오프라인 모임 등에 집중하여, 특정 관심사나 라이프스타일을 가진 소비자들과 더 밀접한 관계를 형성한다.

이들에게는 대량 생산에 집중하는 대기업 제품과 서비스와는 과 달리, 고객 개개인의 요구에 맞춘 친밀화된 맞춤형 제품이나 서비스를 제공한다. 소비자가 자신의 취향과 필요에 딱 맞는 제품을 찾을 수 있게 해줌으로써 기업 브랜드와 고객과의 관계를 밀착시킨다.

아울러 공공의 이익을 위한 가치를 확립한다. 환경 보호, 지속 가능한 자원 사용, 공정 무역과 같은 가치를 제품에 적극적으로 반영한다. 대기업도 물론 이러한 캠페인을 지속적으로 하고는 있지만, 아직 크지 못한 작은 기업이 사회 가치에 적극적으로 동참하는 모습은 소비자들에게 신뢰와 응원을 불러일으키는 좋은 콘텐츠가 된다.

또한 이를 통해 환경 및 사회적 책임에 민감한 소비자층은 단순한 판매를 넘어서, 소비자에게 독특한 쇼핑 경험을 갖게 된다. 이 구매 프로세스에 대기업은 하기 어려운 친밀하거나 특이한 쇼핑 경험을 넣으면 고객의 구매 여정을 더 각인시키게 된다.

그가 할 수 있는 방식으로 싸우지 않는다.자신만의 방식을 찾아 싸우는 것이다. 이는 자신의 강점을 극대화하고, 창의적이고 혁신적인 방법을 도입하여 경쟁에서 이점을 얻는 것을 의미한다. 당신의 목소리로 대화한다. 전통적인 방식을 벗어나 새로운 기술, 아이디어, 또는 전략을 적용하여 경쟁 우위를 확보하는 것을 포함할 수 있다.

작은 브랜드의 고유한 브랜드 가치 창출에 집중하자. 뾰족하고 날카롭게, 양손의 떡을 버려라. 차별화된 접근법을 통해 브랜드 고유의 가치와 정체성을 구축할 수 있다. 이는 소비자의 충성도를 높이고, 브랜드 인지도를 강화하는 데 도움이 된다. 작은 브랜드의 성공은 타깃 시장과의 강한 연결이 관건이다. 특정 소비자 그룹에 집중하고 그들의 필요와 취향에 맞춘 제품 및 서비스를 제공함으로써, 보다 깊은 고객 관계를 형성할 수 있다.

개인화된 서비스와 맞춤형 제품 제공은 고객 만족도를 높이는 중요한 요소이다. 이를 위해 고객의 작은 페인 포인트(Pain Point)를 해결에 집중한다. 이는 장기적인 비즈니스 성장과 고객 기반 확대로 이어질 수 있다. 이러한 접근 방식은 자본이나 영향력이 부족한 상황에서도 창의적이고 유연한 전략으로 경쟁에서 성공할 수 있음을 시사한다. 자신만의 강점과 차별화된 전략을 개발하고 실행하는 것이 중요하다.

# Chapter. 5

# 대항해

# 슈퍼에이지 공략법

세기말과 새로운 세기가 시작될 때 출생한 밀레니얼과 Z세대는 새로운 천년의 주요 소비자로 주목받았다. 이제는 디지털 기술에 완벽히 익숙한 알파(α) 세대가 우리 사회의 중심으로 성장하며 관심을 받고 있다. 그러나, 수명 연장과 함께 핵심 소비 시장의 중심도 이동하고 있다. 경제력을 갖춘 더 많은 소비자가 상위 연령에 존재한다.

이 소비자들은 이전의 노령 인구와는 다른 라이프 스타일과 가치관을 가지고 있다. 늘어난 수명 만큼 신체 연령도 이전의 노령 세대와는 다르다. 40·50·60을 공략하기 위해서 무엇을 해야 할지 알아보자. 지금은 몇 살이니까 이렇게 살아야 한다는 것보다, 내가 하고 싶으니까 이렇게 한다는 사람이 더 많은 세대이다.

'실버'라고 부르는 시장은 이미 오래 전부터 시장 가능성으로 사회적 관심을 받아왔다 우리도 많은 준비와 시도들이 있었다. 그럼에도 불구하고, 실버 시장을 겨냥한 시도들 중 일부는 실패로 돌아

갔다. 그러나 이렇다 할 성과 없이 실패로 남거나 작은 성과로 인하여 '존재하지만, 아직은 재미없고 힘든 시장'이라는 지적을 받았다. 구매를 할 소중한 소비자가 존재하고 명백한 니즈가 있는 시장 실패의 배경에는 몇 가지 주요 원인이 있다.

> "2011년 롯데백화점이 서울 소공동 본점에 오픈한 실버 기프트 편집숍은 최근 실적 저조를 이유로 문을 닫았다. 실버 시장이 커질 것으로 보고 건강보조식품, 의료용품 등을 한데 모아 진열한 이 매장은 편집숍 앞에 '실버'라는 단어를 붙인 게 패착(敗着)이었다. 백화점 측이 겨냥한 50~60대 시니어 소비자들은 자신을 실버라 생각하지 않을 뿐더러 실버용 매장에 매력을 느끼지 못한 탓이다.
> 나날이 늘고 있는 시니어 소비자를 공략하기 위해 수많은 기업들이 실버 시장에 도전장을 내놓지만 성공한 기업은 많지 않다. '실버=약자'라는 고정관념에 사로잡혀 정작 시니어 소비자들이 무슨 생각을 하는지 간과한 때문이다. 최근 주력 소비 계층으로 등장한 '액티브 시니어'에는 더더욱 과거의 마케팅 전략이 통할 리 없다. 이들은 젊은 패션, 감성을 추구하는 뉴시니어에 속한다. 대놓고 실버용 제품을 강조했다가는 백전백패라는 얘기다" (《매경이코노미》, 2013.07.17~07.23)

## 온라인 큰 손 55~64세 액티브 시니어

매일 경제 신문에서 보도한(2024-02-01) 대한 상공회의소 분석 보고서에 따르면 건강한 체력과 구매력이 뒷받침돈 55세에서 64세의 온라인 쇼핑 시장에서 큰손으로 부상하고 있다고 한다. 일명 '액티브 시니어'라고 불리는 이 소비자는 전통적 4인 가족의 가정이 아니라 1, 2인으로 이루어진 가구이다.

상대적으로 고연령층으로 분류 되지만 자녀와 함께 살고 있지 않으면서 여전히 건강과 활력은 물론 자금력까지 갖춘 계층을 말한다.

가장 눈에 띄는 점은 액티브 시니어가 코로나 19이후 온라인 쇼핑의 이용이 급격히 증가 했다는 것이다. 이들은 코로나19 이전(2018년 9월~2019년 9월)을 기준으로 전체 식품 구매 가운데 2.5%만 온라인으로 거래했는데 엔데믹 이후(2022년 9월~2023년 9월)로 접어들어서는 이 비중이 8.8%까지 늘었다. 특히 가공식품처럼 신선식품이 아닌 경우 이 비중은 빠르게 상승하고 있다. 코로나19 이전 비신선식품의 온라인 거래 비중은 5.0%에 그쳤는데 엔데믹 이후로는 15.5%로 급등했다.

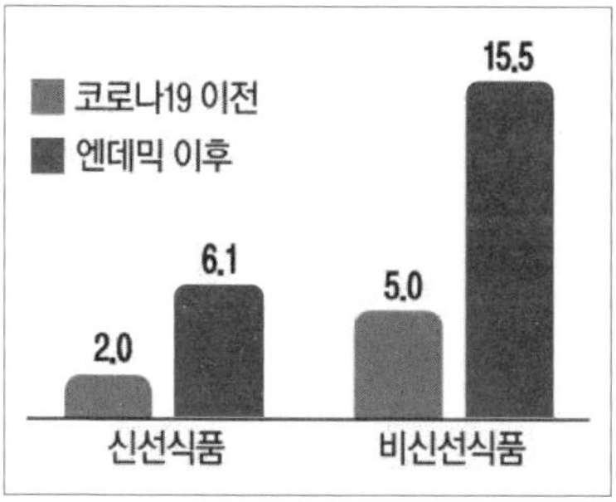


액티브 시니어의 온라인 쇼핑(단위 : %)
(*코로나19 이전은 2018년 9월~2019년 9월, 엔데믹 이후는 2022년 9월~2023년 9월. 액티브 시니어는 모든 구성원이 55~64세인 1·2인 가구)
(자료 : 대한상의 · 칸타월드패널)

코로나 19는 수명 연장과 함께 우리 사회에 많은 변화를 가지고 왔다. 특히 온라인 디지털 도구의 사용에 수동적이고 소극적이었던 중장년, 노년층들을 온라인 도구와 IT 사용에 적극 끌어들였다. 이전의 시니어들은 핸드폰 사용에 있어서 주로 전화와 문자가 주 용도였다면, 현재는 비대면 쇼핑, 커뮤니티 활동, 엔터테인먼트, 그리고 QR 코드 사용에 익숙해졌다. 전에는 일명 '효도폰'이 시니어들의 통신 수단이었지만 지금은 최신 사양의 스마트폰으로 유튜브도 보고 밴드 활동도 하며 카톡을 주고 받는다.

## 여전히 어려운 시장

그러나 실버 마케팅은 여전히 어렵고 재미가 없는 시장으로 언급되기도 한다. 그 이유로는 첫째, 많은 기업들이 실버 시장의 타깃 연령대의 요구와 선호를 잘못 파악하거나 일반화하는 실수를 범했기 때문이다. 시장의 핵심 타깃에 대한 심층적 조사보다는 대상의 일반화로 시대의 흐름에 맞추질 못했다.

둘째, 과도한 스테레오타입을 적용함으로써 타깃이 자신들을 위한 메시지로 받아들이지 않거나 부정적으로 인식하는 경우가 많았다. 예를 들어, 모든 노년층이 보수적인 옷차림(그레이 아니면 알록달록)을 선호하거나 건강 문제를 가지고 있거나 기술에 서투르다는 등의 선입견이다.

셋째, 전체 시장의 의사 결정자에 대한 분석 부족이다. 해당 시장 제품의 소비는 소비 주체인 실버 인구 당사자만이 아니라 가족, 기관, 사회 등 여러 이해 관계가 존재하고 있기 때문이다. 이런 현상은 고령일수록 더 심해지는데, 즉 고령 노인의 침대나 위생 용품의 구매를 결정하는 것은 사용자가 아닌 다른 사람들이다.

'퀸잇'과 같은 4050여성 온라인 쇼핑몰의 성공 비밀은 젊음과 세련

됨을 추구하는 요즘 중년 여성의 욕구를 정확히 파악하고 있기 때문이다. 대부분의 패션 시장은 주로 20~30대가 중요한 핵심 타깃이었지만, 이제 그동안 소외되었던 4050대의 여성들의 니즈를 정확하게 바라보았다.

나이는 매일 서서히 들어가는 것인데, 나이가 들었다고 갑자기 그 이전 세대의 취향으로 옮겨 가지 않는다. 퀸잇의 성공은 타깃 고객이 20대, 30대, 40대였을 때 꾸준히 좋아하던 스타일을 요즘 스타일과 잔뜩 모아 보여주었다.

고객의 나이로 세대의 특징을 한정 지어서는 시장 기회를 찾기 어렵다. 이들의 니즈를 파악에서 '연령대가 이러니 이럴 것이다'라는 추론은 위험하다. 특히 마케팅 실무를 담당하는 연령대가 경험하지 못한 소비자연령대를 분석하여 시장에 적용하는 것에는 실수가 따를 수밖에 없다. 30대 마케터가 어린이 시장을 진행하면 혹시 자녀가 없더라도 본인이 유년기를 거쳤기 때문에 해당 분야의 경험이 전무하다고 할 수는 없다. 그러나 아직 가보지 못한 고객의 세대를 읽어 내는 것은 데이터 분석에 기반한 인사이트만으로는 뭔가 부족하다는 것이다. 슈퍼에이지는 연령이나 세대의 특징이 아니라 각 개인의 취향과 가치관을 보아야 한다. 고객의 니즈를 이해한다는 것은 고객의 삶과 성격을 이해하는 것이기 때문이다.

노년의 시장을 어떻게 바라볼 것인가? 중·장년·노년·실버라는 시장은 따로 있지 않다. 인생의 여정에 따라서 자연스럽게 형성된 마켓의 하나일 뿐이다. 밖에서 바라보며 노령의 욕구를 예측해서는 안 된다. 시장의 욕구와 니즈를 바라보는 시각과 실행 방법에 오류가 있다는 사실이다. 마케팅 실무자의 연령, 경험, 환경과 타깃 고객의 니즈, 그리고 기업이 제공하는 서비스에 오류가 있지는 않은지 세심히 체크해야 한다.

# 슈퍼플레이어 70년대생

세대별 마케팅 전략은 끊임없이 변화하는 소비자의 요구와 기대를 반영해야 한다. 이제 중장년, 노년이 된 X세대는 다양한 문화적 배경과 경험을 바탕으로 한 독특한 소비자 집단을 형성하고 있다.

이 세대는 아날로그 시대의 마지막을 경험하고 디지털 혁명의 초입에 성장한, 기술 변화에 유연하게 적응할 수 있는 능력을 지닌 집단이다. 그리고 경제적 자산 보유력도 전 세대를 통틀어 가장 부유하다. 따라서 X세대를 효과적으로 공략하기 위한 마케팅 전략은 이들의 성향을 파악하고 가치관을 중심으로 접근 방식이 필요하다.

이런 X세대 중 70년대 출생들은 소비 시장에서 핵심 플레이어로 활동할 것이다. 70년대 세대의 특성과 마케팅 접근 방식의 시작은 그들이 디지털과 아날로그의 교차점에서 시작된 세대라는 것이다. 70년대생은 로터리 전화, 라디오부터 워크맨, 삐삐, 스마트폰에 이르기까지 다양한 기술적 변화를 경험했다.

이러한 경험은 이들이 기술에 대해 개방적이면서도 전통적인 가치를 소중히 여기는 독특한 소비자 집단임을 의미한다. 마케팅 전략은 이러한 디지털과 아날로그의 교차점 세대라는 것을 이해하고, 온라인과 오프라인 채널을 모두 활용하여 다양한 접점을 제공해야 한다.

### 우리가 남이가?

이들은 한 반에 60명이 넘는 국민학교 생활과 민주화 운동, 군대라는 집체주의와 가족 같은 회사라는 사회 성향을 다 겪었다. 공동체 의식이 강하며 사회적 신뢰와 정서적 유대감을 중요하게 생각한다. 모두가 똑같이 교복을 입기도 했고 지역적 유대감도 강하다. 규율과 제한, 일명 전체에 반하는 '튀는 행동'에 대한 사회적 불이익을 경험했다. '우리'와 '가족'이라는 가치는 가족 단위 이외의 모든 관계에서도 적용되었다.

동시에 교복과 두발 규제 자율화, 해외 여행 자율화, 다양한 스포츠와 언론 매체의 등장, 올림픽과 엑스포 같은 각종 국제적 행사들을 대거 경험했다. 서구의 다양한 브랜드들이 시장을 채우면서 취향이 넓어졌고 개성이 강해졌으며 저마다의 다양한 의견이 이전에 비하여는 인정받았다. 어릴 때는 주산 학원을 다녔지만, 성인이 되서는 모두 컴퓨터를 사용해야 했다.

연령을 기반으로 한 카테고리화는 이 세대의 다양성과 개성을 절대 무시하는 행위이며, 이들의 소비 행태를 제대로 반영하지 못한다. 다양한 생활 경험과 가치관을 가진 X세대를 인류 통계학적 분류체계에 의한 일률적 연령을 기준으로 노년, 실버, 장년 등으로 분류하는 것은 위험하다. 이들의 니즈는 연령의 차이보다는 개인의 사적인 경험에 더 영향을 받기 때문에 연령별 소비자 분류와 그에 따른 고정관념으로 보다는 개인의 삶의 경험과 가치관을 기반으로 한 세분화된 접근이 필요하다.

개인화 성향도 이전 세대에 비하여 강하기도 하지만, 집단 의식, 특히 경쟁 의식도 강해서 남들이 하면 해야 하고 다름을 위험하게 인식하며 사회적 기준이라는 양식에 맞지 않으면 불안해 한다. 따라서 마케팅 메시지는 이러한 공동체 의식을 존중하고 개인의 다른 가치관과 취향에 초점을 맞춰야 한다.

외국어 간판과 상품이 난무하고 무인 키오스크와 핸드폰 중심의 경제 활동이 지배하는 우리나라 서비스 환경에서 그들 모두가 디지털 환경에서 완벽하게 자유롭지는 않다. 따라서 좀 더 편리하게 이용할 배려 있는 조건 설성이 중요하다.

## X세대의 마케팅

나이가 들어가면서 보수적으로 변하는 인간의 생물학적 특성을 생각하면 세대 간의 교집합인 이들에게는 새로운 디지털 기술을 잘 활용하면서도 익숙한 레벨의 환경에서 편리하게 유입할 수 있도록 유도해야 한다. 디지털이 낯설지는 않지만 새롭게 나타나는 기술에 대한 부적응을 최소화하고 원활한 소통을 위하여 온라인과 오프라인 채널을 모두 활용한 균형감 있는 다채널 접근 기법이 필요하다.

최근 한국 경제 기사의 일본의 시니어 시장 실패는 우리에게 경각심을 갖게 한다.류재광 일본 간다외어대학 교수의 인터뷰를 보면, 일본 기업들의 시니어 마켓에서 실패 요인을 두 가지로 분석했다. 우선 일본이 참조할 만한 선행 사례가 없었다는 점이다. 그는 “일본은 2006년 세계 최초로 초고령사회에 진입한데다, 현재 65세 이상 인구 규모는 3,600만 명에 이를 정도로 고령 인구가 크다”

라면서 "고령화 속도가 빠르고 규모가 매우 크다 보니, 선례로 삼을 국가가 없어 시행착오를 거듭할 수밖에 없었다"고 분석했다. ("日기업 실버 산업에 선불리 나섰다가 실패…, 한국기업도 선행연구 필요", 《한국경제》, 2023.03.22.)

또한 고령 인구를 세분화하지 않고 한 덩어리로 취급한 점도 패인이 됐다. 류 교수는 "고령 소비자 안에서도 소득 수준, 가치관, 생활 양식, 가족 구성 등이 매우 다르다"면서 "이에 따라 소비 성향도 다양할 수밖에 없는데, 대부분 기업이 구체적 시장 분석은 하지 않은 채 시니어 마켓의 파이가 커지는 것에만 주목했다"고 지적했다. 류 교수는 국내 기업들 역시 선불리 고령자 소비 시장에 진출하기보다는 선행연구를 통해 '준비 운동'을 확실히 해야 한다고 제언했다. 그는 "현재 고령 소비자 고객이 충분히 확보되지 않은 상태에서 시장에 뛰어들면 투자 대비 효과가 적다"면서 "다만 현재 기업의 강점을 시니어 마켓에 어떻게 접목시킬 수 있는지 선행연구를 할 필요가 있다"라고 강조했다. 류 교수는 "60대, 70대, 80대 이상 등으로 시장을 세분화하고, 이들 소비와 관련된 데이터를 축적하는 것만으로도 향후 시장을 선점할 가능성이 높아진다"고 말했다.

그렇다면, 핵심 소비층이 될 자산 있는 우리나라의 70년대생은 어떻게 공략해야 하는가?

마케팅 커뮤니케이션 전략은 시대의 변화와 함께 진화해야 한다. 특히 고령화 사회로 접어들면서 세대 간의 소통 방식과 소비 행태에 대한 이해가 필요하다. 마케팅 메시지를 전달할 때 사용되는 용어 하나하나가 타깃 고객에게 어떻게 받아들여지는지 고민하는 것이 중요하다.

'노인', '실버', '장년' 등의 용어는 특정 연령대를 대상으로 한 상품이나 서비스를 외면하게 만들 수 있다. 이는 해당 용어들이 현실과 동떨어진 이미지를 조성하거나, 소비자를 사회적 약자로 낙인 찍는 것으로 받아들일 수 있기 때문이다.

오늘날의 고령자들은 자신들이 능동적이고 활동적인 삶을 영위하길 원한다. 따라서 이들을 대상으로 하는 커뮤니케이션 메시지는 활기찬 동기를 부여하고, 새로운 것을 시도하게끔 만들어야 한다. "하지 마세요"보다는 "하세요"라는 암묵적이며 자극적 메시지가 더욱 긍정적인 반응을 이끌어낼 수 있다.

동시에 현실적이고 실용적인 측면을 강조해야 하며, 비현실적이거나 과도한 젊음을 강조하는 이미지는 반감을 가져 올 수 있다. 제품과 서비스의 디자인은 사용자 친화적이이야 한다. 너무 작은 글씨, 복잡한 인터페이스, 과도한 외국어 사용은 피해야 하며, 소비 과정은 간단하고 명확해야 한다.

전통적인 미디어와 디지털 미디어를 통한 마케팅 전략을 적절히 혼합하는 것이 중요하다. 세대 안의 디지털 격차에도 불구하고, X 세대의 슈퍼플레이어들은 디지털 기술을 적극적으로 활용하고 있다. 온라인 쇼핑, 소셜 미디어, 디지털 결제 시스템 등을 통한 접근이 가능하며, 이와 동시에 오프라인에서의 경험도 여전히 중요하다.

그러나, 이 세대가 모두 디지털 기술에 능숙한 것은 아니므로, 디지털 격차를 고려하지 않는 마케팅은 일부 고객층에게 도달하지 못할 수 있다. 따라서, 디지털 미디어의 활용 뿐만 아니라, 전통적인 미디어를 통한 접근 방식도 중요하다.

가성비를 넘어서, 이 소비자들은 감성비를 중시한다. 신뢰와 믿음을 바탕으로 한 장기적인 관계 구축이 중요하며, 자신의 가치관과 정서를 반영하는 제품이나 서비스에 더 많은 애착을 둔다. 이들은 자신의 삶의 질을 향상시키고, 취미나 관심사를 충족시키는 경험을 중시한다.

'폼생폼사' 세대로 자신의 정체성과 스타일을 중요시한다. 패션, 모임, 오프라인 및 온라인 커뮤니티, 반려동물, 가족 및 사회와의 상호작용 등은 이들에게 중요한 요소다. 마케팅 전략은 이러한 특성을 반영하여, 고객의 다양한 취향과 필요를 충족시키는 방향으로 설계되어야 한다. 이들은 미국의 헐리우드 배우들처럼 반려동물에게 유산을 상속하는 세대가 될 것이다.

여전히 소비의 주체는 X세대 할머니이다. 2035년에는 여성 3명 중 1명이 65세 이상이 될 것이라는 예측은 마케팅 전략에 있어 여성 고령자를 주요 타깃으로 설정해야 함을 의미한다. 남성보다 더 오래 사는 여성의 특성과, 가정에서 소비의 중심이었던 그녀들의 삶을 생각하면 마케팅은 이제 누구를 연구해야 할지 간파했을 것이다. 남성보다 오래 살아 남는다. 따라서 이제 X세대 할머니들의 취향과 기호는 몹시 중요해질 것이다. 이들은 가정에서 계속 소비의 결정권을 가지며, 특히 건강, 뷰티, 여가생활, 가정용품 등 다양한 분야에서 중요한 역할을 한다.

70년대생들의 특징은 자신이 이제까지 보아 온 부모나 조부모들과는 다른 세대라고 인식하고 있다는 것이다. 어디서 많이 들어 본 것 같지 않은가? 그렇다. 그 말 많고 시끄러웠던 오렌지족, X세대 슈퍼플레이어의 핵심이다. 실버를 강조하면 실패한다. '마음은 28 청춘'이라는 말대로 소비를 위한 그들의 정서 연령은 더 어릴 수도 있다. 압구정 오렌지들은 아직 건재하다. 그들의 삶의 모습은 여전히 젊음과 멋짐의 상징이다.

# 연결 시장

최근 몇 년 간의 사회적, 기술적 변화는 우리 삶의 모든 측면을 재편하고 있다. 특히 코로나19 팬데믹은 이러한 변화를 가속화시키며, 우리가 일상에서 경험하는 연결의 중요성을 더욱 강조했다. 이제 연결(Connection)은 단순히 기술적인 용어를 넘어서 우리의 생존과 직결된 핵심 기술이자, 미래 지향적인 마케팅 전략의 핵심 요소가 되었다.

팬데믹 기간 동안 우리는 집에서 일하고, 온라인으로 학습하며, 디지털 플랫폼을 통해 사랑하는 사람들과 연결되는 방법을 배웠다. 이 과정에서 '연결'의 가치는 그 어느 때보다도 명확해졌다. 연결 시장은 이러한 변화를 기반으로 성장하며, 사람들이 서로, 그리고 자신의 관심사와 연결되는 새로운 방법들을 제공하고 있다. 혼자 있어도 혼자가 아니고 함께 있어도 세대들의 정서적 안정감은 더욱 중요해졌다.

특히 MZ세대는 자신들의 미래에 대한 불확실성을 경험하면서 심리적인 스트레스를 겪은 세대로, 지금의 10대와 20대 초반은 입학도 졸업도 수업도 비대면으로 이루어낸 세대이다. 이들의 정서적 교류 방식은 디지털 공간에서 활발하게 이루어졌다. 감정의 교류는 활발해졌고 대상과 한계와 범위도 더 넓어졌다.

기술에 의한 사회 변화도 스트레스를 가져 왔다. 스트레스를 대하는 태도는 변화를 수동적으로 '수용'하거나 자신의 기존 생활을 지켜가기 위한 '방어'로 나타났다. 그러나 나의 기술, 지식이 시대 변화에 따라 가지 못하거나, 그래서 기존의 삶의 방식을 지키려는 완고한 노인의 삶을 살지 않기 위해서는 학습이라는 선택을 해야 한다.

### 함께는 부담스럽지만 혼자는 싫어

코로나로 인해 생겨난 또 하나의 특이 현상은 사회적 외로움과 연대감이다. 이 기간 동안 마스크 착용, 백신 접종, 사회적 거리두기 준수 등의 사회적 약속은 우리 모두의 책임과 의무로 여겨지게 되었고, 사회 안에서 다른 사람들과의 상호작용에서 서로에 대한 상호 예의로 느끼게 만들었다. 그러나 동시에 고립감과 외로움을 함께 가져 왔다.

혼자 있으면 편하지만 무언지 쓸쓸한 기분, 이런 감정을 해결하고자 다양한 노력들이 있어 왔다. 혼자이지만 혼자가 아닌 듯. 유튜브의 'With me' 시리즈를 들어본 적이 있는가? '워크 위드 미', '스터디 위드 미'라는 채널을 보면 얼굴도 알 수 없는(대부분 보이지 않는다) 사람이 책상에 앉아 자기 할 일을 한다. 무슨 일을 하는지 알 수는 없지만, 몇 시간이고 그렇게 온전히 일상의 생활을 그대로 보여준다.

이런 위드 미 채널들은 별다른 콘텐츠 없이 자신의 업무나 학습 과정을 그냥 노출시키고 공유하는 것만으로 엄청난 조회수와 수익을 올리고 있다. 나의 시간을 '함께 공유'하는 것이다. 'With me'를 통해 전 세계의 생판 모르는 사람들이 같은 콘텐츠를 소비하며 함께 공부하고 함께 일하고 함께 잠도 잔다. 외로움을 극복하고 몰입을 더한다는 이 신박한 콘텐츠는 이미 유튜브계의 큰 산맥이다.

한편, 다정한 말이나 글보다 화끈한 스티커로 마음도 전달하는 세상이 되었다. 문장보다 약어, 급식체, 간단한 이모티콘과 스티커와 같은 이미지로 감정을 빠르게 전달한다. 카카오 상점에 나와 있는 이모티콘의 출시 개수와 시장의 규모를 보면 이해가 될 것이다.

정신의 건강과 행복을 중시하는 소비로 명상과 가치에 관련한 사업도 커지고 있다. 명상과 마음에 대한 생각을 가진 브랜드들이 소비자에게 환영 받는다. 요가나 정신수련, 정신 건강과 관련된 아로마테라피, 향, 물리 에너지, 뇌과학에 관련한 소재들은 계속 발전할 것이며, 환경 문제와 같은 공공의 가치, 개인과 기업의 소비에 대한 사회적 가치 역시 중요한 기준이 된다. 앞으로 각광받을 사업은 인생 상담, 사주 역술, 정신과, 감성 치료이다.

이러한 감정 교류는 디지털 커뮤니케이션 증가로 더 쉽게 확산되었다. 소셜 미디어, 온라인 채팅, 비디오 콜 등을 통해 사회적 연결성을 유지하려는 노력은 이제 페이스북, 인스타그램, 트위터 등의 소셜 미디어 플랫폼을 통해 더욱 발전했다. 이젠 일상 중 생긴 일에 대한 사실이나 감정을 표현하는 포스팅, 다양한 온라인 게임과 가상현실 세계에서 친구들과 협력하거나 경쟁하면서 정서적 연결을 형성한다. 익명의 낯선 이를 포함한 활동이 실생활보다 더 친근하고 익숙해지고 있다.

특히 개인에게 맞춤화된 커뮤니티의 참여가 전 세대에 두드러진다. 전체가 아닌 자신의 관심사와 취미에 관한 온라인 커뮤니티와 포럼에 적극적으로 참여하며 감정적 교류를 활발히 한다. 공통된 관심사와 감정의 공유를 통하여 나와 생각, 취향이 같은 사람들과 동질성을 느끼고 친밀한 관계를 형성하고 있으며, 디지털 플랫폼을 통해 더 많은 사람들과 연결되는 것에 의미를 둔다.

그렇다고 해서 이러한 활동들이 모두 온라인으로 이루어지는 것이 아니다. 온라인을 바탕으로 한 오프라인 커뮤니티 활동도 역시 중요하다. 독서 클럽 트레바리는 오프라인 모임이 있다. 독서라는 전통적 아이템으로 오프라인에서 대면 모임을 하는데, 온라인 기반으로 활동을 이어 나간다. 모임의 일관된 성격과 철학이 성공의 요소이지만, 또 중요한 것은 가치 있는 경험에 열정을 아끼지 않는 요즘 세대를 온라인으로 활성화시킨 점이다. 온라인의 온기를 오프라인으로 확장하거나 오프라인의 가능성을 온라인으로 옮겨오는 실행이 필요하다. 핵심은 심리적 거리는 더 이상 물리적 제한을 갖지 않는다는 것이다.

취미와 관련된 덕후 시장과 펫 관련된 커뮤니티는 경기가 침체될 때도 더욱 강해졌다. '취미 덕후'란 특정 주제나 관심사에 열정적으로 몰두하는 사람을 가리키는 용어로, 주로 팝컬처, 만화, 애니메이션, 영화, 음악 등의 분야에 해당하지만, 지금은 각 취미 활동 분야에서 본업보다 더 열심히 활동하는 사람들이 지칭하는 말이 되었다.

취미 시장은 관련 제품과 용품, 온라인 강의 및 워크숍, 커뮤니티 모임, 오프라인 이벤트와 박람회뿐만 아니라 콘텐츠 스트리밍 서비스, 블로그, 팟캐스트, 소셜 미디어 커뮤니티, 콜렉터블 아이템, 팬

아트, 온라인 이벤트 등을 포함한 다양한 형태로 성장하고 있다.

덕후 문화는 다양한 제품과 서비스를 제공하는 기업들에게 큰 기회를 제공하고 있으며, 팬덤을 확장하고 모니터링하는 더욱 효과적인 방법을 개발하는 기업도 늘고 있다. 또한, 플랫폼 및 앱을 통해 취미를 공유하고 학습하는 기회를 제공하는 스타트업과 창업 시장도 성장하고 있다.

반려동물 시장도 더 확대 된다. 반려동물은 외로움을 덜어주고, 심리적 안정을 제공하며, 활동량을 늘리는 등의 이점이 있어서 반려동물에 대한 많은 사람들의 관심이 높아지고 있다. 반려동물 시장은 반려동물 관련 제품과 서비스, 건강 관리, 교육 및 훈련, 펫 케어 등 다양한 부문에서 성장하고 있다. 펫 테크(Pet Tech) 시장도 발전하고 있으며, 스마트 펫 기기 및 앱을 통해 반려동물 소유자가 반려동물을 관리하고 돌보는 데 도움을 받을 수 있는 시장의 잠재력은 매력적이다. 두 시장 모두 코로나 팬데믹 이후 지속적으로 성장하고 있으며, 이는 새로운 소비 행태로 점점 가속화 될 것이다.

### 학습 시장

"100세 시대에 오래 전 학교에서 배운 걸로 남은 인생을 산다면 도둑놈들이다. 지금 가진 학식은 충분히 다 사용했다." 50이 훨씬 넘어 새롭게 인문학을 배우겠다고 대학을 가신다는 분이 남기신 인상적인 이야기이다. 일반적인 우리 삶에서 8세에 초등학교에 들어가 대학까지, 약 16년의 지식은 수명을 다 했다는 것이다. 수명이 길어진 만큼 새로운 지식과 기술을 다시 충전하여 다음 시간을 살아 나가는 것이 맞다.

새로운 사회로의 소프트 랜딩을 위한 학습 시장이 필요하다. 교육의 상대와 주제는 다양하다. 대상 연령도 제한이 없다. 생업을 위한 사업화 공부나 취미, 여가 생활을 위한 공부라고 해도 수익과 관련되는 분야들도 커진다. 개인은 각자의 작은 사업을 하는 경우가 많아지고, 이전의 직업과는 다른 직업군을 새로 갖게 된다. 요즘은 창업 방법도 가르치는 학교가 있다.

관련된 업종과 새로운 직업군들이 나타나고 있는데 이를 위한 각종 교육, 훈련 기관과 프로그램들이 등장했다. 온라인뿐만 아니라 오프라인에서도 기존의 학교 위주의 정식 교육 기관과 커리큘럼 외에도 많은 다양한 러닝 시스템이 발전하게 된다. 대상은 40~60대들로, 새로운 도전에 대한 사회적 응원도 있어 다시 공부하는 세대들을 많이 만나게 된다.

이 학습의 양식은 생계를 위한 기술이나 취미, 여가생활 등으로 나타나게 되는데, 기존 학원이나 교육 센터의 학습방식에서 다양한 형태의 학습 방법과 양식이 나타나며 기호가 비슷한 부류의 사람들이 모이게 되는 계기를 가지고 온다.

가장 큰 이슈 중의 하나는 디지털 격차와 해소이다. 코로나 이후 디지털 격차와 기술적 혜택의 불평등이 더 빠르게 두드러지게 되었다. 이 기간에 일부 사람들은 디지털 지식에 접근하지 못하거나 이를 따라가지 못하였고, 이로 인한 경제적 손실과 부의 축적에서 뒤처질 확률이 증가하였다. 반대로 많은 디지털 정보의 양과 질에서 신뢰성 문제가 발생하였고, 너무 많은 정보로 인해 정보 과부하나 거짓 정보로 인한 판단의 오류 등이 발생하였다.

결국 비대면 방식이라고 불리는 새로운 만남의 형태는 생계유지 시스템에 가장 많은 변화를 가져왔다. 원격 근무와 온라인 연결로 회사 업무를 하게 되면서 적합한 온라인 환경 구성과 온라인상에서의 연결성과 관계는 아주 중요한 조건이 되었다. 코로나의 파생상품인 비대면 회의와 가상 공간, 업무 협업 도구, 온라인 교육 강의, 여러 형태의 사람이 모이는 플랫폼의 수요가 급증했으며, 이를 통해 전에는 없던 새로운 형태의 사회적 연결이 형성되었다.

이러한 이유로 일부 사람들은 디지털 지식의 혜택을 받지 못하거나 지식의 확대가 사회적으로 소외될 수 있다. 이러한 상황에서는 경제적 불평등이 더욱 부각된다. 특히 부와 소비 시장의 양극화가 발생할 것이다.

이를 위해서는 디지털 접근성과 교육 기회의 평등성을 강화하고, 신뢰할 수 있는 정보를 제공하는 것이 중요하다. 또한, 사회적으로 공정하고 포용적인 접근성을 갖춘 디지털 기술의 발전과 활용이 필요하다.

# 모르면 무조건 손해보는 꿈의 시장

우리는 현대 사회에서 끊임없는 매출 압박과 수치화된 성장의 요구 속에서 살아간다. 직장인의 일상은 빠르게 변화하는 시장과 끊임없는 경쟁 속에서 숨 가쁘게 돌아가는 전쟁터와 같다. 이러한 현실에서 '꿈' 이라는 단어는 종종 먼 나라 이야기처럼 느껴진다. 여기서 꿈이란 이상, 욕망, 야망(Desire, ambition)이다.

꿈을 꾸는 것은 인간의 본능이자 시작점이다. 역사적으로 큰 부와 성공은 언제나 몽상가들에 의해 창출되었다. 이는 단지 야망이나 목표가 아니라, 때로는 망상이라 비난받는 그들의 무한한 상상력에서 비롯된 것이다. 오늘날 세계적인 기업들의 시작은 작은 상상에서 비롯되었으며, 이들의 성공 이야기는 현대의 창업자들에게 영감을 준다. 사업개발에서 중요한 것도 단순한 조사와 개발이 아니라, '상상과 개발'이 될 것이다. 어떤 목표를 갖고 계획하느냐에 따라 판과 성과가 달라 진다.

이 드림 시장은 두가지 측면에서 중요성을 생각해 볼 수 있다. 소비자에게 꿈을 팔든가 아니면 꿈을 꾸든가.

꿈을 마케팅 전략에 통합하는 것은 소비자들에게 더 깊은 감정적 연결을 제공한다. 소비자들은 단순히 제품이나 서비스를 구매하는 것이 아니라, 그것이 대변하는 꿈과 이상을 구매한다. 따라서, 마케터들은 꿈과 이상을 소비자들에게 전달함으로써 그들의 마음을 사로잡을 수 있다. 강력한 스토리텔링은 소비자들이 브랜드와 꿈을 공유할 수 있게 해준다. 이야기는 감정을 자극하고, 소비자들이 브랜드와의 깊은 연결을 느끼게 한다.

혁신도 꿈에서 시작된다. 마케터들은 꿈을 실현할 수 있는 새로운 아이디어와 기술을 탐색하고 구현함으로써 시장에서의 경쟁 우위를 확보할 수 있다. 소비자들의 꿈과 욕구를 제품이나 서비스에 반영함으로써, 마케터들은 소비자들의 심리적 필요를 충족시킬 수 있다. 이는 브랜드 충성도와 강력한 소비자 기반을 구축하는 데 기여한다.

아인슈타인은 "상상력은 지식보다 중요하다."라고 했다. 이제 우리는 상상력을 통해 꿈을 현실로 만드는 시대에 살고 있다. 경제력을 통한 자유와 꿈의 실현이라는 두 개념은 이제 더 이상 상반된 것이 아니라, 서로를 끌어당기는 강력한 힘으로 작용하고 있다. 드림 시장은 드림 메이커만이 아니라 드림 메이커들을 돕는 연관 사업으로 확장된다.

## 결국 돈은 꿈꾸는 사람들에게 모인다

18C 쥘 베른은 《달나라 여행》, 《해저 여행》 등의 모험소설을 썼고 우리는 지금 우주선과 잠수함이 일상이 된 사회에 살고 있다. 요술공주 밍키에 나오던 하늘을 나는 자동차는 드론 택시로 곧 상용화되고, 메텔과 철이가 타고 다니는 '은하철도 999'처럼 날아다니는 지하철도 (하늘철이라고 해야 하나?) 기대가 된다. 이미 식당에 가면 로봇이 그릇을

치우고 치킨을 튀긴다.

세상이 생긴 이후 언제나 큰 부는 몽상가들에 의해 이루어졌다. 야망이라고 했고, 목표라고도 했고, 의무라고도 했고, 망상이라고도 비난했다. 그러나 많은 성공한 기업들은 자신의 꿈을 조금씩 현실화하면서 시작했다. 지금의 유수와 같은 국제적 기업들의 스타트업 시절 이야기는 우리네 창업자들의 이야기와 별반 다르지 않다.

"한 사람이 꿈꾸면 꿈이지만, 많은 사람이 꿈꾸면 현실이 된다"라는 말이 있다. 출발은 항상 한 사람의 작은 상상에서 시작된다. 앞으로의 사업 개발 핵심은 조사 & 개발(Research & Development)이 아니라 상상과 개발(Idea & Development)이 된다.

앞으로 잘되는 사업은 꿈을 만들고 실현하는 데 관계되는 사업이다. 고객의 꿈의 실현을 도와주는 제품과 서비스는 지속적인 성장과 성공을 이룰 수 있다. 꿈이 돈이 되는 세상에서 마케터들은 꿈을 꾸게 하고, 그 꿈을 현실로 만드는 것이 모든 마케터들이 추구해야 할 중요한 목표이다.

다음의 예에서는 얼마나 많은 관련 사업들이 이 일을 실현하기 위해 실행되었을 것이고, 그 결과로 파생된 시장의 크기가 얼마나 큰지를 알 수 있다. 하나의 꿈의 완성은 주변에도 영향을 미친다.

미국에 '우버(Uber)'가 있다면 동남아시아에는 '그랩(Grab)'이있다. 그랩은 전 세계 차량공유 서비스 1위 기업인 우버를 몰아내고 동남아 8개국, 400여 개 이상의 도시에서 차량공유를 비롯한 음식배달, 택배, 디지털 결제 등의 서비스를 제공하는 종합 플랫폼으로 성장했다.

그랩의 창업은 말레이시아 사람이었던 앤서니 탄과 동기인 후이링 탄이 창업한 스타트업이다. 당시 말레이시아는 도로시설이 열악해 교통 혼잡 문제가 심각했고, 대중교통 인프라가 잘 갖춰지지 않은 상태였다. 또한 택시를 잡기도 힘들고, 택시기사들의 불친절과 바가지요금으로 악명이 높았다. 앤서니와 후이링은 이런 문제에서 기회를 보았고, 이 문제를 개선하기 위해 2012년 콜택시 앱인 '마이 택시'를 개발해 사업을 시작하였다.

그러나 고집 센 택시기사들을 설득하는 것은 쉬운 일이 아니었다. 당시 말레이시아에선 콜택시라는 개념 자체가 생소했고, 택시기사들은 디지털 기기를 가지고 있지 않거나 앱 사용을 낯설어 했다. 고객들도 스마트폰을 가진 사람조차 많지 않았던 시절이기에, 처음 마이택시에 가입한 택시기사 수는 겨우 40여 명 정도 되었다. 더군다나 세계 최대 차량공유 기업인 미국의 우버가 2013년 동남아 시장에 적극적으로 진출하면서 같은 서비스를 제공하는 우버는 그랩에겐 위협적인 기업이었다. 그러나 결과는 그랩의 승리였다. 그랩의 승리 비결에는 미국회사가 간과한 동남아 교통과 문화 특성에 맞는 현지화 전략이 있었다.

신용카드 보급률이 낮은 현지 특성에 맞게 현금 결제를 가능하게 하고, 국가별 상황에 맞는 '맞춤 서비스'를 제공했다. 특히, 오토바이 이용이 많던 동남아시아의 특색에 맞게 오토바이 택시기사들에게 그랩의 조끼와 헬멧을 제공하여 직접 홍보를 하여 현지화에 큰 도움이 되었다. 음식점들은 그랩의 서비스에 맞게 제품을 포장하였고, 포장기회사들은 배달에 적합한 컨테이너에 신경을 쓰게 되었다.

그랩은 현재 음식배달 서비스 '그랩 푸드', 물류 배달 서비스 '그랩 익스프레스', 모바일 결제 시스템 '그랩 페이' 등 다양한 분야로 사업을 넓히며 '만능 플랫폼'으로 진화하는 중이다. 그랩의 꿈은 단순한 교통서비스가 아니다. 그들은 디지털 혁신을 통해 사람들에게 편리한 삶을 제공하고, 더 높은 사회적 가치 창출을 이루어 냈다.

## 꿈은 나이를 가리지 않는다

누군가의 꿈을 만들거나 발전시키거나 실현하는 시장은 영원하다. 그리고 슈퍼에이지들의 꿈을 향한 도전은 수명 연장과 함께 다시 시작될 것이다. 이러한 슈퍼에이지들의 꿈의 실현을 도와주는 관계 사업은 계속된다.

우리나라 셀트리온의 서정진 회장은 45세에 직장에서 나와 셀트리온을 창업했다. 미국의 아리아나 허핑턴은, 55세에 자신의 이름을 따 온라인 신문 허프포스트(HuffPost)(예전 이름은 허핑턴포스트)를 창업했고, 66세에는 다시 건강과 웰빙을 위한 앱 개발업체 스라이브 글로벌(Thrive Global)을 창업했다. 65세의 퇴역 군인 하리랜드 샌더스(Harland Sanders) 대령은 퇴직금으로 캔터키 프라이드 치킨(KFC: Kentucky Fried Chicken)을 만들었다. 61세의 모모푸쿠 안도(Momofuku Ando)는 세계 최초의 인스턴트 라면을 개발했고, 54세의 로버트 노이스(Robert Noise)는 인텔의 공동창립자가 되었다. 지금도 왕성히 활동 중인 70대의 베라왕은 40이 되어서야 처음 패션산업을 시작했고, 카르멘 델로비체(Carmen Dell'Orefice)는 90대의 나이로 여전히 현역 모델을 하고 있다.

91세로 화보 커버를 장식한 카르멘 델로피체 / 출처 : Fadil Berisha for NEW YOU

이러한 이들을 향한 사회적 지지과 관심은 증가된다. 이미 인스타그램이나 각종 소셜미디어에는 연령을 떠나 꿈을 실현하려는 사람들에 대한 뜨거운 팬심이 존재한다. Dreamers, Dream maker를 응원하는 문화는 그들을 추종하는 사람들로 인해 계속 존재하며 관련된 부가 사업 역시 활성화된다.

인스타그램, 유튜브, 틱톡과 같은 플랫폼은 개인이 자신의 꿈과 여정을 공유하고 있으며 이는 브랜드와 개인 크리에이터에게 독특한 마케팅 기회를 제공하며, 상품 판매, 광고, 후원 등 다양한 수익 모델을 가능하게 한다. 온라인 교육 플랫폼 역시 사람들이 새로운 기술을 배우고, 꿈을 실현하기 위한 지식을 습득할 수 있는 기회를 제공한다. 이러한 플랫폼은 평생 학습의 문화를 촉진하며, 나이와 관계 없이 누구나 새로운 분야에 도전할 수 있도록 격려하므로 적합한 서비스의 제공과 지지는 좋은 수익 모델이 된다.

스타트업 및 창업 지원 프로그램, 크라우드펀딩 플랫폼 등은 자신의 아이디어를 실현할 수 있는 초기 자금을 모을 수 있도록 돕는다. 또한, 액셀러레이터 프로그램, 창업 지원 센터 등은 꿈을 가진 이들에게 멘토링, 네트워킹, 자금 조달 기회를 제공하며 관련된 일자리를 제공한다.

자신들이 지지하는 꿈꾸는 사람들을 위해 자발적 커뮤니티를 형성하고, 팬덤을 만드는데, 이러한 커뮤니티는 후원, 제품 구매, 이벤트 참여 등 다양한 방식으로 자신들이 응원하는 사람들을 지원하게 되며, 기업에는 사회적 이미지와 가치를 실현할 수 있는 좋은 장소가 된다.

꿈을 꾸고 그것을 실현하기 위해 노력하는 사람들에 대한 사회적 지지는 매우 크며, 이는 다양한 시장과 사업 기회로 이어진다. 꿈꾸는 사람들은 자신의 이야기와 여정을 통해 타인에게 영감을 주고, 그 과정에서 생성되는 상품과 서비스는 이러한 꿈을 지원하는 데 필수적이다. 따라서, 드림 시장은 계속해서 성장할 것이며, 이를 지원하는 사업 역시 다양화될 것이다.

# 아름다운 푸른 바다, 자기 로망

자아의 만족을 위한 '자기 표현 시장'이 뜨고 있다. 자기 표현 시장이란 사회 안에서 1차적으로 명시되는 자신의 정체성, 혹은 부가적인 캐릭터에 몰입 집중하는 현상이다. 그렇다고 해서 '힛키'나 '덕후'를 말하는 것이 아니다. '힛키'란 일본어 '히키코모리(引き籠もり)'에서 나온 용어로 사회생활에 적응하지 못하고 집안에만 틀어박혀 사는 사람들, 또는 그런 현상을 가리키는 '폐쇄 은둔족'을 지칭하는 말이다. '덕후'는 '오타쿠(おたく)'의 한국식 약어인데 팬덤에 열광하는 부류를 일컫는 용어로 사용된다.

'자기 로망 시장'은 개인의 다양성과 창의성을 더욱 중시하게 되면서, 사람들은 자신만의 독특한 정체성과 캐릭터를 통해 자기 자신을 표현하고자 하는 욕구가 강해지면서 확대되었다. 이는 전통적인 사회적 역할과 직업에 국한되지 않고, 개인의 취미, 열정, 가치관 등을 포함한 폭넓은 자아를 탐색하고자 하는 경향에서 비롯된다. 자기 로망 시장은 스스로의 자아를 '표현'하는 자신을 '로망'하는 만큼 공개적이며, 가치가 비슷한 집단과의 상호 교류에 진심이다.

### 내가 정말 좋아하는 것

'자기 로망 시장'의 등장은 사회적, 경제적 변화와 밀접한 관계가 있다. 다양한 연령대에서 이러한 변화의 영향을 받고 있다. 예를 들어, 젊은 세대는 전통적인 경력 경로를 벗어나 여행 블로거나 유튜버와 같은 새로운 직업을 추구하며, 이는 사회적으로도 점점 받아들여지고 있다. 반면, 중년과 노년층은 자신들의 삶을 재정의하고, 새로운 본업이나 취미를 통해 자아를 표현하고 있다.

이러한 변화는 경제적으로도 중요한 의미를 지닌다. 자기 표현 활동은 사회 경제적 활동의 중요한 요소가 되었으며, 이는 상품회와 밀접하게 연관되어 있다. 40·50·60대는 자신들의 로망을 충족시킬 수 있는 제품과 서비스에 대한 새로운 수요를 창출하고 있다.

경제적 발전과 증가하는 수명은 사람들이 자신의 욕망을 충족시키기 위해 더 많은 시간을 할애할 수 있게 만들었다. 언제, 어디서든 여러 형태로 나를 표현할 수 있는 SNS 커뮤니티와 플랫폼, 기술의 발전은 내 속에 봉인되어 있던 나를 적극적으로 표현할 수 있는 계기가 되었다.

인생에는 각 시기마다 다양한 욕구들이 있어 왔다. 그런데 이제 시기마다의 욕구가 더 다양해졌고, 욕구의 시기도 더욱 길어졌다. 20~40대에 조퇴(조용한 퇴직)를 꿈꾸는 파이어족들과, 전에는 생각도 못할 불안정한 직업군인 여행 유튜버, 블로거, 인스타그램에서 활발히 디노(디지털노마드)의 삶을 사는 사람들의 활동이 일상이 되었다. 그들은 각종 소셜 네트워크와 매체에서 전에는 외국 이야기나 영화에서나 나올 법한 일상 근황을 보여준다.

최근 TV 프로그램에서 국가공무직을 그만두고 유튜브 여행 블로거가 된 곽튜브를 보면 이전의 시각으로는 철딱서니 없는 사람으로 엄마한테 등짝 스매싱을 당하기 십상이었을 텐데, 지금은 그들의 삶과 소셜 네트워크와 방송 출연 등으로 벌어들이는 수익을 부러워하는 시대가 되었다. 초등학생들의 꿈이 대통령이 아니라 유튜버인 게 마땅하고 당연해진 세상이다.

50·60대의 추이도 예사롭지 않다. 반백 년 살아오고 난 후 시간이 더해졌다. 이제 자식과 가정, 그리고 사회의 의무에서 자유로워졌다. 그들은 더 이상 윗세대가 살아온 노인의 삶을 살기를 원하지 않는 세대이다. 갖고 싶은 것을 갖거나, 가고 싶은 곳을 가거나, 하고 싶은 것을 하는 것에 적극적이다.

이 변화의 경제적 핵심은 40~50대이다. 이들을 타깃으로 그들의 로망을 채워줄 기본적인 의식주 사업은 중요하다. 그들의 정서와 사회적 상태는 새로운 니즈의 시작이며, 시장에서 이 욕구를 충족하는 데에 필요한 것들이 계속 생겨날 것이다.

주변에는 예전에 '딴따라'라고 경시하며 하지 못하게 했던 음악과 노래, 춤을 정식으로 배우기도 하고, 오지 여행을 가거나 패션모델 공부를 하는 등 그동안 하지 못했던 작은 소망들을 성취하는 분들이 이제 많이 나타나고 있다.

세계여행을 준비할 랭귀지 모임, 공연무대에 함께할 오케스트라, 차박 캠핑을 같이할 멋진 새 자동차, 예쁜 꽃이 유독 잘 찍히는 카메라, 혹은 카메라 기능이 엄청 좋은 신상 핸드폰, 야외로 나갈 때 쓸 감성 만점 여행용 모자, 폼 나는 선글라스, 전원생활에 필요한 생활용품, 등산용품, 관절에 좋은 건강식품, 사고 보험과 가정용 의료 기기, 취미가 같은 동호회, 전원생활 꿈을 이룰 멋진 주택 건설, 인테리어, 부동산 등등 온통 나의 로망을 채워 줄 새로운 제품과 커뮤니티에 몰리고 있다.

### 나를 보아줘

자기 로망은 자기 표현의 형태이다. 산업화와 소비주의의 대발전으로 인해 사회적 지위와 부를 과시하는 방법도 주로 소비와 소유물을 통해 다양하게 표현된다. 그러나 우리는 그동안 교육과 사회생활을 통해서 무의식적으로 세뇌해 온 가치에 따라 자신의 욕구를 직접 표현하지 않는 편이다. 그래서 나를 나타내 줄 특정 브랜드 소비에 더 열광한다.

가령, 고대 로마에서 탄생한 아이스크림은 나의 사회적 지위를 표현하기 위한 수단이기도 했다. 이러한 역사적 사례들은 소비 및 자기 표현이 관련성을 가지고 있다는 것을 보여준다. 자기 표현의 확산은 소비 중심 문화의 과도한 강조, 불필요한 소비, 과시적인 행동 등의 부정적인 측면도 동반한다. 역사적으로 자신의 존재를 과시하기 위한 행동은 다양한 문화와 시대에 걸쳐 존재해왔으며, 현대사회에서도 이러한 경향이 지속되고 있다.

내가 말하지 않아도 나를 말해주는 브랜드는 중요하다. 고가의 명품 브랜드 제품, 고급 자동차, 큰 주택 등을 소유하거나 그러한 상징물을 미디어나 소셜 미디어를 통해 공개적으로 과시함으로써 사회적으로 인정받고자 한다. 물론 여기서도 센스 있는 기술은 필요하다. 대놓고 자랑이 아니라 슬쩍, 강아지와 함께 명품 시계, 커피 한 잔과 명품 가방처럼, 겨울엔 ○○패딩, 여름엔 ○○슬리퍼.

전통의 명품들과 함께 개인화된 새로운 소규모 브랜드의 약진도 예상된다. 개인화된 제품 및 서비스 시장은 경제적으로 여유가 있는 40~60세대를 중심으로 성장한다. 맞춤형 제품과 개인의 취향을 반영한 서비스의 선호도는 더욱 다양해져서 맞춤 의류, 개인화된 건강 및 뷰티 제품, 개인 취향을 반영한 인테리어 디자인 서비스 등이 유망하다.

기업의 입장에서는 개인이 자신의 스타일을 표현하는 방법을 분석하는 것은 중요하다. '오늘의 집'의 성공은 고객이 자발적으로 자기 집의 인테리어를 올리는 데에 있다. 나의 집을 공개하고, 보는 사람은 집주인의 안목에 환호하고 제품에 호기심을 갖는다.

기업은 고객이 올려놓은 제품에 반응하는 인기도를 살펴 지금 판매해야 하는 아이템과 다음 유행할 트렌드를 분석해 낸다. 고객의 취향과 트렌드를 한눈에 알 수 있다. 어느 동네의 어떤 주거 형태, 몇 평에 사는 몇 살의 고객들이 어떤 상황에서 어떤 스타일의 인테리어를 좋아하는지, 어떤 색상과 조명, 가구와 소품을 사용하는지, 어떤 취향과 감성을 갖고 소비하는지 알게 되면 우리는 지금 팔릴 수 있고 곧잘 팔릴 제품을 감지해 낸다.

이제 독립하여 자취를 시작하는 사회 초년생이 필요한 것과 아기가 생겨 수납공간이 많이 필요해진 고객은 연령대가 같아도 니즈가 다르다. 굳이 유명한 경영 연구소의 어렵고 두꺼운 트렌드 보고서를 확인하지 않아도 다음 상품 준비를 한다는 것이다. 그것도 자발적으로 자신의 집을 공개한 고객 스스로의 표현 방식을 가지고….

### 어르니 세상

50대의 남자가 로봇 피규어 조립에 열광하고 15초 남짓 릴스에 전 세계 수백만이 '좋아요'를 누르고 있다. 인구 구성이 바뀌면서 사회 문화와 풍경도 사람도 바뀌었다. '어르니 날' 혹은 '으르니 제품'이라고 들어 봤는가? 어른을 위한 제품과 서비스를 부르는 용어이다.

어르니 세상의 제품과 서비스는 어린이를 위한 제품과 서비스처럼 성인이 된 어른의 꿈을 실현시켜주는 제품과 서비스를 말하는 것이다. 피규어, RC카, 캠핑 도구, 모험, 금속 탐지기, 공주님 드레스 등은 더 이상 어린이만을 위한 제품이 아니다. "예전엔 그 나이에 어떠 어떠했었는데…"라는 식의 평가는 이제 먼 옛날 라떼 이야기로 치부된다. 하늘이 주는 수명이 바뀌었으니 당연히 사람도 바뀌고, 당연히 사회의 행동 양식도 달라진 것이다.

몇 년 전 '포켓몬 고'와 협업을 하면서 몬스터들이 제대로 우리 매장과 근처에 잘 출몰하고 있는지 체크하러 퇴근 시간이 훨씬 지난 야밤에 도심으로 나간 적이 있다. 번번이 놀랍게도 자정이 가까운 시간에 몬스터를 잡으러 돌아다니던 사람들 중 상당수는 40대 이상의 남성들이었다. 야밤에 연인과의 데이트도 아니고 아이와의 놀이도 아니고, 순수하게 본인 컬렉션을 위해 어두운 거리를 부단히도 다니며 "여기 있다!", "됐다!" 등을 외치던 장년의 남성들을 보면서 의아함을 금치 못했었다.

확실히 이제는 '어르니스러운' 사람들이 많아졌다. 어린이로 자라나 어르신이 되고 싶어 하지 않는 사람들이다. 어르니족은 피터팬의 맑은 순수함과 윌리 웡카의 풍부한 재력을 갖추었다. 그들은 다양한 여가시간을 즐기고 다양한 취미와 관심사를 가진다. 확실히 여행, 예술, 음악, 스포츠, 문화 행사 등에 관심을 둔다. 그들은 수동적 주입보다는 직접적 체험에 관심이 많다.

사회생활, 가정 생활, 생활고에서 차마 마음 놓고 표현하지 못해 왔던, 가슴 속 꼭꼭 숨겨 왔던 본인의 하고 싶었던 일들을 이루고자 하는 소망이 하나둘 늘어 나고 있다. 늘어난 여가시간과 사회적 고립을 해결하고자 하는 욕망의 발로도 있다. 다양한 명소, 박물관, 공연, 축제 댄스, 등산, 캠핑, 인문학 강의, 미술, 전시회, 음악회, 자기계발 모임 등에는 이러한 새로운 슈퍼플레이어들이 함께 즐기며 즐거운 경험을 공유하고자 한다.

커뮤니티 모임은 슈퍼플레이어에게 더욱 중요해진다. 각종 동호회 모임, 커뮤니티 활동, 자원봉사 등 사람들과 연결이 되는 활동에 참여하고 싶어 한다. 결국 마케팅과 비즈니스는 슈퍼에이지의 커뮤니티와 함께 성장한다. 슈퍼에이지 커뮤니티는 막강한 구매력과 집단적 힘이 있다. 핵심 플레이어들의 커뮤니티 시장을 눈여겨 봐야 한다.

## 하고 싶은 것이 더 많아진 사람들

이러한 자아 로망의 실현을 도와주는 시장이 커진다. 현대 사회에서 개인의 자아 실현과 자기 표현은 단순한 욕구를 넘어서 중요한 가치로 자리 잡았다. 이러한 변화는 '자기 로망 시장'의 성장을 촉진하며, 사람들이 자신의 정체성을 발견하고 표현하는 데 있어 더 많은 기회와 자원을 탐색하게 만들고 있다. 이 시장의 성장은 개인의 다양한 욕구를 만족시키기 위한 활동들의 증가와 함께, 개인화 및 맞춤화에 대한 수요의 증가로 이어지고 있다.

평생을 한 우물을 파고, 외길을 걸었다는 존경과, 반대로 여러 다양한 길을 갔다는 말이 이제는 모두 동등하게 같은 무게로 다가오는 시대이다. 추억 만들기 시장, 소망과 취미 시장은 유망하다. 자녀 양육으로부터 해방되기 시작하면서 시간과 경제적 제약에서 자유로워지기 시작하는 그들은 자아 부활의 시기를 맞아 악기 배우기, 등산 떠나기, 드론 배우기 피규어 모으기, 순례자의 길, 페이스북 꽃 사진 올리기에 매진하게 된다.

### 자기 이야기하기

반백년을 살아온 세대인 슈퍼에이지들은 개인의 이야기와 경험을 공유하는 스토리텔링에 관심이 있다. 나를 알아달라는 자기 표현의 발현으로 자신의 삶에 대한 사회적 인정을 원한다. 따라서 자신의 가치를 공유할 수 있는 활동을 지원한다면 진정한 블루 오션이 될 것이다. 인생의 길을 걷는 동안 어떤 기쁨을 가질 수 있었는지, 어떤 성장을 통해 어떤 성취를 이루었는지, 자신과 주변에 어떤 변화를 가져왔는지 이야기하고 그 경험을 나누는 문화가 필요하다.

개인 브랜딩 시장도 전망이 좋다. 개인화가 되어 가는 요즘 시대에 노련한 경험과 지식을 가진 이들을 대상으로 하는 개인 브랜딩은 유망하다. 개인 브랜딩은 개인이 자신의 역량, 가치, 경험을 통합하여 자신만의 독특한 이미지를 구축하는 과정이다. 이는 소셜 미디어와 디지털 마케팅의 발전에 밀접하게 연결되어 있다. 유튜브, 인스타그램, 블로그 등 다양한 플랫폼을 통해 개인은 자신의 이야기를 공유하고, 팔로워를 확보하여 자신만의 브랜드를 구축할 수 있다. 이러한 개인 브랜딩은 새로운 경력 기회를 창출하고, 개인의 영향력을 확대하는 중요한 수단이 되고 있다.

자기 로망 시장은 개인의 정체성, 취향, 가치를 중심으로 한 상품과 서비스의 집합이다. 이 시장은 개인이 자신을 표현하고자 강한 욕구를 바탕으로 형성되며, 기존의 소비문화와는 다른 새로운 경제적 기회를 제공한다. 개인의 자아를 중심으로 한 소비 트렌드를 반영하며, 이는 지속적으로 성장하고 다양화될 것으로 예상된다. 따라서 기업들은 이러한 변화를 이해하고 이에 맞는 상품과 서비스를 개발하여 시장에서 경쟁력을 갖춰야 한다.

# A++, 시간을 삽니다

시간은 단순히 연속되는 순간들의 집합이 아닌, 가치를 지닌 중요한 자산이다. "시간은 금이다"라는 말이 실제로 현실화되는 시대에, 우리는 슈퍼에이지, 즉 장수하는 세대와 함께 살고 있다. 이러한 슈퍼에이지에게 시간 시장은 단순한 트렌드를 넘어서 남아 있는 생을 가치 있게 보내는 소중한 순간의 집합이다.

은퇴 후의 여가 시간을 보다 풍요롭고 의미 있게 사용하고자 하는 욕구가 커지면서, 시간을 절약해주는 서비스에 대한 수요가 증가하고 있다. 빠른 구매, 편의점에서의 간편 쇼핑, 자율 주행, 신속 배달, 위생 및 정리 전문 서비스, 렌탈, 건강 체크, 건강보조식품, 홈 자동화 시스템, 뷰티 및 건강 관련한 인공지능, 빅데이터, IoT 등 첨단 기술과의 결합 상품과 서비스 역시 시간을 가치 있게 사용할 수 있는데 도움을 준다.

시간 시장은 또한 어떻게 시간을 보내는가에 대한 삶의 질에 관한 이슈이다. 단순히 물리적 시간을 줄이는 것 뿐만 아니라 삶 속에서 한정된 시간을 만족스럽게 소모하는 것에 대한 고찰이 필요하다. 시간 시장이 중요한 것은 새로운 시간 소비에 가치를 부여하는 비즈니스의 창출이기 대문이다.

## 줄여주고, 돌려주고, 다시 소비하고

시간을 줄여주는 시장은 우리의 일상 속에서 시간을 절약해 주는 서비스와 상품을 제공한다. 예를 들어, 스마트폰 애플리케이션을 통한 간편 결제, 온라인 쇼핑, 자율 주행 차량, 빠른 배송 서비스 등이 여기에 속한다. 이러한 서비스들은 일상의 작은 부분들을 자동화하거나 간소화함으로써 우리에게 시간을 절약해 준다.

시간을 줄여주는 시장의 핵심 가치는 효율성이다. 기업들은 끊임없이 기술과 서비스를 혁신하여 소비자의 시간을 절약해주기 위해 노력하고 있다. 스마트 홈 기술, 자동화된 개인 비서 및 스케줄 관리 도구 등이 점점 더 보편화되고 있다. 코로나 기간 동안 학습된 온라인 쇼핑, 홈 엔터테인먼트, 원격 근무와 학습 도구 사용의 능숙함이 시장에 대한 활용과 가능성을 더 하고 있다.

시간을 돌려주는 시장은 문자 그대로 사람들에게 젊음과 건강을 되찾아 주거나 유지할 수 있는 방법을 제공한다. 주로 안티에이징 제품과 서비스, 그리고 건강 유지와 관련된 상품을 포함한다. 사람들은 더 오래, 더 건강하게 살고자 하는 욕구가 있으며, 이에 따라 시장의 잠재력도 무한대로 확장되고 있다.

안티에이징 시장은 피부 관리 제품, 보충제, 호르몬 대체 요법, 미용 수술 등을 포함하여 다양한 분야를 아우른다. 이 시장의 주요 소비자는 주로 중년 이상의 연령층이지만, 젊은 세대도 예방 차원에서 이 시장에 점점 더 많은 관심을 보이고 있다.

건강 시장은 신체적, 정신적 건강을 유지하고 개선하기 위한 제품과 서비스를 포함한다. 이에는 영양 보충제, 건강 기능 식품, 피트니스 장비와 서비스, 웰빙 관련 애플리케이션, 명상, 심리 상담 등이 포함된다. 특히 코로나19 팬데믹 이후 심신의 균형 있는 건강에 대한 인식이 높아지면서 건강 관리 제품과 서비스에 대한 수요가 급증하고 있다.

시간을 소비하는 시장은 소비자들이 여가 시간을 즐겁고 의미 있게 사용할 수 있도록 하는 서비스와 제품을 포함한다. 이 시장은 엔터테인먼트, 여행, 취미 및 레저 활동, 교육 및 개인 발전 등 광범위한 분야를 아우른다. 여유 시간의 가치가 높아짐에 따라, 시간을 소비하는 방법을 제공하는 시장의 잠재력도 커지고 있다.

대표적인 시장으로는 취미, 여가 사업의 성장이 있다. 스트리밍 서비스, 영화, TV 쇼, 음악 등과 각종 소셜 플랫폼은 다양한 콘텐츠를 제공하여 사용자의 여가 시간을 채운다. 취미 및 레저 활동에 관련한 여행이나 캠핑, 정원 가꾸기, 낚시 등에 연계된 사업은 더욱 취향이 세분화되어 발전하게 된다.

교육 부문에서도 온라인 학습 플랫폼은 학습자들이 정해진 시간과 장소에 구애받지 않고 수업을 듣고 질문할 수 있는 편의성이 강조된 교육 플랫폼이 강세를 이루게 된다. 비대면 교육이나 1:1 튜터링 서비스는 코로나의 영향으로 급격히 개선된 이 사업 부문으로 학생들과 교육 주체 양측에 시간 절약의 이점을 제공하고 있어 각광받는 사업 분야가 된다.

누구에게나 시간은 인생에서 가장 소중한 자산 중 하나이다. 시간을 줄여주는 시장, 시간을 돌려 주는 시장, 그리고 여유로 생긴 시간을 소모하는 시장은 모두 소비자에게 시간의 가치를 극대화할 기회를 제공한다. 기업들은 이러한 시장의 특성을 이해하고, 소비자들의 시간을 보다 가치 있게 만들어 줄 수 있는 혁신적인 서비스와 상품을 개발함으로써 경쟁 우위를 확보할 수 있다.

### 언제든 필요한 것에 어디서든 가능하도록(Anytime, Anything, Anyplace)

소비자는 언제나 필요한 것에 어디서나 편리하게 연결되길 원한다. 발생한 나의 문제와 욕구를 시간과 장소에 구애받지 않고 해결하길 기대한다. 모바일 접속과 검색이 많아지는 것은 즉시성이다. 서비스와 제품에 언제든 제한 없이 접근해서 해결할 수 있는 이러한 편리성은 시간 시장에서 소비자를 설득할 수 있는 가장 큰 핵심 사항이다. 기업은 이러한 서비스를 제공하고 소비자의 다양한 생활패턴에 부합하는 전략을 마련해야 한다.

소비자 기대는 클라우드 서비스, 실시간 동기화, 다양한 기기 간의 원활한 연결 등 기술을 통해 실현된다. 강력한 소비 행위를 언제 어디서든 수행할 수 있게 만드는 디지털 기술 기반이 반드시 필요하다. 마케팅 전략의 새로운 방향은 소비자의 다양한 생활 패턴에 부합하는 방식으로 초점을 맞추어야 하며, 특정 시간대나 장소에 국한되지 않게 된다. 언제, 어디서나 접근 가능한 편리성과 서비스의 신속성, 다양한 상황에서의 접근성을 강조하는 전략이다.

최근의 로봇 기술이나 생성형 인공지능(AI)의 발전은 이러한 요구를 잘 반영할 수 있다. 업무의 자동화, 고객 서비스(CS) 채팅봇의 도입, 사용자 경험을 향상시키기 위한 스마트 추천 기능, 빠른 결제 시스템, 자동 번역 AI 등을 도입하며 소비자의 편의성을 극대화하고 있다. 최근 고령자가 로봇을 착용하고 북한산 등반하는 웨어러블 로봇 챌린지 성공했다고 한다. 이전에 즐겨 하던 건강한 취미 생활을 다시 할 수 있게 해주는 기술의 도입은 새로운 시간 소비 시장의 전망을 보여준다.

한국과학기술연구원(KIST) 지능로봇연구단 이종원 박사팀에 따르면, 2024년 1월 웨어러블 로봇 '문워 옴니(MOONWALK-Omni)'의 테스트에 성공했다고 공표했다. 문워 옴니(MOONWALK-Omni)를 착용한 65세의 고령자는 웨어러블 로봇의 도움으로 북한산 영봉 정상(해발 604미터) 등반에 성공했고, 중도에 배터리 교체, 혹은 기술과 개발자의 개입이나 도움 없이 오로지 로봇의 근력 보조기능을 활용하여 등반에 성공했다. 이번 챌린지에 수행한 고령 참여자는 "젊었을 때부터 즐기던 등산을 포기해야 하는 것으로 생각하고 있었는데 웨어러블 로봇을 착용하고 편안하게 산을 오르니 10년에서 20년은 젊어진 느낌이다"라고 웨어러블 로봇을 착용하고 산을 오른 소감을 말했다.

근력과 관절의 노화는 모두가 피해 갈 수 없는 나이 듦의 결과이다. 우리는 나이가 들면서 팔과 다리에 근력이 점차 약해짐에 따라 등산, 여행 등의 여가 활동이 어려울 뿐만 아니라 일상생활을 위한 기본적인 활동마저 많은 제약을 받는다. 노인들의 거동을 위해서는 지팡이, 휠체어와 같은 보조기구의 도움을 받아야 하는 경우도 대부분이다.

이제 주로 병원에서 전문 재활과 치료를 위해 사용되던 로봇이 여가와 취미를 도와주는 단계에 이르렀다. 나이가 들어도 내가 좋아하는 여가 생활을 계속할 수 있게 된 것이다. 여기에 AI의 개인 맞춤형 기술까지 탑재가 된다면 개인에게 맞춤화된 양복을 입듯 테일러 메이드 등산 친구가 생기게 된다. 무궁무진한 새로운 시장의 탄생이다. 앞으로는 무릎이 아파서 등산을 그만두기보다는 나의 증상에 맞추어 동작을 시행할 생성형 AI 웨어러블 로봇의 구입료를 먼저 걱정해야 할 것 같다.

# 싱글 코리아

2023년 8월 22일 행정안전부가 발간한 《2023 행정안전통계연보》에 따르면 2022년 12월 31일 기준 주민등록인구는 5천143만9천38명이며 주민등록세대는 2천370만5천814세대다. 이 가운데 1인 세대가 972만4천256세대로 1천만 세대에 육박했다. 1인 세대 비중은 41.0%로 1년만에 0.7%포인트나 높아졌다. 1인 세대 비중은 2021년 말 40.3%(946만1천695세대)로 사상 처음 40%를 돌파한 바 있다. 5명 중 2명은 혼자 살고 있고, 이러한 추세는 계속 증가하고 있다.

우리나라는 현재 '싱글 코리아'라고 불리는 시대를 맞이하고 있다. 기존의 4인 가족이 사회의 모든 기준이 되던 시대에서 변한 것이다. 사실 주민등록등본과 상관없이 생활하는 인구를 생각하면 혼자 생활하는 1인 가구의 수는 통계 수치보다 클 것이다. 혼자 사는 사람들이 늘어나면서 작은 용량이나 개수의 제품은 이미 많이 생활화되고 발전하고 있다. 혼술과 혼밥이 늘어나고, 욜로(Yolo), 파이어,

비혼, 졸혼이니 '나혼산'이니 하여 개개인의 생활을 즐기는 작은 단위의 라이프를 지향하고 즐기는 용어들이 계속 등장하고 있다.

## 기본은 1인

당연히 이로 인해 소비 패턴에도 큰 영향을 미쳤다. 물리적 인원수가 줄어든 만큼 각각의 개성을 존중하는 소비 형태가 두드러진다. 가장 큰 특징 중 하나는 소량, 소품종에서 더 나아가 작은 세포시장의 성장이다. 규모가 작아지다 보니 이전 대가족에게 필요하던 상품 단위는 점점 작아져 이제는 소규모 집, 작은 공간에 맞는 제품들이 선호되고 있다. 자녀가 성장한 슈퍼에이지들에게 이러한 현상은 보편화 된다.

혼술, 혼밥 등 1인을 위한 제품과 서비스는 더 발전할 것이다. 기업이나 식당은 작은 용량의 혼술용 음료로 혼술을 즐기는 고객들을 위해 소주 또는 맥주의 소량 세트, 혼밥용 간편식을 제공하고 있다. 작아진 용량만큼, 럭셔리 혹은 더 나아진 디자인과 분위기를 만들 수 있는 제품이 환영받는다.

작은 양의 식품과 소량 패키지를 출시하여 혼자 먹기 편하고 요리하기 간편하고, 필요할 때 바로 먹을 수 있는 간편식 시장은 더 증가한다. 혼자라고 마냥 소박하지는 않다. 다양한 싱글라이프를 다루어 혼자 사는 사람들이 자유롭고 다양한 삶을 즐길 수 있다는 메시지를 전달할 수 있다. 간단하고 풍요로운 밀키트 시장이 유망하다.

질병과 다이어트 등 건강과 라이프 스타일을 반영한 다양한 밀키트와 HMR은 더욱 발전하며 퀄리티에 따라 가격이 여러 가지로 나뉠 것이다. 편의점을 활발하게 이용하는 1인 가구의 특성에 따라서 주로 가깝고 편리하게 구매할 수 있다는 장점으로 편의점 매출도 올라가며, 지하철역 등 교통 요지를 중심으로 한 전문 반찬점이 증가한다.

배달 서비스도 더 발전한다. 이제는 배달 구독 서비스로 음식점과 카페를 직접 방문하지 않고 어플을 통한 배달을 이용할 수 있다. 3~4천 원대의 적지 않은 배달료가 붙지만, 시간과 노력을 절약할 수 있다면 사람들은 더 편하고 쉬운 방법을 택한다. 역시 질병과 개인에게 맞춤화된 식단을 제공할 수 있는 메뉴와 배송, 배달 서비스 시장이 주목된다.

슈퍼에이지 싱글을 위한 특별한 레저 활동이나 소모임, 동호회 활동이 활성화된다. 싱글로서 풍요로운 삶을 추구하고, 혼자라는 고독감을 최소화하기 위해 각종 모임의 형태가 더욱 강화된다. 단, 이 모임의 특징은 이제까지의 기존의 지연, 혈연, 학연 등보다는 자신의 관심사와 가치관에 따라 공간, 시대, 사회적 제약을 최소화한, 즉, '나와 결이 맞는 사람들의 모임'으로 플랫폼을 통하여 초연결 되는 사회이다.

기업은 슈퍼에이지의 모임을 위한 특별한 이벤트를 주최하고 소셜 미디어를 통해 공유함으로써 브랜드와 슈퍼에이지 간의 상호작용을 촉진할 수 있다 예를 들면, 기업은 이런 싱글 고객들을 위해 혼자 여행을 즐기는 고객들을 위한 패키지를 제공하여 경험을 즐기고 싶어 하는 소비자를 유치할 수 있고, 반면에 혼자 여행하는 사람들을 위한 그룹 투어를 제공하거나, 혼자 여행을 즐기는 고객들끼리의 만남을 위한 특별한 레저 활동이나 소모임을 제안할 수 있다.

## 막강한 펫팸족

슈퍼에이지의 1인 시장 확대는 반려동물 시장의 급진적 발전을 가져온다. 저출산·고령화 현상도 반려동물 양육 가구 증가를 이끌고 있다. 나이가 들어가는 딩크족(Double Income No Kids : 맞벌이 무자녀 가정)은 자식 대신 반려동물을 키우고, 베이비부머 세대들은 '펫부머(Pet+ Babyboomer)'가 되어 자녀들의 독립 후 반려동물에게 애정을 쏟는다. 펫팸족의 어원은 펫(Pet)과 패밀리(Family)의 합성어로, 반려동물을 가족 구성원의 하나로 생각하는 반려인을 지칭하는 말이다. 반려동물을 가족처럼 소중한 존재로 여기는 '펫팸(Pet+Family)족'은 이제 남의 나라 이야기가 아니다.

농림축산식품부가 지난해 실시한 '동물보호에 대한 국민의식조사'에 따르면 개·고양이를 키우는 반려동물 양육 가구는 602만 가구, 양육 인구는 1,300만 명으로 추정된다. 10년 전인 2012년(364만 가구)보다 65% 늘었다. 반려 가구의 수가 많아진 만큼 시장 규모도 덩달아 커지고 있다. 바야흐로 '펫코노미(Pet+Economy)' 시대다. 펫코노미는 반려동물과 관련된 생산 및 산업, 소비활동을 의미한다.

국내 관련 시장 규모는 지난해 8조 원(62억 달러)에 달한다. 농촌경제연구원에 의하면 반려동물 관련 시장은 매년 10% 이상 성장하고 있다. 이 같은 흐름에 발맞춰 최근 정부는 반려동물 연관 산업을 국가전략산업으로 육성한다고 발표했다. 2027년까지 국내 시장 규모를 15조 원까지 키우고, 기업가치 1,000억 원 이상인 기업도 두 배 이상 늘린다는 계획이다. 펫코노미의 전망이 밝은 것은 단순히 수적 증가 때문만은 아니다. 고급화로 '펫셔리(Pet+Luxury)'라는 말이 등장할 정도로 더 좋은 제품과 서비스에 대한 니즈가 높다. 펫팸족은 가족인 반려동물의 안전하고 건강한 삶을 위해서라면 돈을 아끼지 않는다. (《조선 일보》 2023.08.30.)

반려동물의 사치 소비도 늘어가고 있다. 반려동물 명품이나 고가의 교육, 식품, 장비 시장은 계속 커갈 예정이다. 소량이지만 비싸도 특별한 경험을 제공하는 제품과 서비스들이 인기를 끌고 있으며, 다양한 경험을 즐기고 싶어 하는 싱글들에게 맞춰진 제품과 서비스들이 늘어나고 있다.

2023년 서울 청담동에는 133만 원짜리 이탈리아산 구찌 코트를 입고 7가지 코스 요리를 즐길 수 있는 오마카세('맡기다'라는 의미의 'お + 任せる'의 명사형)가 등장했다. 사람이 먹는 게 아니다. 반려견의 오마카세로 퍼피라운지에서 운영하는 이곳은 입장하면 반려견이 입을 이탈리아 명품 브랜드 구찌에서 제작한 강아지용 코트로 환복하고 보료가 깔린 개인 방으로 안내된다. 코스는 소형견(7kg) 기준 5만 8,000원, 중형견(15kg 미만) 6만 8,000원, 대형견(15kg 이상) 7만 8,000원의 가격으로 총 7가지 반려견용 코스 요리가 나온다. 식사의 내용에는 호주산 캥거루 고기, 노르웨이산 연어, 미국산 소고기들이 포함되지만 견주를 위한 음식은 아니다. 본격적인 요리 시연이 시작되면 펫푸드 스타일리스트 자격과 반려동물 행동교정사 자격을 보유한 셰프가 반려견의 식사를 진행하며 견주들과 반려견의 문제 행동이나 교정법에 대해서 대화를 한다고 한다.

경험을 중시하는 사회 가치가 강조되면서 오마카세라는 형식으로 소중한 가족인 반려동물과의 특별한 경험을 하고 싶어 하는 심리가 엿보인다. 싱글 코리안 역시 자유와 다양성으로 가득한 삶을 추구하는 새로운 소비문화를 형성하고 있다. 이는 마케팅에서도 새로운 시각과 전략을 요구하며, 기업들은 이 다양한 소비자층을 타깃팅하여 창의적인 마케팅 전략을 펼쳐 나갈 필요가 있음을 의미한다. 마케팅 캠페인에서는 다양한 싱글라이프 스타일을 다루어 혼자 사는 사람들에게 자유롭고 다양한 가치관을 담은 메시지를 전달해야 한다. 진정성 있는 실행으로 소비자들에게 공감과 이입을 유도하는 것이 중요하다.

조만간 우리나라도 키우는 반려동물에게 유산 상속을 하는 미국식 뉴스가 현실화 될 것이다. 반려동물을 위한 활동, 반려동물과 함께할 수 있는 시간·장소 서비스는 더욱 다양화되고 고부가가치 사업이 된다. 특히 반려동물들과의 특별한 경험을 제공하는 서비스 사업은 유망하다. 반려동물 유치원, 병원, 카페, 학교, 호텔, 여행, 요가와 같은 특별활동은 계속 다양화될 것이다. 사람을 돌보는 의사보다 반려동물을 돌보는 의사와 의료 시설이 더 많아질 전망이다.

# 샌드위치 세대와 돌봄 시장

슈퍼에이지의 대부분은 샌드위치 세대이다. 부모이면서 자식이고, 조부, 조모이다. 정서적으로는 전통적·사회적 책임과 자아 실현 사이에 끼어 있다. 살아 계신 부모를 잘 봉양해야 하고 여전히 자식을 잘 지원해야 하며, 자신들의 노화도 스스로 책임져야 한다. 이제 더욱 커질 돌봄 시장은 본인의 부모와 본인이 가장 큰 소비자가 되는 시장이다.

**공포 시장**

자연의 섭리대로 중년의 삶은 자연스럽게 노년의 삶으로 이어진다. 무병과 유병을 떠나서 나와 내 주변에 돌봄과 간병이 필요한 사람이 반드시 생긴다. 상대적으로 길어진 수명만큼 거대하게 나타날 간병 관련 시장은 사실 2017년 최초로 65세 이상 인구 고령화율이 14%를 넘기면서 시작되었다. 이 시장은 인구 변화라는 거대한 흐름에 의해 지속 가능한 시장이다.

이제 사람은 늙어서 죽기보다 아파서 병들어 죽을 것이며, 20~30년간 간호를 받아야 하는 인구는 계속 증가하게 된다. 장수와 함께 어떻게 건강하게 사는가와 어떻게 편안하게 죽는가가 이슈가 되고 있다. 사람이 오래 산다는 것은 건강하게 지내는 시간이 많아져야 한다는 것이다. 따라서 최대로 오랫동안 건강한 상태로 지내기 위한 각고의 노력이 생겨 날 것이다.

이 시장은 공포 시장이기도 하다. 누구를 돌보는 것처럼 나도 돌봄을 받아야 하는 상황이 온다. 역으로 넓게 생각하면 이러한 공포를 해소하기 위해 적극적으로 해결 방안을 찾을 것이다. 따라서 불편함과 위협감을 해소할 수 있는 용품과 서비스에 대한 기회가 찾아온다.

1인 가구의 유병 이슈를 생산적인 기회로 인식하여 의료, 간병, 생활 전반에 걸친 소비·공급 체계를 준비해야 한다. 고령화는 피할 수 없는 운명이다. 베이비부머의 시작인 1955년생이 70세가 되는 2025년에는 돌봄 시장이 본격적으로 확대된다. 이 세대는 은퇴 후에도 탄탄한 경제력을 바탕으로 능동적 소비 주체로 급부상한 '욜드(YOLD, Young Old)'라는 새로운 소비 주체이기도 하다.

이 시장은 세밀히 세분화해야 한다. 주제와 관심사를 고려하여 핵심 플레이어를 대상으로 한 마케팅 전략을 개발하고 제품 및 서비스를 디자인하는 것은 중요하다. X세대의 요구와 관심에 부합하는 방식으로 상품과 서비스를 제공하면 슈퍼에이지 세대에서 성공할 가능성이 크다. 슈퍼에이지 시장은 누구나 젊고 활력 있게 살고 싶은 계층의 하나일 뿐이다.

## 돌봄 시장

식품업은 이미 이 돌봄 시장을 타깃으로 대기업들끼리 경쟁체제를 구축하고 있다. 영양과 편의를 다 잡은, 쉽게 먹을 수 있도록 부드럽게 만든 연화식을 공통적인 경쟁 제품으로 내세우고 있다. 하나증권에 따르면 2023년 CJ프레시웨이의 케어푸드 전문 브랜드 '헬씨누리'의 작년 매출액은 2022년 대비 각각 23% 성장했다고 한다. 아워홈의 '케어플러스'도 2023년 하반기 매출이 2022년 대비 약 15% 증가했다. 2020년 대비 2021년 40% 매출 증가율을 기록한 데 이어 꾸준한 성장세를 나타내고 있는 것이다.

현대그린푸드의 구독형 케어푸드 브랜드 '메디 푸드'는 2022년 4월 출시 이후 매 분기 20% 이상 성장세를 나타냈다. 특히 2022년 10월 신규 출시한 암 환자 식단의 경우, 3월 매출이 출시 첫 달과 비교해 140% 이상 증가했다. 풀무원의 구독형 '시니어밀' 역시 2022년 매출이 2021년 대비 20% 성장했다.

국내 케어푸드 시장 규모는 2021년 기준 2.5조로 추산된다. 오는 2025년 3조 원 규모로 확대될 전망이다. 이것은 대기업만의 기회가 아니다. 식품은 개개인의 입맛이 중요한 까다로운 분야이기도 하다. 맞춤형 작은 식품 브랜드 역시 좋은 기회를 가질 수 있다.

하고 싶은 일을 자유롭게 할 수 있게 하는 보조 시장도 더욱 발전한다. 이제까지 병원에서 재활이나 치료를 목적으로 사용되었던 간병 로봇은 앞으로 취미와 건강을 보조하는 역할을 한다. 적합한 경제력을 갖추는 것을 걱정할 때이다. 간병 로봇 사업은 일상적인 가사 활동, 재활 보조, 건강 모니터링 및 취미 활동 지원 등 다양한 기능을 제공할 수 있다. 특히 배설 도우미 로봇과 보행 로봇은 이동성과 사용자의 독립성을 증진하고, 간병인의 부담을 줄이며, 반려 로봇은 노인들의 삶의 질을 향상시킬 수 있다.

헬스케어 모바일 앱과 웨어러블 기기 시장은 일반 생활 가전제품의 수준으로 대규모로 나타나기 시작한다. 여전히 틈새시장이 많이 존재하고 있다. 매일 당뇨 모니터링, 식단 추천, 운동량과 방법 가이드, 심리적 지원 등을 제공하여 노년층의 건강 관리에 도움을 줄 수 있다. 스마트 의료기기(혈압계, 혈당 측정기, 심전도 모니터 등의 스마트 의료기기) 외에도 각 집마다 초인종처럼, 보안, 조명, 온도 조절, 음성 명령을 통한 가전제품 제어 등이 돌봄 시장의 아이템으로 등장한다.

# 슈퍼 커뮤니티 파워, 모임

모든 사회는 접속과 네크 워크에 기반한다. 네트워크라는 말은 사람과 사람이 그물망처럼 서로 연결되어 있음을 뜻한다. 인간(人間)이란 말에 들어 있는 간(間)은 사람과 사람사이의 공간, 관계를 의미한다. 우리의 관계는 네트워크라는 망으로 짜여 지고 연결되어 있다. 인터넷은 이것을 디지털 공간으로 옮겨 주었고 이제 더 이상 지리적 시간적 한계를 갖지 않게 되었다.

이전 세대가 소유의 시대였다면 이제 접속을 통한 공유의 시대가 도래했다. 시장은 인터넷 망에 의한 개인간의 연결에 의해 교환과 공유의 형식으로 서로 접속된다. 소유에 대한 부담은 책임과 비용인데 일시적 소유(접촉 혹은 접속)으로 원하는 가치와 서비스를 충분히 향유하고 서로 간에 자신들의 일시적 경험과 감성을 그대로 보여주고 받는 풍요로운 체험 경제로의 이동의 시대이다.

**초 연결 사회**

초 연결 사회의 특징을 중 하나는 싱글 코리아로 부터 온다. 혼자 사는 사람들이 증가함에 따라 소통과 연결 외로움의 해결에 중점을 둔 제품과 서비스 성장이 두드러지게 된다. 혼자 라도 혼자가 아닌 느낌을 얻을 수 있는 모임들이 인기를 끌게 되어 네트웍의 사회, 동호회라 불리던 모임 시장이 크게 된다. 그동안 살아온 생활의 가치관에 따라 자신이 좋아하고 필요로 하는 모임에 자연스럽게 모이게 되면서 각종 플랫폼들이 발전하게 된다.

가치관과 라이프스타일의 공유한다는데 의의가 있으며 온라인이라는 특징을 활용하여 지역적 범위가 무한대이며 정보의 확산 속도 또한 실시간으로 빠르다. 특히 정보의 정확성과 진실성에 있어서 자체 정화 기능을 갖추고 있기도 하여 신뢰도가 높다. 일시적인 소유로 가치와 서비스를 충분히 누리는 경험 중심의 고유 경제에서는 자신들이 가진 정보와 경험을 모임 플랫폼에서 기꺼이 타인과 공유하려고 한다.

소비자들은 개개인의 저마다의 의견과 경험을 중시하며, 나와 공통되고 공감가는 사항에 더 많은 지지를 보낸다. 따라서 기업은 이를 바탕으로 소비자와의 긴밀한 관계를 구축만이 아니라 소비자에게 영향력을 행사하는 파워풀한 개인과 단체에 집중해야 한다. 소통 방식에 있어서도 영향력 있는 개인을 중심으로 한 그룹과 소규모 단체의 집단 파워가 강해진다.

디지털 시대의 권력은 디지털 네트워크를 많이 가진 개인으로 넘어 가고 있다. 파워블로거, 인프루언서, 백만유튜버의 영향력은 갓 출시된 신상품의 매출도 급등시키고 작은 골목식당도 대박을 내게 한다. 네트워크의 권력자는 생활속에서 대중을 움직인다. 소통방식의 변화는 이제 더 이상 매스미디어로부터만 오지는 않는다. 다음 세상은 커뮤니티 중심의 모임이 주체가 된다.

세대별 비중 높은 앱 TOP20

| 순위 | α세대 | Z세대 | M세대 | X세대 |
|---|---|---|---|---|
| 1 | 채티 | asked | 280days | tbs |
| 2 | Nutty | 나라사랑포털 | 열나요 | SBS골프 |
| 3 | 플레이오 | 병무청 간편인증 | BabyTime | CBS 레인보우 |
| 4 | 한국밈 피하기 | VShop for Valorant | 아기 개월수 계산 위젯 | 팔도감 |
| 5 | WePlay | 아이엠스쿨 학생 | 세이베베 | JTBC골프 |
| 6 | Poke Genie | 코스모스 | 임신육아종합포털 | 돋보기 |
| 7 | 마인크래프트 스토어 | 에브리타임 | 마미톡 | 퀸잇 |
| 8 | 좀비고등학교 | 투두 메이트 todo mate | 애기야가자 | Galaxiga |
| 9 | Supreme Duelist Stickman | 마피아42 | 차이의 놀이 | 골프몬 |
| 10 | 오토매틱 클리커 | HelloLMS | 플레이 멤버스 | 갤럭시 슈터 |
| 11 | 디자인키보드 | pixiv | 맘큐 | 골프존카운티 |
| 12 | Akinator | 포스타입 POSTYPE | 보리보리 | 딜팡 |
| 13 | 의지의 히어로 | 열정품은타이머 | 러브데이 | 골팡 |
| 14 | CapCut | 컴시간알리미(학생용)K | 놀이의 발견 | 골프존 골핑 |
| 15 | 3D운전교실 | 메가스터디 스마트러닝 | 소모임 | 롯데홈쇼핑 바로TV |
| 16 | 지오메트리 대시 라이트 | 프로젝트 세카이 컬러풀 스테이지! | MOTP-Mobilians | XGOLF 엑스골프 |
| 17 | VShop for Valorant | OP.GG | 도깨비 전화 | 골프존 티스캐너 |
| 18 | 숨바꼭질 온라인 | Google Classroom | 키위플레이+ 보호자용 | 애니팡2 |
| 19 | 냥코 대전쟁 | 앙상블스타즈!! | 제이티아이알리미 | 쇼핑엔티 |
| 20 | Subway Surfers | 수학대왕 | 예비군앱 | 스쿨맘 |

*삼성, 구글, 마이크로소프트, 백신, 통신사 기본 설치 어플리케이션은 순위에서 제외

## 취향기반 공동체

취미와 취향은 다르다. 그림을 좋아하는 것은 취미이지만 반 고흐를 좋아하는 것은 취향이다. 등산을 좋아하는 것은 취미이지만 암벽 등반을 좋아하는 것은 취향이다. 누구에게나 '취미가 있지만 모임은 '취향'이 비슷한 사람들이 모이는 것이다.

취향 기반 모임 서비스를 이용하는 연령층은 주로 MZ세대이다. 취미 여가 커뮤니티 프립의 경우 현재 누적 회원이 120만 명에 달하는데 활성 사용자 중 60%가 25~34세 연령층으로 MZ세대 이용자가 92%에 육박한다.

이 세대는 왜 '취향 공동체'를 꾸리는 걸까. 시간을 코로나19 이전으로 돌려보자. 경험의 확장과 '소확행(작지만 확실한 행복)'을 중시하는 라이프스타일이 하나의 화두였다. '워라밸(일과 삶의 균형)'도 중요했고, '욜로(YOLO, You Only Live Once, 현재 자신의 행복을 가장 중시하는 태도)' 붐도 일었다. '주 52시간제 시행'의 이슈도 있어서 '워라밸', '저녁이 있는 삶'이 가능해졌다.

1인 가구가 늘어나고 있는 사회적 변화에 코로나라는 이슈가 더해, 재택근무와 유연근무가 일상화됐다. 코로나19를 거치는 동안 일상에서 겪는 '관계의 결핍'은 늘어났고, 개인이 겪는 외로움의 크기도 커졌다.

관계의 부재에 갈증을 느낀 MZ세대는 자신의 관심사를 함께 공유할 수 있는 모임과 사람들을 플랫폼을 통해 찾기 시작했다. 오프라인 모임에도 적극적이었던 이들은 플랫폼을 기반으로 새로운 모임을 구성하는 것에도 거부감이 없다.

트레바리는 오프라인 독서모임으로 2015년 4개 클럽 80명으로 시작했다. 유료 커뮤니티였지만 빠른 성장을 이루어 낸 독서 모임이다. 적지 않은 금액을 지불하면서 오히려 모임 콘텐츠가 더 충실해졌다.

'문토'는 영화로 시작해 문화, 예술, 경제 등의 특정 키워드의 주제로 소통하거나 함께 학습하는 오프라인 중심 커뮤니티였다. 코로나를 거치면서 온라인 플랫폼을 런칭함에 따라 온·오프에서 멤버들이 스스로 모이고 소통할 수 있는 플랫폼으로 변신하면서 2021년 1월 31개 모임으로 시작한 문토는 2022년 6월 9,300개 신규 모임을 오픈했고, 1만 8,000명이었던 가입 회원 수는 23만 명으로 늘어났다.

넷플릭스 하려면 연희동으로 가라는 '넷플연가'는 혼자 넷플릭스 보는 사람들의 커뮤니티로 시작되었다. 지역 기반의 취미 모임인 '프렌즈 큐브'는 플랫폼 앱에서 만난 사람들을 오프라인 소모임을 스스로 만들고 운영할 수 있도록 도와주면서 성장세를 이어 갔다. '한숨 대신 한 필'은 그림을 그리고 글을 쓰고 싶어 하는 사람들이 모이는 커뮤니티다. 한강이 보이는 도심 속 작업실에서 자유롭게 창작 경험을 하거나, 소수 정예로 열리는 클래스에 참여할 수 있다.

### X 세대의 커뮤니티

MZ세대 중심으로 확산되는 소셜링 문화는 X세대로 전이되어 세밀한 관심사 기반의 취향 공동체적 확장을 가져 온다. 친목을 위한 ○○○기' 졸업 기수 모임만큼 나의 취향과 관심사가 비슷한 사람들이 모인 여러 연령대의, 예컨대 RC카 모임 등이 활발해질 것이다.

필수 요건은 사람이다. 보통 '호스트'가 하나의 모임을 주최하고, 그에 관심이 있는 멤버들이 참여를 신청하는 방식으로 이뤄진다. 오프라인에서 와인을 즐기며 여행 이야기를 나누거나, 평소에 좋아하는 수제 맥주를 직접 만들어보거나, 영화 속 감정을 그림으로 그려내는 모임이 이뤄진다.

관심사를 기반으로 한 취향 모임은 '일시적'이다. 상대방을 매칭해 주는 만남 서비스와도 다르다. 개인정보와 성별, 연령대를 통해 자동으로 매칭하는 것이 아니다. 개인의 취향에 따라 스스로 자기 자신과 모임을 매칭하는 적극성이 필요하다. 이 과정에서 자신의 취향을 섬세하게 발견하게 된다.

취향은 취미보다 세밀하다. 내 취향은 소중하기에, 취향에 맞는 모임을 찾는 방식에도 디테일이 살아있어야 한다. 새로운 경험과 낯선 만남을 두려워하지 않는 MZ세대와는 다른 X세대의 '취향 공동체'는 돈, 건강, 외로움이라는 카테고리에 해당하는 모임이 활성화된다. 소셜링이 익숙치 않은 문화는 정착에 다소 애로사항이 있을 것이다. 낯선 이와의 만남이나 모임의 구성에서 MZ만큼 자유롭지 않다.

무신사의 편집숍인 '레이지나잇'과 카카오 스타일의 '포스티'는 X세대 여성의 라이프 사이클을 분석한 뒤에 취향과 관심사를 반영한 브랜드를 큐레이션 형태로 선보이고 있다. 특히 무신사의 레이지나잇은 단순히 상품을 판매하는 커머스 기능 외에도 X세대 여성 고객에게 어필할 수 있도록 무신사의 경험과 노하우를 담은 브랜드 스냅, 코디맵 등 전용 패션 콘텐츠도 제공할 예정이다.

이같은 관심사 기반 커뮤니티의 성장은 '부캐'와도 맥락을 같이한다. 부캐 열풍은 대중문화계에서 유행했던 그림만은 아니다. '직장인'이 아닌 '나'에 집중하는 사람들이 관심사 기반 커뮤니티의 호스트가 된다. 이는 MZ세대를 설명하는 단어 중 하나인 'N잡러(복수의 직업을 가진 사람)'와도 맞닿아 있다. 모임을 통해 자신의 취향을 발견하고 진로를 바꾼 사례도 있다.

작가가 되려는 사람들, 그림을 그리고 싶은 이들, 콘텐츠를 만들고 싶은 예비 유튜버들이 모임을 꾸린다. 이미 1인 출판사를 시작하면서 호스트가 된 사람도 있다. 프리랜서나 부업의 형태로 모임을 꾸려 운영하는 이들은 그 자체로도 수익을 낸다. 단순히 모임 중개 플랫폼이 아니라 개인의 자아와 취향을 실현하면서 수입을 창출하게 하는 서비스로도 관심사 기반 커뮤니티가 기능하고 있다는 이야기다. 프립에 따르면 우수 호스트인 슈퍼호스트의 월평균 수입은 약 430만원에 이른다(2021년 기준).

현대경제연구원은 청년층 중심의 모임뿐 아니라 중장년층을 대상으로 한 오프라인 커뮤니티 역시 생겨날 것이라고 내다본 바 있다. 실제로 코로나19 시국을 거치면서 중장년층의 변화도 가속화됐다. 온라인 커뮤니티나 로컬 플랫폼에서 4050세대가 활발하게 움직인다. 이 세대도 관심사를 기반으로 모이기 시작했다. 문토에 따르면 중장년층 세대에서도 등산이나 골프, 부동산 정보 공유 등 다양한 주제를 통한 취향 모임이 이뤄진다. MZ세대를 주력으로 형성된 관심사 기반 커뮤니티가 다양한 연령대의 취향을 반영하며 팽창하고 있는 셈이다.

커뮤니티 사업의 장점은 우선 큰 자본이 없어도 서비스를 실행할 수 있고 내놓을 수 있으며, 모임의 가치를 느끼게 되는 만큼 팬심이 생겨난다. 그러나 운영에 있어서 인력의 수준과 모임 멤버들의 결을 맞추는 일등이 관건이다. 이 시장은 성장하고 있으며, 가치관과 생활 습관에 따라 소비자의 형태가 극명하게 양극화되기 쉬운 시장이다. 점차로 가시화될 이 시장은 타깃 그룹의 정의, 그리고 리딩 그룹을 이끌 플랫폼을 찾아내어 키우거나 만들어 나가면 장기적 충성 고객으로 유입이 가능한 시장이다.

미국과 영국의 몇몇 조직 사례를 통해 우리에게 적합한 형태의 비즈니즈 구조를 생각해 볼 수 있다.

AARP(American Association of Retied Persons)는 미국에서 50세 이

상의 성인을 대상으로 한 단체로, 고령자들 간의 소통과 지원을 위한 다양한 프로그램을 제공한다. 이 단체는 고령자들을 위한 다양한 커뮤니티를 구축하여 서로 소통하고 지원할 수 있는 플랫폼을 제공하고 있다. 회원들에게 전문가의 자문, 건강 서비스, 할인 혜택 등 다양한 서비스를 제공하여 멤버십 가치를 높이고 있다.

Stitch는 50세 이상의 싱글들을 위한 소셜 네트워킹 플랫폼으로, 친구 찾기와 커뮤니티 활동을 도와준다. Stitch는 혼자 사는 고령층을 위해 사회적 연결을 강화할 수 있도록 새로운 친구를 만들고 소셜 활동에 참여할 수 있는 기회를 제공한다. 신뢰할 수 있는 안전한 환경을 제공하여 고령층들이 편안하게 소셜 네트워킹을 즐길 수 있도록 하고 있다.

로드 스칼러의 프로그램은 온라인 강좌와 여행, 교육을 통한 경험으로 참여자들에게 새로운 지식과 문화적 이해를 제공한다. 프로그램 중의 하나인 '아트 러버(Art Lovers)'는 세계 각지의 박물관과 미술관을 여행하면서 전문 강의를 듣는 것을 포함하고 있으며, '트레인 저니(Train Journeys)'는 역사적인 유물을 찾아가기 위해 기차를 타고 여행하는 것을 중심으로 한다. '마이 홈타운(My Hometown)'은 미국내 작은 마을들을 방문하여 숨겨진 역사와 문화를 학습하는 것을 목표로 하고, '리빙 앤 러닝(Living and Learning)'은 파리, 바르셀로나 등의 매력적인 도시에서 4~6주 동안 아파트에 거주하며 현지 생활을 체험하며 학습하는 기회를 제공한다.

시니어가 손주와 함께 떠나는 여행 '서머 세션(Summer Session)'은 두 세대가 새로운 환경에서 특별한 추억을 만들고 배움의 가치를 공유하는 시간을 갖도록 한다는 데 의의를 둔 프로그램이다. 여행을 다녀온 자손들은 '여행 중 지적이면서도 멋진 할머니의 모습'을 볼 수 있었다며 애정을 표현하곤 한다.

'길 위의 학자'라는 의미의 로드 스칼라(Road Scholar)는 50세 이상을 대상으로 하여 다양한 교육과 여행을 결합한 프로그램을 제공하고 있다. 이 프로그램은 지성을 자극하고 도전 욕구를 충족시키는 데에 중점을 두며, 다양한 주제와 활동을 통해 참여자들에게 인생을 더욱 풍부하게 만들어주고 있다

영국의 Saga는 50세 이상을 대상으로 하는 여행, 금융, 보험 등 다양한 서비스를 제공하는 기업이다. Saga는 여행, 금융, 건강 등 다양한 분야에서 서비스를 제공하여 고객들의 갖가지 요구에 부응하고, 특히 고령층을 위한 맞춤형 특화된 상품을 개발하여 높은 고객 충성도를 유지하고 있다.

'Silver surfers'는 영국을 중심으로 활동하며, 50세 이상의 성인들을 위한 소셜 네트워킹 플랫폼으로, 여가 활동, 여행, 건강 등 다양한 주제에 관한 정보를 공유하고 소통을 도모한다. Silver surfers는 Stitch와 유사한 콘셉트를 가지고 있으며, 안전하고 신뢰성 있는 환경에서 개인의 정보를 보호하고 사회적 연결성을 강화하고 있다. 이들은 다양한 그룹과 포럼을 통해 서로 연결되고 관심사를 공유하며 사회적 연결 강화를 할 수 있는 여가 활동, 여행, 문화 등 함께 활동할 수 있는 커뮤니티를 형성하고 있다.

이러한 커뮤니티 시장은 다양한 수익 모델을 통해 지속적인 성장이 가능하다. 멤버십 비용은 회원들에게 추가 서비스, 전문가 상담, 혜택 등을 제공하면서 유료 멤버십 모델을 통한 수익을 창출할 수 있다. 스폰 광고 및 마케팅 협찬 등 다양한 브랜드와 협력하여 광고 및 협찬 수익을 얻을 수 있다. 특히 타깃이 명확한 세대를 대상으로 한 광고는 매력적인 시장이 될 것이다.

직접 판매 수익은 이벤트 및 체험 프로그램을 제공하여 회원들에게 유료로 판매함으로써 창출할 수 있다. 커뮤니티 시장은 고령화 사회의 발전과 함께 더욱 중요성을 갖추고 있으며, 기업이 다양한 수익 모델을 활용하여 성공적으로 성장할 수 있는 매력을 지녔다.

멀리 갈 필요도 없다. 간단히 네이버 카페나 밴드, 카카오 오픈 채팅방에 '4050' 혹은 '5060'이라고 쳐보자. 줄줄이 늘어서는 모임이 나올 것이다. 사실 타이틀을 보고 있자면, 앞에 나이 숫자만 빼면 다른 카페나 모임과 별 다를 바 없는 모임들이다. 캠핑, 낚시, 골프, 배드민턴, 등산, 만남, 싱글 , 동행, 꽃중년, 여행, 인연, 돌싱, 다 고만고만하다.

에필로그

# 늙더라도 낡지는 마세요

기업과 브랜드가 늙어도 낡지 않는 비결은 한가지이다. 끊임없는 변화이다. 개인도 그렇다. 갑작스런 사회 변화에 당황스럽다면 세상이 너무 변했다거나 소비자가 변덕스러운 것이 아니라 나의 변화가 조금 늦다고 생각하자. 소비자들의 마음을 얻기 위해서는 항상 새로움과 혁신이 필요하다. '늙더라도 낡지 않는' 존재가 되기 위해 우리는 어떤 노력을 기울여야 할까?

로마에 가면 로마법을 따르라고 했다. 21세기에 잘 적응해서 살려면 21세기형 사람과 기업으로 변화해야 한다. 걱정할 것 없다. 21세기 인간과 기업이라고 해서 어제와 갑자기 달라지지는 않는다. 1900년대 모던 보이는 소달구지가 오가는 거리에 상투 틀고 다니는 사람들 사이에서 서양 양복을 입고 구두 신은 채 함박스테이크에 칼질을 했다고 한다. 생각보다 기술 변화 속도가 빠르기도 했고 코로나 덕에 갑자기 등장한 현상들도 많았지만, 괜찮다. 걱정할 거 없다.

이전부터 내려온 오늘을 잘 살아 내기 위한 최선의 방법은 그저 실행이다. 브랜드와 기업은 여전히 브랜드 인사이트를 통해 자신들의 가치와 사회적 메시지를 융합하여 소비자들에게 강력한 이야기를 전달해야 한다. 시각적으로 보이는 아름다움에 더 몰입하자. 제품만이 아니다. 우리가 사용하는 모든 온라인 플랫폼 서비스나 대면하는 시각적 요소들은 사용자 경험에 더 단순하고 아름다워야 한다. 디지털의 사용에 있어서 예술적 감성은 중요한 요소이다. 기억하자. 경성 시대에 빛나던 많은 모던 보이, 모던 걸들은 예술을 사랑했다.

소비자를 만나는 직접적 접점을 더 늘려야 한다. 온라인 소통이 대세라고 해도 결국 사람은 사람으로 만나야 한다. 동네 분식집을 한다고 하면 어느 제품이 가장 많이 언제, 어떤 방식으로 어떤 손님으로부터 오더가 들어오는지 확인해야 한다. 내 카페의 케이크와 디저트 매출을 올리고 싶은가? 그럼 주변의 카페과 베이커리에서 잘 나가는 '어떤' 제품이 '몇 시'에 팔리는지 직접 확인해보자. 트렌드를 알고 싶다면 인터넷 서치를 통해 조사하는데 그치지 말고 반드시 그 동네에 가서 직접 확인해야 한다. 아무리 빅데이터 분석이 중요하다고 하지만, 한번 실제로 보고 느끼는 인사이트는 소중하다.

환경을 바꾸어 보자. 그중 제일 먼저 만나는 사람을 바꿔야 한다. 만나는 사람을 바꾸면 활동 공간이 바뀌게 될 것이다. 자연스럽게 먹고, 쉬고, 노는 장소와 움직이는 시간이 변하게 된다. 이렇게 다른 루틴을 사는 사람들의 일상을 경험하자. 익숙한 경험을 바꾸어 보자. 경험적 데이터의 축적은 중요하다. 오프라인만이 아니라 온라인상에서 요즘 뜨는 개성 있는 마켓, 플랫폼, 블로그 방문을 해야 한다. 고객은 끊임없이 변화하고 새로운 고객의 유입은 중요하다. 내가 지금 입고, 먹고, 보고, 사용하는 것이 나의 현재와 미래이듯이, 나의 고객이 지금 무엇을 먹고, 입고, 사용하며 누구와 무엇을 소비하고 있는가를 다방면에서 보아야 한다.

단순히 데이터를 분석하라는 것이 아니다. 사실 충분하고 타당한 데이터를 확보하는 것은 적은 비용과 시간으로는 쉽지 않다.

당신이 지금 다니는 단골 식당이나 카페에서 벗어나야 한다. 온, 오프라인의 물 좋은 장소로 달려가라. 결국 사람들이 소비하고 있는 것, 바로 그것이 지금 그 사람을 말해준다. 소비자가 '무엇을? 왜? 어떻게 ? 어디서?' 소비하고 있는지 바로 확인하고 싶으면 요즘 핫하다는 동네에 가봐야 한다. 나의 브랜드가 추구하는 가격과 콘셉트가 존재하는 곳에 가야 한다. 럭셔리 경험이 필요하다면 5성급 호텔이나 백화점 부티크 거리를 걸어 보자. 거기서 어떤 사람들이 무엇을 하며 입고 먹는지 보자. 어떤 색상을 어떠한 방식으로 사용하는지, 어떤지 어떤 소재를 좋아하는지 알아야 한다.

당신이 하이브랜드 콘셉트의 고가 제품을 팔고 싶은데 그런 장소들이 뭔가 불편하다 느끼면 결코 타깃 소비자의 마음을 살 수 없다. 중저가 사업을 한다고 해도 당신이 타깃으로 삼아야 하는 고객은 브랜드의 실제 구매 고객의 경제 수준보다 높아야 한다. 소비자는 내가 지불하는 돈보다 낮은 가치를 주는 제품을 원하지 않는다. 언제나 고객에게 제공해야 하는 브랜드의 가치는 지불 가치 이상을 목표로 해야 한다.

달라진 세상에서 두려움을 두려워하는 것은 의미가 없다. 남은 수명을 걱정하지 말라고 해서 걱정이 안 될 일은 없지 않겠는가. 우리는 변화를 대하는 우리의 태도를 변화시켜야 한다. 이렇게 될 줄은 정말 몰랐지만, 세상의 변화는 그 어떤 상황에서도 멈춘 적이 없다. 인류가 생겨난 후로 언제나 계속 진행 중이다. 세상은 그 어떠한 상황에서도 결코 멈추는 법 없이 진화하고, 진보하고, 발전하고, 변신하여 왔다. 세기의 발견, 지식의 혁신, 경제 위기, 천재지변, 사고, 전쟁, 기근, 전염병 같은 위기의 상황에서도 결코 '뒷 바꾸(!)' 없는 직진을 하여 왔다. 오히려 그러한 일들을 터닝 포인트로 새로운 기회의 문을 여는 계기가 되었다. 중요한 것은 새로운 가치관과 새로운 해결방식을 대하는 우리의 태도이다.

**북큐레이션 • 판이 바뀌는 시대, 새로운 세상을 주도하는 이들을 위한 라온북의 책**

《인사이트 마케팅》과 함께 읽으면 좋을 책. 기존의 경영이 통하지 않는 급변의 시대, 남보다 한발 앞서 미래를 준비하는 사람이 주인공이 됩니다.

## 장사 교과서 ① 사장편

손재환 지음 | 18,000원

**고객의 마음을 사로잡는 장사의 비법,**
**내가 나를 고용하는 장사의 가치를 확실히 깨닫고 추구하자**

이미 규모 면에서 소박한 장사의 사이즈를 넘어선 사업을 운영하고 있지만, 본인의 정체성을 '장사'로 표현하기에 일말의 주저함이 없는 장사의 고수, 손재환 대표. 그 자신감과 그를 장사 고수의 경지에 이르게 한 원동력이 바로 이 책 《장사 교과서》(① 사장편) 속에 고스란히 녹아들어 있다. 초심을 잃지 않고, 본래의 가치에 충실한 장사란 어떤 것이며, 어떻게 업(業)의 생명을 길게 이어나갈 것인지에 대한 모든 비밀을 이 책 속에서 찾아보자. 장사를 업으로 삼는 모든 이들의 곁에 둘 필독서로서 자신있게 권한다.

## 장사 교과서 ② 매장편

손재환 지음 | 18,000원

**장사에 필수인 매장관리 기법의 정수를 숨김없이 공개한다.**
**경쟁 업체 사장에게 숨기고 싶은 책, 《장사 교과서 ②매장편》**

바야흐로 장사의 전성시대이자 장사가 가장 고전하는 시대이다. 책과 방송, 유튜브를 비롯해 곳곳에서 장사에 관련된 콘텐츠들이 넘쳐나면서도, 반면 장사를 했다가 망하는 자영업자들이 이토록 넘쳐나는 시절이 있었던가 싶은, 대한민국 서민들의 깊게 팬 주름살 하나하나를 그대로 반영하는 삶의 풍속도가 우리 앞에 더없이 리얼하게 그려지고 있는 시대이다. 그리고 그 풍속도의 가장 정면에서 보이는 것이 바로 장사의 실제 현장, 매장이다. 따라서 이 책 《장사 교과서 ②매장편》은 그 매장을 가장 효율적이고 매력적이게, 그리고 매출 발생을 극대화할 수 있는 방식으로 집필되어 있다.

# 장사 교과서 ③ 고객편

손재환 지음 | 18,000원

**고객만족을 위한 노력으로**
**성장의 한계를 극복하는 긍정 마인드!**

이 책을 통해 장사를 시작하는 독자들이 얻을 수 있는 가장 소중한 프로의 자세라면 바로 '예민한 고객을 만족시키면 장사는 롱런한다'는 손재환 대표의 가르침이다. 결국 장사에서 고객, 사장, 직원은 매장이라는 공간 속에서 매매라는 행위를 위해 서로 함께할 수밖에 없는 존재들이다. 그리고 이 일상의 공간 속에서 나의 한계를 극복하는 자세를 갖출 수 있는 사람이 진정한 고수이자 프로이다. 삶의 현장 속에서 닥치는 고비를 스승으로 삼아 자신의 한계를 극복해 내는 손재환 대표의 자세를 통해 독자들도 새로운 장사의 단계로 한 걸음 나갈 수 있기를 바란다.

# 장사 교과서 ④ 직원편

손재환 지음 | 18,000원

**노동 가능 인구는 줄어들고, 인건비는 오르고**
**직원과 사장이 함께 걷는 올바른 장사의 길은 무엇일까?**

이 책의 핵심은 장사를 함에 있어 직원에게 어디부터 어디까지, 어떤 방식으로 일을 맡길 수 있는지, 직원의 능력은 어떻게 극대화할 수 있는지, 직원의 처우와 복지는 어떻게, 어떤 방식으로 해줘야 하는지 등의 세세한 문제를 실전 장사의 지점에서 발생하는 구체적 사례를 통해 설명한 데에 있다. 혼자 할 수 없는 장사라면 반드시 고민하게 되는 직원과의 상생 문제. 《장사 교과서 ④ 직원편》 속에서 그 명쾌한 해답을 찾아보기 바란다.